Matthias K. Hettl

Vorsicht Führungsfalle!

Vorsicht Führungsfalle!

So reagieren Sie souverän in den
7 schwierigsten Führungssituationen

von

Matthias K. Hettl

Über den Autor

Dr. Matthias K. Hettl ist Geschäftsführer des Management Institutes Hettl Consult in Rohr bei Nürnberg. Der Volks- und Betriebswirt war nach Studium und Doktorandenzeit in verschiedenen Managementpositionen mit Führungs- und Budgetverantwortung tätig. Als Coach, Trainer und Managementberater ist er überwiegend für Vorstände, Geschäftsführungen und Führungskräfte tätig.

www.beck.de

ISBN 978-3-406-68766-2

© 2016 Verlag C.H. Beck oHG
Wilhelmstraße 9, 80801 München

Satz: Fotosatz Buck, Zweikirchener Str. 7, 84036 Kumhausen
Druck: Nomos Verlagsgesellschaft mbH & Co. KG, In den Lissen 12, 76547 Sinzheim
Umschlaggestaltung: Ralph Zimmermann – Bureau Parapluie
Bildnachweis: © wavebreakmedia – depositphotos.com

Gedruckt auf säurefreiem, alterungsbeständigem Papier
(hergestellt aus chlorfrei gebleichtem Zellstoff)

So nutzen Sie dieses Buch

Um Ihnen das Lesen und Arbeiten mit diesem Buch zu erleichtern, hat der Autor verschiedene Stilelemente verwendet, die Ihnen das schnellere Auffinden bestimmter Texte ermöglichen. So finden Sie die Tipps und Musterformulare sofort.

 Hier finden Sie Tipps, Aufzählungen und Checklisten.

 So sind „Merksätze" gekennzeichnet.

 Hier finden Sie Beispiele, die das Beschriebene plastisch erläutern und verständlich machen.

 Die Zielscheibe kennzeichnet Zusammenfassungen und ein Fazit zum Kapitelende.

 Hier finden Sie Übungen und Muster zum Selbstausfüllen und Nachrechnen.

Vorwort: Führungsfallen gibt es überall

„Den guten Steuermann lernt man erst im Sturme kennen."

(Seneca)

Die Idee zu diesem Buch ist aus meinem Seminar „Die 7 schwierigsten Situationen für Führungskräfte" entstanden, das in den letzten Jahren ca. 5.000 Teilnehmer in Deutschland, Österreich und der Schweiz besucht haben. Die Zielgruppe des Seminars sind Führungskräfte, die wissen wollen, wie Sie mit den schwierigen Situationen des Führungsalltags souverän umgehen können. Die Seminare besuchen interessanterweise auch einige führungserfahrene Teilnehmer im mittleren Alter. Auf die Nachfrage im Vieraugengespräch, was diese denn zur Seminarteilnahme bewogen habe, stellte sich heraus, dass diese Teilnehmer schon seit geraumer Zeit Führungspositionen inne hatten und zwar teilweise die Verantwortung für bis zu 500 und mehr Mitarbeiter trugen. Als Grund für die Seminaranmeldung bekam ich überwiegend zu hören: „Ich wollte mal sehen, ob ich noch richtig unterwegs bin, denn ein Führungsseminar habe ich noch nicht besucht". So ging es auch anderen, die berichteten, dass sie zwar einige gut gemeinte Tipps durch Ihre Vorgesetzten erhalten haben, die Ernennung zur neuen Führungskraft jedoch immer mit dem Universalsatz „Sie machen das schon" garniert wurde.

In der Realität können Sie trotz all Ihrem Engagement, Ihrer Qualifikation und Ihrer guten Absicht in eine Reihe von schwierigen Situationen gelangen und dann in Führungsfallen tappen. Holen Sie sich in diesem Buch das nötige Rüstzeug, damit es erst gar nicht so weit kommt, Sie möglichst frühzeitig die Gefahr erkennen oder sich schnell wieder aus dieser befreien können. Erfahren Sie, wie Sie in den entscheidenden Momenten das Richtige tun und souverän aus diesen Situationen herauskommen.

Sie werden, um den Lesefluss zu erleichtern, in diesem Buch nur von Mitarbeitern lesen und Satzformulierungen wie MitarbeiterInnen oder Mitarbeiterinnen und Mitarbeiter vermissen. Bitte verstehen Sie, sehr geehrte weibliche Führungskräfte, dies nicht als mangelnde Höflichkeit oder Wertschätzung. Mit der männlichen Form Mitarbeiter sind selbstverständlich beide Geschlechter gemeint. Ich darf mich hier für Ihr Verständnis bedanken.

Grundsätzlich sollten Sie, liebe Führungskräfte, allerdings immer auf eine geschlechtsadäquate Ansprache achten. Denn eine Gruppe von ausschließlich weiblichen Mitarbeiterinnen wird sich mit der schriftlichen oder mündlichen Begrüßung „liebe Mitarbeiter" eher nicht wertgeschätzt fühlen. Genauso verhält es sich, wenn die Chefin, die nur männliche Kollegen hat, diese mit den Worten „meine sehr geehrten Damen und Herren" in ihrer Kommunikation begrüßt. Dies ist eine weitere Führungsfalle, die sich leicht umschiffen lässt.

Größere Führungsfallen können schnell zu Irritation, Frustration oder Demotivation führen. In der Folge können diese Ihre und die Karriere Ihrer Mitarbeiter negativ beeinflussen. Daher lohnt es sich, die 7 schwierigsten Situationen genauer unter die Lupe zu nehmen.

Die erste Führungsfalle „Einstieg verpatzt" beschäftigt sich mit den vielfältigen Herausforderungen, die Ihnen gegenüber stehen und beantwortet die Frage, welche Eigenschaften und Kompetenzen Sie mitbringen bzw. entwickeln müssen. Die zweite Führungsfalle „Unklare Führungskommunikation" gibt Ihnen äußerst hilfreiche Tipps für Ihr absolut wichtigstes Führungswerkzeug, Ihre Kommunikation. Die dritte Führungsfalle „Achtung, falscher Führungsstil" zeigt Ihnen, was Sie tun müssen, um den richtigen Führungsstil in der jeweiligen Führungssituation anzuwenden. In der vierten Führungsfalle „Gefangen im Sandwich-Dilemma" betrachten wir, wie Sie Ihre Position zwischen den Führungsebenen souverän ausfüllen und Ihre eigene Position nachhaltig stärken. Die fünfte Führungsfalle „Mangelnde Veränderungsbereitschaft" gibt Ihnen das für Veränderungssituationen überlebenswichtige Führungswissen und zeigt Ihnen, was Sie konkret tun müssen. In der sechsten Führungsfalle „Unterschiedliche Mitarbeitertypen" erhalten Sie einen Persönlichkeitskompass, mit dem Sie Ihre Mitarbeiter noch motivierender und individueller ansprechen. Schließlich zeigt Ihnen die siebte Führungsfalle „Kündigung wegen Formfehler unwirksam", wie Sie genau im Fall der Fälle einer Kündigung vorgehen müssen, damit diese für alle Seiten möglichst reibungslos über die Bühne geht.

Mit vielen Beispielen aus der Praxis, kleinen Tests, Checklisten, Reflexionsfragen und Übersichten soll dieses Buch Ihr Führungscoach in schwierigen Situationen sein. Es bleibt Ihnen überlassen, wie Sie mit dem Buch arbeiten wollen. Sie können es von vorne nach hinten durcharbeiten oder gleich in die für Sie besonders relevante Führungsfalle einsteigen. Die Kapitel können Sie unabhängig voneinander lesen. Am jeweiligen Kapitelende finden Sie eine Zusammenfassung, die Ihnen einen Kurzeinblick gibt.

Gerne können Sie auch direkt mit mir unter info@Hettl-Consult.de Kontakt aufnehmen und in einem individuellen Coaching Ihre spezielle Führungsfalle bearbeiten.

An dieser Stelle gilt mein Dank meinen unzähligen Seminarteilnehmern und Coachees auf allen Führungsebenen, die ich bisher auf Ihrem Führungsweg begleiten durfte und die mit Ihren Fragen, Problemen und Anmerkungen dazu beigetragen haben, dass dieses Buch entstanden ist. Vielen Dank!

Und nun Ihnen viel Spaß beim Durcharbeiten von „Vorsicht Führungsfalle"!

Ihr Matthias K. Hettl

Inhalt

Vorwort: Führungsfallen gibt es überall 7

1. Kapitel: Einstieg verpatzt – Führen Sie schon oder arbeiten Sie noch? 13

1.1 Vielfältige Herausforderungen für den neuen Captain .. 15
1.2 Führungseigenschaften entwickeln 18
1.3 Schlüsselkompetenzen als Führungskraft 32

2. Kapitel: Unklare Führungskommunikation – Mich versteht wieder keiner 45

2.1 Was Sie bei der Kommunikation beachten müssen 47
2.2 Führen Sie durch aktives Zuhören 53
2.3 Das Mitarbeitergespräch als Führungsinstrument 58
2.4 Wirksames Feedback 61
2.5 Königsdisziplin Kritikgespräch 65

3. Kapitel: Achtung, falscher Führungsstil – So laufen Ihnen die Mitarbeiter weg 71

3.1 Einfach richtig führen – das ist die Basis 73
3.2 Schlüssel zum Erfolg ist der Reifegrad des Mitarbeiters . 76
3.3 Diagnose: Fähig und Willig 82
3.4 Test: Persönliche Führungsstilanalyse 85
3.5 Von der vagen Hoffnung zur wirksamen Zielformulierung 98
3.6 Der Brennstoff für Leistung: ‚Smarte' Ziele formulieren . 102

4. Kapitel: Gefangen im Sandwich-Dilemma – Sie sitzen
   zwischen allen Stühlen! 109
4.1 Positionierung im Führungssandwich – so klappt es! ... 111
4.2 Erkennen Sie die Keyplayer im Führungssandwich 115
4.3 Erwartungsmanagement – Reflektieren Sie Ihre Erwartungen 118
4.4 Wirksames Führen von Mitarbeitern im
    Führungssandwich 122
4.5 Die Kollegen führen im Führungssandwich 128
4.6 Ihren Chef im Führungssandwich „führen" 130

5. Kapitel: Mangelnde Veränderungsbereitschaft – Wer
   nicht ändert, wird verändert 137
5.1 VUCA – gestiegene Anforderungen an Führungskräfte .. 140
5.2 Wie Veränderungen ablaufen 143
5.3 Umgang mit Widerständen bei Veränderungen 146
5.4 Veränderungen als Führungsaufgabe aktiv vorantreiben 150

6. Kapitel: Unterschiedliche Mitarbeitertypen behandeln –
   Jeder tickt anders! 153
6.1 Verschiedene Mitarbeitertypen richtig verstehen 156
6.2 Grundausprägungen der Typen nach der PRO-Strategie . 157
6.3 Steigern Sie Ihre Akzeptanz 160

7. Kapitel: Kündigung wegen Formfehler unwirksam – Das
   darf nicht passieren! 165
7.1 Kündigungsgespräche effektiv führen 167
7.2 Vorbereitung eines Kündigungsgesprächs 169
7.3 Leitfaden zur Durchführung eines Kündigungsgesprächs 171
7.4 Nachbereitung eines Kündigungsgesprächs 180

Nachwort 183

Danksagung 185

Über den Autor 187

Literaturverzeichnis 189

Stichwortverzeichnis 197

1. Kapitel

Einstieg verpatzt – Führen Sie schon oder arbeiten Sie noch?

„Du musst jeden Tag entscheiden, wer den Preis für deine Führung zahlt: du oder deine Leute."

(Kevin Leman)

Herzlichen Glückwunsch, Sie haben es geschafft. Sie haben eine Führungsposition übernommen. In Ihrer bisherigen beruflichen Laufbahn haben Sie durch fachliche Expertise überzeugt und viele Herausforderungen erfolgreich gemeistert. Nun stehen Sie vor einem neuen Abschnitt in Ihrer Karriere. Ob als Team-, Abteilungs- oder Bereichsleiter – jetzt übernehmen Sie eine Führungsrolle mit neuen Verantwortungs-, Wirkungsbereichen und Verpflichtungen. Zukünftig sind Sie nicht mehr nur noch für Ihre eigenen Aufgaben und Leistungen verantwortlich, sondern auch für Ihr Team.

Als Vorgesetzter eines Teams müssen Sie in der neuen Führungsrolle überzeugen. Jeder, der befördert wurde oder als Manager das Bewerbungsverfahren erfolgreich durchlaufen hat, steht unter intensiver Beobachtung der Kollegen und des eigenen Chefs. Gerade in dieser Zeit kommt es darauf an, dass Sie sich in der Führungsrolle positionieren und Akzeptanz schaffen.

Beispiel:
Ein typisches Fallbeispiel aus der Führungspraxis ist, dass oft der beste Konstrukteur zum Konstruktionsleiter gemacht wird. An seiner bisherigen Stelle hat er vor allem fachlich gearbeitet und konstruiert, und seine Innovationen haben dem Unternehmen jedes Jahr ein oder zwei Patente eingebracht. Jetzt ist er zum Kon-

1. Kapitel   Einstieg verpatzt – Führen Sie schon oder arbeiten Sie noch?

struktionsleiter befördert worden. Was er jetzt mit Sicherheit nicht mehr in dem Ausmaß tun darf, wie bisher, ist konstruieren. Es wird ihm bei der Vielzahl der neuen Aufgaben auch die Zeit dazu fehlen. Der Fokus muss jetzt darauf gelegt werden, die Abteilung zu führen und da sind ganz andere Kompetenzen gefragt, als in seiner bisherigen Position als Mitarbeiter. Führen und Managen ist etwas völlig anderes, als die Fachtätigkeit des Konstruierens. Nun wird von ihm nicht mehr erwartet, dass er selbst Patente entwickelt, sondern die Erstellung eines Budgets, die Erarbeitung von Abteilungszielen, das Führen von Personalgesprächen, Personalbeurteilungen, Personalentwicklung, die Lösung von Organisationsfragen, Kontrolle und vielleicht die Mitwirkung an strategischen Entscheidungen – kurz, er muss Führungsarbeit leisten.

Als Neuling im Chefsessel sind Sie daher mit einer ganz neuen Situation konfrontiert. Dabei müssen Sie die Verwendung ihrer Zeit neu überdenken. Worauf werden Sie Ihre Prioritäten ausrichten? Alte Verpflichtungen fallen weg, neue kommen hinzu. Bisher waren Sie Teilnehmer bei Meetings und hatten damit einen fachlichen Input geleistet. Jetzt liegt es in Ihrer Verantwortung Meetings selbst zu terminieren, vorzubereiten und durchzuführen. Bisher haben Sie die Aufgaben selbst erledigt, jetzt müssen Sie erledigen lassen.

Aber auch Ihr Team, Ihre neuen Kollegen und Ihr eigener Chef werden sich fragen: Wie ist denn der bzw. die Neue? Das ist unabhängig davon, ob Sie in eine ganz neue Abteilung kommen oder innerhalb Ihrer alten Abteilung aufsteigen, wo Sie Ihre „neuen" Kollegen und Ihren Vorgesetzten bereits kennen. Zeigen Sie, dass Sie genau der Richtige für diese Stelle sind.

Hieraus ergeben sich folgende Fragen:

1. Worauf kommt es für meinen Erfolg auf dieser Stelle an?
2. Wofür genau werde ich hier bezahlt?
3. Woran wird meine Leistung in dieser Position gemessen werden?
4. Welche Kompetenzen benötige ich und wie entwickle ich diese?
5. Wie soll ich mich verhalten, um die Position erfolgreich auszufüllen und der Verantwortung gerecht zu werden?

Daher betrachten wir im ersten Kapitel die Herausforderungen, denen Sie in Ihrer Führungsrolle gegenüberstehen. Wir klären, wie Sie die Führungsrolle aktiv ausfüllen und schauen uns insbesondere die Kompetenzen an, die für Ihren nachhaltigen Führungserfolg besonders wichtig sind. So sind Sie dann für die Anforderungen bestens qualifiziert.

1.1 Vielfältige Herausforderungen für den neuen Captain

> „Wenn man einen Menschen richtig beurteilen will, so frage man sich immer: Möchtest du den zum Vorgesetzten haben?"
>
> (Kurt Tucholsky)

Im Führungsalltag hat sich in den letzten Jahren einiges verändert. Dieser ist geprägt von einer großen Dynamik und Schnelllebigkeit. Die Megatrends Digitalisierung, demografischer Wandel, Globalisierung, Individualisierung der Wünsche der Mitarbeiter, Strukturwandel und Technisierung bewirken vielfältige Veränderungsprozesse. Auch die Leistungsanforderungen haben in allen Bereichen zugenommen. Sie als Führungskraft müssen in kürzerer Zeit oftmals mit weniger Mitarbeitern mehr erreichen. Die regelmäßig stattfinden Restrukturierungsprogramme des Lean Managements, des Business Reengineerings und viele andere Maßnahmen zur Leistungssteigerung im Unternehmen haben Hierarchien abgebaut und die Verantwortung auf weniger Schultern verteilt.

Die Komplexität der einzelnen Aufgaben und Projekte ist weiter angestiegen und die Schnittstellen in der Kommunikation haben zugenommen. Die Führung und Zusammenarbeit in multinationalen Teams und die Abstimmung mit einer Vielzahl von internen und externen Ansprechpartnern erfordern von Ihnen ein hohes Maß an zeitlicher Disziplin.

In Projektteams sind Mobilität, Flexibilität und Geschwindigkeit gefragt und diese lassen sich generell als entscheidende Wettbewerbsfaktoren charakterisieren. Die Informationsflut nimmt zu und die Halbwertszeit des Wissens nimmt ab. Das bedeutet für Sie, dass Ihre Entscheidung als Führungskraft nicht mehr auf einer umfassenden Wissensbasis mit entsprechend ausreichender Analyse und Bewertung der Alternativen basieren kann, denn wegen der komplexen Sachverhalte kann nicht mehr eindeutig entschieden werden, ob eine Entscheidung gut oder schlecht ist. Es geht nicht mehr um die Wahrheit (die Gewissheit), sondern nur noch um die Wahrscheinlichkeit, dass eine Entscheidung sich als richtig erweisen wird. Es geht um

1. Kapitel   Einstieg verpatzt – Führen Sie schon oder arbeiten Sie noch?

Graustufen in der Bewertung, also um Fuzzy Logic im Vorgehen – um ein flexibles Reagieren auf sich verändernde Umstände.

Sie stehen dabei unter dem Erwartungsdruck, schneller Ergebnisse zu erzielen und dadurch mit Ihrer Abteilung sichtbar zum unternehmerischen Erfolg beizutragen. Zeit ist dabei der kritische Faktor. Es geht um Speedmanagement. Ihre wichtigste Ressource, um diesen Herausforderungen zu begegnen, sind dabei Ihre Mitarbeiter. Doch auch diese werden immer anspruchsvoller und fordern Sie stärker als Führungskraft. Mitarbeiter hinterfragen Ihre Entscheidungen und Methoden, möchten informiert und eingebunden werden und geben sich mit einfachen Antworten nicht zufrieden. Sie müssen sie überzeugen, gewinnen und sich darüber im Klaren sein, dass sie das wichtigste „Kapital" der Firma sind, das Humankapital.

Das Wort Humankapital, das es zum Unwort des Jahres 2004 gebracht hat, beschreibt nur sehr unzureichend die Wichtigkeit von Menschen im Unternehmen. Mitarbeiter sind das wichtigste Kapital im Unternehmen. Das hört man zwar oft, doch warum das so ist, erfährt man meist nicht. Stellen Sie sich vor, Sie schaffen eine neue Maschine oder ein neues Softwareprogramm an. Ab dem Zeitpunkt, zu dem Sie die Gegenstände in Ihrer Bilanz aktivieren, verlieren diese an Wert, der Werteverzehr setzt ein. Die einzige „Ressource", die potenziell ihren Wert steigern kann, ist der Mitarbeiter. Deshalb ist der Mitarbeiter so wichtig. Für die Entwicklung, die „Pflege" dieses Wertes und seinen sinnvollen und wirksamen Einsatz sind Sie als Führungskraft verantwortlich.

„Der Schlüssel zum Erfolg sind nicht Informationen.
Es sind Menschen."

(Lee Iacocca)

Es ist die Leistung Ihrer Mitarbeiter, die entscheidend dazu beiträgt, ob Ihr Unternehmen zu den 100 besten gehört, oder ob es sich gerade so über Wasser halten kann. Und diese Leistung hängt in starkem Maße davon ab, wie diese Mitarbeiter von Ihnen geführt werden. Es gibt nicht nur „schlechte Mitarbeiter", es gibt auch „schlechte Chefs" und diese haben einen großen Einfluss auf die weitere Entwicklung von Unternehmen. Deshalb ist es eine der wichtigsten Herausforderungen für Sie als Führungskraft, die richtigen Weichen im täglichen Führungsbusiness zu stellen, sich darüber klar zu werden, wie Sie den Herausforderungen begegnen müssen und wie Sie auf Ihre Mitarbeiter den Einfluss nehmen, den sie von Ihnen erwarten.

1.1 Vielfältige Herausforderungen für den neuen Captain

Über den ehemaligen amerikanischen Richter am Obersten Gerichtshof der USA, Oliver Wendell Holmes, jr., schrieb Brian Tracy (1999, S. 9), dass er die Menschen in drei Kategorien einteilte:

- einen kleinen Prozentsatz an echten Leadern, die er für alle Veränderungen verantwortlich sah,
- einen größeren Anteil von 15 bis 20 Prozent, die beobachten, was geschieht,
- und der großen Mehrheit von etwa 80 Prozent, die keine Vorstellung von dem hat, was überhaupt passiert.

Die Qualität und Art Ihrer Führung und Ihr Umgang mit Ihren Mitarbeitern ist ein entscheidender Faktor Ihres persönlichen Erfolgs bzw. Misserfolgs. Deshalb sollte Ihr Ziel sein, eine exzellente Führungskraft zu werden und zu dem kleinen Prozentsatz an echten Führungskräften aufzusteigen. Jede Führungskraft hat im Allgemeinen klein angefangen und sich im Laufe der Zeit zu einer Führungspersönlichkeit weiterentwickelt. Ein entscheidender Faktor in der Entwicklung ist jedoch, dass Sie bereit sein müssen, es zu wollen.

Wenn Sie noch kein echte Führungskraft sind, dann machen Sie sich auf den Weg, denn die Qualität und Art Ihrer Führung und Ihr Umgang mit Ihren Mitarbeitern sind ein entscheidender Faktor Ihres persönlichen Erfolgs oder Misserfolgs. Deshalb muss es Ihr Ziel sein, ein wirklich exzellenter Leader zu werden.

Ob Sie Führungsqualitäten entwickeln, hängt in starkem Maße davon ab, wie Sie über sich persönlich denken, wie Sie Ihr persönliches Potenzial bestmöglich erschließen und ausschöpfen. Was ist Ihre Einstellung zu Ihrer Führungsaufgabe und welche Erwartungen bestimmen Ihre Einstellung? Es geht um Ihr Denken, denn wenn Sie erwarten, dass andere Ihnen folgen, müssen Sie die Überzeugung ausstrahlen, andere auch führen zu wollen.

Jeder kann seine Umstände ändern, indem er seine Geisteshaltung ändert. Jeder kann zu einer akzeptierten und respektierten Führungskraft werden. Es hängt jedoch stark davon ab, wie man über sich selbst denkt und dann wirkungsvoll handelt.

1. Kapitel Einstieg verpatzt – Führen Sie schon oder arbeiten Sie noch?

Leichter durch den Führungsalltag: A short course on leadership

> The six most important words …
>
> ‚I admit I made a mistake.'
>
> The five most important words …
>
> ‚I am proud of you.'
>
> The four most important words …
>
> ‚What is your opinion?'
>
> The three most important words …
>
> ‚If you please.'
>
> The two most important words …
>
> ‚Thank you.'
>
> The one most important word …
>
> ‚we'
>
> And the last, least important, word …
>
> ‚I'

1.2 Führungseigenschaften entwickeln

> „Unsere Eigenschaften müssen wir kultivieren, nicht unsere Eigenheiten."
>
> *(Johann Wolfgang von Goethe)*

Jeder Mensch trägt unterschiedliches Führungspotenzial in sich. Dieses muss allerdings wirksam gefördert werden, damit es sich entfalten kann. Wir wissen heute, dass Menschen nicht als Führungspersönlichkeit geboren werden. Es gibt kein „Führungs-Gen", sondern nur bestimmte Eigenschaften, die für Sie nützlich auf Ihrem Weg zur wirksamen Führungskraft sind. Diese Eigenschaften können Sie selbstständig ausbilden. Voraussetzung ist, diese zu kennen, um sie dann in Ihr eigenes Verhalten zu übernehmen, anzuwenden und sich so selbst weiterzuentwickeln. Sie wachsen dann mit Ihrer Füh-

1.2 Führungseigenschaften entwickeln

rungsaufgabe, sammeln Erfahrung und reifen auf Ihrem Weg vom ehemals einfachen Mitarbeiter zu einer respektierten, akzeptierten und wirksamen Führungskraft.

Beginnen Sie mit einer bewussten Reflexion Ihrer eigenen Fähigkeiten und Bedürfnisse, Ihres bevorzugten Verhaltensstils und der an Sie herangetragenen Rollenerwartungen. Diese sollten Sie dann mit den Eigenschaften und Führungsqualitäten einer guten Führungskraft abgleichen. Grundsätzlich verlangen verschiedene Situationen unterschiedliche Führungsqualitäten. Es werden jedoch in der betrieblichen Praxis und in der Wissenschaft immer wieder ähnliche Aussagen über die zentralen Eigenschaften erfolgreicher Führungskräfte formuliert. Diese Kerneigenschaften legen das Fundament für Ihre erfolgreiche Arbeit. Diese sind: authentisch, visionär, resilient und willensstark sein, mutig sowie verlässlich und integer handeln.

Authentisch sein

> *„Das Große ist nicht, dies oder das zu sein,
> sondern man selbst zu sein."*
>
> *(Sören Kierkegaard)*

Ihre Akzeptanz als Führungskraft steht und fällt mit dem Grad Ihrer Authentizität: Wie glaubwürdig, wie zuverlässig, wie stimmig und wie echt ist Ihr Handeln im Umgang mit Ihren Mitarbeitern? Wie stehen Sie zu Ihrer eigenen Wahrheit, gerade wenn diese nicht populär ist; sagen Sie das, was Sie für richtig halten, offen und eindeutig? Wie sehen Sie sich selbst, wie genau kennen Sie Ihren eigenen Wert und können den Wert Ihrer Mitarbeiter und Kollegen einschätzen? Wenn Sie authentisch sind, dann erreichen Sie mit Ihrer Glaubwürdigkeit, Ehrlichkeit und Integrität ein Höchstmaß an Vertrauen und Akzeptanz. Wenn Sie sich selbst und Ihren eigenen Weg kennen und diesem bewusst folgen, dann legen Sie die Grundlage für Ihre Authentizität als Leader. Alfred Herrhausen, der ehemalige Vorstandsvorsitzende der Deutschen Bank, sagte: „Wir müssen das, was wir denken, sagen. Wir müssen das, was wir sagen, tun. Wir müssen das, was wir tun, dann auch sein."

Bei einer authentischen Führungskraft kann man erkennen, wofür sie steht und von welchen inneren Überzeugungen sie sich leiten lässt. Sie steht zu ihrer Meinung, und diese äußert sich in klaren Positionen und in konsequentem Handeln. Es ist die Art und Weise, wie sie Vertrauen und Glaubwürdigkeit als Eckpfeiler setzt und wie diese von anderen wahrgenommen werden. Eine authentische

Führungskraft ist bereit, ihre Überzeugungen auch zu vertreten. Sie legt weniger Wert auf ihren Status als darauf, den Blick nach innen zu richten, und sie erreicht auf diese Weise, durch die Anerkennung ihrer eigenen Individualität und Echtheit die emotionale Akzeptanz ihrer Mitarbeiter.

Ihre Mitarbeiter nehmen täglich Ihr konkret sichtbares Handeln wahr und beurteilen es. Sie stellen sich dabei unbewusst die Frage, wie Sie Ihre Aufgabe als Führungskraft erfüllen, wie Sie in Ihrem Verhalten die Unternehmenskultur und die Unternehmenswerte reflektieren. Ihre Mitarbeiter hören, was Sie sagen, und sehen, wie Sie sich als Leader verhalten. Je kongruenter das Bild für sie ist, desto authentischer wirken Sie als Führungskraft.

Authentisch und natürlich zu sein, setzt zunächst bei Ihrer Selbstreflexion und Ihrem Selbstkonzept an, also der Art und Weise, wie Sie über sich denken. Wenn Sie in Ihrem Selbst verankert sind, besitzen Sie das Gespür für das Wesentliche und kommen so zu der Klarheit, aus der heraus Sie Ihre Mitarbeiter sicher führen. Der Weg für Sie zu einer authentischen Führungskraft beginnt damit zu erkennen, wer Sie sind. Machen Sie sich auf die Reise zu Ihrem persönlichen „Ich". Beginnen Sie bei Ihren eigenen Werten, gehen Sie Ihren Stärken auf den Grund, entdecken Sie Ihre Talente und arbeiten Sie an deren weiterer Erschließung. Wo liegt Ihr Potenzial, was können Sie gut, was treibt Sie an, was fasziniert Sie? Wenn Sie als Führungskraft authentisch sein wollen, müssen Sie wissen, wer Sie sind und wofür Sie stehen, Sie brauchen ein stimmiges Wert- und Selbstkonzept, das Ihnen die Richtung für Ihr Auftreten und Verhalten gibt. Der Prozess der Entwicklung zu einer authentischen Führungspersönlichkeit ist immer auch ein Weg der Selbsterkenntnis.

Leichter durch den Führungsalltag: Wofür stehen Sie als Führungskraft?

Ziehen Sie sich für einen „Dreamday" aus dem Hamsterrad Ihres Führungsalltags zurück und beantworten Sie folgende Fragen (Brodmerkel 2007, S. 46):

- ☐ *Was macht meine Identität aus?*
- ☐ *Wofür stehe ich?*
- ☐ *Welche Facetten gehören zu meiner Persönlichkeit?*

1.2 Führungseigenschaften entwickeln

- Was hat mich geprägt?
- Welche Normen, Werte, Überzeugungen und Verhaltensmuster gehören wirklich zu mir und welche habe ich von anderen übernommen?
- Wie stehe ich zu den Normen und Werten meines Unternehmens und welchen Einfluss habe ich auf sie?
- Wie würde ich gerne sein? Wie sieht mein ideales Selbstbild aus und was muss bzw. kann ich verändern, um meiner persönlichen Vorstellung näher zu kommen?
- Wie werde ich verstanden? Wie kann ich mein Anliegen authentisch mitteilen?

Durch die Beantwortung dieser Fragen erhalten Sie Ihr persönliches und stabiles Werte-Fundament als Führungskraft. Das hilft Ihnen, Ihre täglichen Entscheidungen daran zu orientieren und auszurichten. Besinnen Sie sich auf Ihre Grundwerte, und Ihr Handeln und Auftreten werden so sein, wie Sie und Ihr Umfeld es von Ihnen erwarten. Wenn Sie sich selbst respektieren und Ihre eigene Mitte kennen, begegnen Sie Ihrem Gegenüber, gleich ob Mitarbeitern oder Kollegen, authentisch. Das bedeutet, dass Sie sich selber mit Wahrhaftigkeit begegnen und so handeln, dass Ihre eigenen Werte und Überzeugungen nicht verletzt werden. Wenn Sie als Führungskraft Ihre Werte kommunizieren, sie diskutieren, begründen und nach ihnen handeln, sind Sie authentisch. Dadurch werden Sie ein stabiles Selbstbewusstsein und ein starkes Selbstwertgefühl aufbauen. Ihr Vertrauen in sich selbst und in Ihre eigene Intuition wird dann zu Ihrem wesentlichen Begleiter als authentische Führungspersönlichkeit. Für Ihre Mitarbeiter ist es diese Übereinstimmung von Reden und Handeln, die Sie glaubwürdig macht. Und Glaubwürdigkeit ist eine Ihrer wichtigsten Voraussetzungen für erfolgreiche Mitarbeiterführung.

Visionär sein

„If you can dream it, you can do it."

(Walt Disney)

Obwohl es bis heute keinen gültigen Ansatz gibt, der verbindlich sagt, welche Führungsqualitäten und welche Eigenschaften bei einem Leader wichtig sind, besteht doch Einigkeit darüber, dass erfolgreiche Führungskräfte eine Art Vision besitzen. Martin Luther King drückte es folgendermaßen aus: Solange ein Mensch nicht etwas gefunden hat, für das er zu sterben bereit ist, hat er auch keinen Grund zu leben.

Visionär zu sein ist eine der wichtigsten Eigenschaften für Sie als Führungskraft. Es geht um die klare Vorstellung von Ihrer Zukunft, also um vorausschauendes Denken und um das Entwerfen eines Bildes von dem, was Sie gemeinsam mit Ihren Mitarbeitern erreichen bzw. erschaffen wollen. Dabei besitzen Sie als echter Leader nicht nur Überzeugungskraft, sondern auch die Fähigkeit, andere davon zu überzeugen, sich der Vision anzuschließen, und ihnen das Gefühl zu vermitteln, gebraucht zu werden.

Egal auf welcher Hierarchiestufe Sie sich befinden, Sie müssen wissen, wohin die Reise geht, das heißt, Sie müssen eine genaue Vorstellung von der Zukunft haben. Ihre Mitarbeiter erwarten von Ihnen Orientierung; sie möchten wissen, wofür sie arbeiten. Es geht hier nicht allein um die täglichen Routineaufgaben, es geht mehr um die Frage, wohin diese Routinearbeit führt und auf welche Weise Sie sich mit Ihren Mitarbeitern der Vision nähern. Sie müssen die Herzen und Köpfe Ihrer Mitarbeiter für die Vision gewinnen können.

Selbst wenn das Unternehmen, in dem Sie arbeiten, als Ganzes keine klare Vision hat – was hindert Sie daran, für Ihren Verantwortungsbereich eine Vision zu entwickeln? Wenn Sie die Vorstellung vermitteln, wohin es gehen soll, leuchten Sie damit den Pfad aus, auf dem Sie gemeinsam mit Ihren Mitarbeitern voranschreiten. Sie weisen den Weg und vermitteln Ihren Mitarbeitern ein wertvolles Gefühl von sinnvollem und zielgerichtetem Tun. Durch Ihre Inspiration und Motivation verdeutlichen Sie Ihren Mitarbeitern, was sie als Einzelne zu leisten im Stande sind.

In mehr als 3.300 verschiedenen Studien zum Thema Führungsqualitäten (Tracy, 1998, S. 24) fand man heraus, dass der wichtigste gemeinsame Nenner aller echten Führungspersönlichkeiten eine klare Vision ist. Es ist deshalb sinnvoll, dass Sie sich selbst darüber klar werden, was Sie in Ihrer Funktion als Leader erreichen wollen. Denn nur, wenn Sie genau wissen, was Sie wollen, können Sie diese Vision auch vermitteln und andere dafür begeistern.

1.2 Führungseigenschaften entwickeln

Leichter durch den Führungsalltag: Eine Vision entwickeln

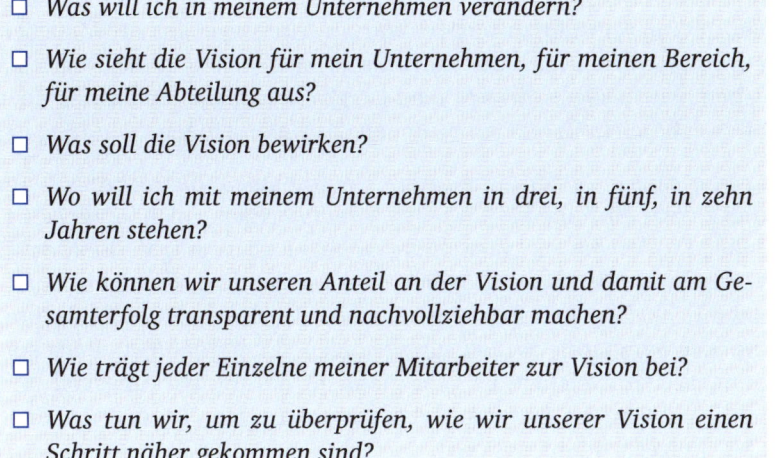

- ☐ Was will ich in meinem Unternehmen verändern?
- ☐ Wie sieht die Vision für mein Unternehmen, für meinen Bereich, für meine Abteilung aus?
- ☐ Was soll die Vision bewirken?
- ☐ Wo will ich mit meinem Unternehmen in drei, in fünf, in zehn Jahren stehen?
- ☐ Wie können wir unseren Anteil an der Vision und damit am Gesamterfolg transparent und nachvollziehbar machen?
- ☐ Wie trägt jeder Einzelne meiner Mitarbeiter zur Vision bei?
- ☐ Was tun wir, um zu überprüfen, wie wir unserer Vision einen Schritt näher gekommen sind?

Ihre Vision muss dabei einen zu erreichenden zukünftigen Zustand in beispielsweise fünf Jahren beschreiben, soll motivierend formuliert sein und Ihre Mitarbeiter einladen, den Weg aktiv mitzugehen.

Mutig handeln

> „Nicht, weil die Dinge unerreichbar sind, wagen wir sie nicht, weil wir sie nicht wagen, bleiben sie unerreichbar."
>
> (Lucius Seneca)

Wenn Sie als Führungskraft andere anleiten, mutig voranzuschreiten, müssen Sie selbst die Fahne in der Hand halten und mutig vorausgehen. Dazu gehört auch, dass Sie sich der Risiken bewusst sind, die in der Konsequenz zu harten Entscheidungen führen können und manchmal bei Mitarbeitern unbeliebt sind. Wichtig ist dabei jedoch, dass Sie Ihre persönlichen Überzeugungen, Ihre persönlichen Werte, Ideale und Führungsprinzipien nicht preisgeben.

Ich erlebe es immer wieder, dass Führungskräften der Mut fehlt, die Entscheidung zu treffen, die aus unternehmerischer Sicht nötig gewesen wäre. Denken Sie nur an den Fall einer Führungskraft, die einen Mitarbeiter nicht kündigt, welcher in der Probezeit schon mehrere schwerwiegende Fehler begangen hat. Selbstverständlich ist es immer ein Prozess des Abwägens, ob ein Mitarbeiter im Unternehmen bleiben soll oder nicht. Wenn Sie aber schon selbst das Gefühl haben und insgeheim wissen, dass es auf Dauer keinen Sinn macht, diesen Mitarbeiter weiter zu beschäftigen, dann hilft es auch nichts, den Betreffenden an einen Ihrer Kollegen weiterzuempfehlen, nur um ihn selbst loszuwerden. Warum wird so gehandelt? Manchen Führungskräften fehlt der Mut, ihrem Mitarbeiter in die Augen zu sehen und zu sagen, dass er oder sie große Fähigkeiten besitzt, aber offensichtlich in Bereichen, in denen das Unternehmen nicht tätig ist.

Leader sind in erster Linie ihrem Unternehmen, dann ihrem Team und zuletzt einzelnen Mitarbeiter verantwortlich – nicht umgekehrt. Jeder Leader hat ein mehr oder weniger ausgeprägtes Bedürfnis, von seinen Mitarbeitern geliebt zu werden und etwaigen Unannehmlichkeiten aus dem Weg zu gehen. Doch es geht nicht darum, um der Sympathie willen notwendigen unangenehmen Entscheidungen auszuweichen. Es geht vielmehr darum, wirkungsvoll und mutig zu handeln. Das unterscheidet einen echten Leader von einer „Möchtegern"-Führungskraft.

Leichter durch den Führungsalltag: Mut entwickeln

Mut und Courage in Ihrem Führungshandeln zeigen Sie, wenn Sie:

- **Die Wahrheit sagen.** Legen Sie die Fakten auf den Tisch und machen Sie sich für eine Kommunikation der Wahrheit stark. Das Vertrauen Ihrer Mitarbeiter erhalten Sie sich nur, wenn Sie offen aussprechen, was sowieso jeder ahnt.

- **Zuversicht verbreiten.** Gerade in schwierigen Phasen der Unternehmensentwicklung ist es wichtig, dass Sie Mut und Zuversicht ausstrahlen. Sprechen Sie positiv, machen Sie Mut und seien Sie über Ihr Auftreten der Fels in der Brandung.

- **An sich selbst und das, was Sie tun, glauben.** Nur wenn Sie von sich selbst überzeugt sind, werden Ihre Mitarbeiter an Sie glauben und sich Ihrer Führung anvertrauen. Ihre Überzeugung drückt sich auch in Ihrer Körperhaltung aus.

- **Konsequent handeln.** Erklären Sie Ihren Mitarbeitern die Notwendigkeit von Entscheidungen genau und handeln Sie dann dementsprechend.

1.2 Führungseigenschaften entwickeln

- Mutig entscheiden. Schreiben Sie das Problem auf, das eine Entscheidung von Ihnen verlangt, und setzen Sie sich ein Zeitlimit für die Entscheidung. Und dann: Entscheiden Sie!

Wenn Sie als Leader über Ihre Persönlichkeit Sicherheit und Zuversicht vermitteln und mutig auftreten, bestärkt das Ihre Mitarbeiter und gibt Ihnen die nötige Basis für Akzeptanz und Vertrauen als Führungskraft.

Resilient sein

> „Erfolg heißt, einmal mehr aufzustehen als hinzufallen!"
>
> (Winston Churchill)

Wie sind Ihre Stehaufmännchen-Qualitäten ausgeprägt? Darum geht es im Kern bei der Resilienz. Als Leader stehen Sie persönlich vor schwierigen Herausforderungen, erleben Stress und Krisen. Wie Sie mit diesen umgehen und wie Sie sie meistern, beschreibt im Kern Ihre Resilienz, also Ihre seelische Widerstandsfähigkeit und die Fähigkeit, wie Sie sich selbst wieder ins innere Gleichgewicht bringen und es auch halten. Der Begriff Resilienz stammt vom lateinischen Wort „resilire", was so viel wie „abprallen" bedeutet. Wie gut prallen Ereignisse von Ihnen ab, die eher unerfreulich sind, und wie schnell finden Sie wieder auf Ihren ursprünglichen Erfolgsweg zurück? Als besonders resilient gilt, wenn Sie es schaffen, an den Enttäuschungen und Schwierigkeiten zu wachsen und zu reifen.

Eine der bedeutendsten Untersuchungen zum Thema Resilienz war die „Kauai"-Studie auf Hawaii. Über einen Zeitraum von 40 Jahren, bis in die 1990er-Jahre hinein, beobachtete die Entwicklungspsychologin Emmy Werner (vgl. Werner 1971) 700 Kinder aus schwierigen Lebensverhältnissen. Ein Drittel der Probanden verkraftete die widrigen Umstände gut und wuchs in stabile Lebens- und Familienverhältnisse hinein. Das Ergebnis stellte die Lehre von der frühkindlichen Prägung auf den Kopf. Aus den Befunden lässt sich schließen, dass sogenannte „protektive Schutzfaktoren" existieren, die die Wirkung von Risikofaktoren beeinflussen.

Wenn Sie Ihre mentale Verfassung stärken, werden Sie sich dieser Fähigkeiten bewusst und setzen sie gezielt ein. Ihre Resilienz steigt, wenn Sie ein kontaktfreudiges Temperament auszeichnet, denn dann treten Sie Ihren Mitarbeitern optimistisch, durchsetzungsfähig und seelisch ausgeglichen gegenüber. Sie akzeptieren Krisen, sind aber der festen Überzeugung, dass sich die Dinge wieder zum Besseren wenden werden. Es geht darum, dass Sie erkennen, wo Sie ansetzen können, um wieder handlungsfähig zu werden. Wenn Sie psychisch widerstandsfähig sind, bedeutet das nicht, Schwierigkeiten oder Kummer zu ignorieren, sondern sich bewusst mit Ihren Niederlagen auseinanderzusetzen und dies als Voraussetzung für einen konstruktiven Neustart zu sehen.

Wichtig ist, dass Sie nach einer Krise oder Niederlage wieder aktiv werden und einen anderen Blickwinkel einnehmen. Manche Fähigkeiten der Resilienz sind wahrscheinlich in Ihrer Persönlichkeit bereits gut verankert, andere wiederum könnten noch ausgebaut, vertieft oder neu gefunden werden. Als resilienter Leader gehen Sie den Gründen nach, gelangen zu Erkenntnissen und fokussieren sich zielorientiert auf die gefundenen Lösungsmöglichkeiten.

Der Resilienzfaktor beschreibt das Geheimnis Ihrer inneren Stärke in sieben Bereichen. Diese aufeinander bezogenen und voneinander abhängigen Faktoren sind entscheidend für Ihre individuelle Krisenfestigkeit: Optimismus, Akzeptanz und Zielorientierung, die Fähigkeit, die Opferrolle zu verlassen, Verantwortung zu übernehmen, Netzwerke zu nutzen und nicht zuletzt Ihre Zukunftsplanung sehr konkret in die Hand zu nehmen.

Eine optimistische Lebenseinstellung ist das wichtigste Merkmal der Resilienz. Sind Sie optimistisch, dann gehen Sie davon aus, dass alle „Krisen" zeitlich begrenzt sind und Ihnen, perspektivisch gesehen, eher etwas Gutes als Schlechtes bringen werden. Als Optimist erkennen Sie die Realität an, gehen aber davon aus, dass negative Ereignisse grundsätzlich eine befristete Angelegenheit sind, auf deren Verlauf Sie Einfluss haben. Wenn Ihre Gefühle nach einem schweren Rückschlag abflauen, wird es Zeit für eine nüchterne Bestandsaufnahme. Ihre Fähigkeit zur Akzeptanz ist für die Verarbeitung von Krisen eine unbedingte Voraussetzung. Erst nachdem Sie die Tatsachen als solche akzeptiert haben, besteht auch eine Chance, die nächsten Schritte aktiv anzugehen.

Schicksalsschläge sind nicht zu beeinflussen. Die Konsequenzen, die Sie daraus ziehen, liegen jedoch bei Ihnen selbst. Sie sollten sich fragen, welche potenziellen Lösungen es für den Konflikt gibt und wie Sie die Situation wieder unter Kontrolle bekommen. Auch als resilienter Leader sind Sie nicht vor der Opferrolle gefeit. Nach einer gewissen Zeit gelingt es Ihnen jedoch, anders über die Situation

1.2 Führungseigenschaften entwickeln

zu denken. Wenn Sie das Gefühl haben, wieder selbst am Ruder zu stehen, setzen Sie sich mit der Situation auseinander und denken an die Zukunft.

Wenn Sie den eigenen Anteil an der Krise realistisch einschätzen und zugleich analysieren, welche äußeren Umstände zu den Problemen geführt haben, werden Sie schneller wieder aktiv. Sie übernehmen Verantwortung für das eigene Tun und Handeln und tragen auch die Konsequenzen. Das stärkt Sie in Ihrem Selbstbewusstsein. Eine weitere Säule der Resilienz beschreibt Ihre Bereitschaft, sich ein stabiles Netzwerk aufzubauen, das Ihnen in schwierigen Situationen effektiv weiterhilft. Vieles können Sie leichter ertragen, wenn Sie wissen, dass Sie ein Beziehungsnetzwerk haben, das Sie in diesem Fall nutzen und auf das Sie sich verlassen können. Um schließlich eine solide und tragfähige Zukunft planen zu können, benötigen Sie Alternativen und Visionen. Mit diesen Optionen erhalten Sie Ihre Flexibilität der eigenen Handlungsfähigkeit. Eine durchdachte und möglichst gut ausgestaltete Planung erhöht die Wahrscheinlichkeit, dass Ihre Zukunft weitestgehend plan- und auch beherrschbar bleibt.

Nur das Zusammenspiel aller sieben Säulen der Resilienz unter- und miteinander stärkt Ihre persönliche Kompetenz. Das Leistungsvermögen Ihrer eigenen Persönlichkeit ist ein wichtiger Faktor Ihrer Führungsarbeit und Ihrer Führungseffektivität. Wie oft stehen Sie in Ihrer Führungsposition vor augenscheinlich unlösbaren Situationen und/oder Problemen?

Der Ausbau Ihrer persönlichen Resilienz bedarf der Kontinuität. Resilienz kann man nicht einfach einschalten wie einen Motor, denn die Persönlichkeitsentwicklung ist ein Prozess, der Zeit, Geduld und Ausdauer benötigt. Ihre persönliche Resilienz wird Ihnen die Widerstandskraft geben, die Sie brauchen, um die Herausforderungen in Ihrer individuellen Führungssituation zu bewältigen.

Leichter durch den Führungsalltag: Checkliste Resilienz

Um Ihren resilienten Umgang mit Führungssituationen zu verbessern, stellen Sie sich die folgenden Fragen und formulieren Sie Ihre Antworten darauf schriftlich. Durch schriftliche Formulierung wird sich Ihr emotionales und physisches Wohlbefinden deutlich verbessern (Margolis/Stoltz, 2010, S. 28 ff.):

1. Kapitel Einstieg verpatzt – Führen Sie schon oder arbeiten Sie noch?

- ☐ Was genau ist passiert und welche Konsequenzen ergeben sich für mich konkret?
- ☐ Welche Aspekte der Situation kann ich direkt beeinflussen, um der Krise eine positive Wendung zu geben?
- ☐ Was würde der Manager, den ich am meisten bewundere, in dieser Situation tun?
- ☐ Wer kennt wen, wen kann ich ansprechen und wer hat wohin Verbindungen?
- ☐ Wie kann ich andere Kollegen oder Mitarbeiter mobilisieren, die momentan noch zu zögerlich sind?
- ☐ Wie kann ich die Situation möglichst sofort positiv beeinflussen?
- ☐ Wie kann ich die potenziellen Nachteile dieser Situation reduzieren – und wenn auch nur um zehn Prozent? Was kann ich tun, um die potenziellen Vorteile der Situation zu maximieren und wenn auch nur zu zehn Prozent?
- ☐ Was kann ich in den nächsten fünf Minuten oder heute tun, um mich in die richtige Richtung zu bewegen?
- ☐ Welche Handlungsoptionen ergeben sich für mich und welchen Aktionsplan kann ich aufstellen?

Willensstark sein

> *„Stärke entspringt nicht physischer Kraft, sondern einem unbeugsamen Willen."*
>
> *(Mahatma Gandhi)*

Wie stark ist Ihr Verlangen, ein definiertes Ziel zu erreichen und in Ergebnisse umzuwandeln? Diese Fähigkeit von der Willensbildung bis zur Willensumsetzung wird als Willensstärke (Volition) bezeichnet und ist mehr als Motivation allein (Peltz 2004). Neben dem starken Willen, Hindernisse, Ablenkungen und Probleme auf dem Weg zu überwinden, gehört dazu auch Ihre konsequente Fähigkeit des Selbstmanagements vom Ziel über die Planung und Entscheidung bis hin zur Aktion und Erfolgskontrolle. Die Willensstärke ist Ihre Schlüsselfähigkeit als Leader, um mit Selbstdisziplin, Konsequenz

1.2 Führungseigenschaften entwickeln

und Fokussierung unbeirrt auf Kurs zu bleiben, bis Sie Ihr Ziel erreicht haben.

Willensstärke setzt sich aus verschiedenen Teildimensionen zusammen: der Aufmerksamkeitssteuerung und Fokussierung, dem Emotions- und Stimmungsmanagement, dem Selbstvertrauen und der Durchsetzungsstärke, der vorausschauenden Planung und Problemlösung sowie der zielbezogenen Selbstdisziplin.

Aufmerksamkeitssteuerung und Fokussierung bewirken, dass Sie sich nicht verzetteln. Auch wenn es um eine schwierige Aufgabe geht, bleiben Sie konzentriert bei der Sache und lassen sich nicht von anderen Einflüssen ablenken. Außerdem gelingt es Ihnen als Leader mit sicherem Blick, Wesentliches von Unwesentlichem zu unterscheiden und klare Prioritäten zu setzen. Durch ein gekonntes Emotions- und Stimmungsmanagement schaffen Sie es, sich selbst und andere in positive Stimmung zu versetzen und lösungsorientiert mit negativen Gefühlen umzugehen. Sie motivieren sich selbst durch eine positive Einstellung und Selbstmotivation bei der Umsetzung Ihrer Absichten, können sich in die Gedanken- und Gefühlswelt Ihrer Mitarbeiter hineinversetzen und dabei Verhaltensweisen zuverlässig antizipieren und besser steuern.

Selbstvertrauen und Durchsetzungsstärke betreffen Ihre Fähigkeit, Mittel und Wege zu finden, mit schwierigen Situationen umzugehen, und sich aus diesen zu befreien. Widerstände und Probleme betrachten Sie dabei als Herausforderung, die es zu überwinden gilt, und diese verursachen bei Ihnen eher positiven als negativen Stress. Durch eine vorausschauende Planung bereiten Sie sich auf unvermeidliche Probleme und Widrigkeiten vor und reagieren nicht erst, wenn die Umstände Sie dazu zwingen. Dadurch steigern Sie die Erfolgswahrscheinlichkeit Ihrer Absichten und Pläne erheblich, was andererseits stressmindernd auf Sie wirkt. Schließlich gelingt es Ihnen durch eine zielbezogene Selbstdisziplin, sich kontinuierlich anspruchsvolle Ziele zu setzen, diese zu messen und dabei selbstkritisch den Fortschritt zu reflektieren. Sie erkennen früher als andere, was notwendig ist, um Erfolg zu haben, und handeln danach. Dabei gelingt es Ihnen relativ problemlos, lieb gewordene Gewohnheiten abzustreifen und neue Gewohnheiten zu erlernen. Ihre Selbstdisziplin hilft Ihnen, sich den veränderten Anforderungen anzupassen.

Leichter durch den Führungsalltag: Willensstärke entwickeln

Arbeiten Sie an Ihrer Willensstärke und stellen Sie sich dabei die folgenden Fragen:

- ☐ *Wie konsequent und nachhaltig arbeite ich an meinen Zielen?*
- ☐ *Setze ich klare Prioritäten bei meiner täglichen Arbeit?*
- ☐ *Wie schaffe ich es – auch unter Anspannung – mich in positive Stimmung zu versetzen?*
- ☐ *Wie gut gelingt es mir auf der Grundlage meiner Erfahrung, mit Schwierigkeiten souverän umzugehen?*
- ☐ *Gehe ich meine Aufgaben überwiegend pro-aktiv und vorausschauend an?*
- ☐ *Wie oft erledige ich unangenehme und schwierige Aufgaben sofort?*
- ☐ *Habe ich ein hohes Maß an Selbstdisziplin und setze konsequent um, was ich mir vornehme?*

Verlässlich und integer handeln

„Manche Menschen halten leichter zehn Reden als einmal Wort."

(Quelle unbekannt)

Verlässlichkeit und daraus folgendes konsequentes und berechenbares Handeln ist eine weitere Anforderung an Sie als Führungskraft. Ihre Mitarbeiter müssen sich auf Sie verlassen können. Das bedeutet, dass Sie Zusagen einhalten und dass Sie zu Ihrem Vorhaben stehen. Verlässlichkeit bedeutet aber auch, dass Sie Verantwortungsbewusstsein, Einsatzbereitschaft und Besonnenheit als Leader mitbringen. Wenn Sie Ihre Versprechen halten, steigen Sie auch schneller in höhere Positionen auf, die ein noch größeres Maß an Vertrauen und Glaubwürdigkeit erfordern.

Integrität drückt sich dadurch aus, dass Sie Wort halten. Es geht also im Kern um Ihre Ehrlichkeit und auch darum, in schwierigen Situationen die Wahrheit zu sagen – und nicht weil es momentan opportun erscheint, wie die Fahne im Wind die Seite zu wechseln. Als integre Führungskraft sind Sie aufrichtig und sagen die Wahrheit.

1.2 Führungseigenschaften entwickeln

Was würden Ihre Mitarbeiter auf die Frage antworten, ob Sie immer die Wahrheit sagen?

Es geht bei Integrität weniger darum, alles richtig zu machen, als darum, wie Sie damit umgehen, wenn Ihnen ein Fehler unterlaufen ist. Sie kennen sicher Leader, die einen Fehler unumwunden zugeben, wenn er ihnen passiert: „Ja, ich habe mich geirrt. Ja, wir hätten den Weg anders beschreiten müssen." Die Konsequenz ist, dass die Wertschätzung der Mitarbeiter steigt, weil sie wissen, dass dieser Leader ehrlich mit sich umgeht, sich nicht hinter Fehlern versteckt und sie womöglich auf die Mitarbeiter abschiebt. Wer versucht, Ausreden zu finden, warum ein Fehler passiert ist und er keinen Einfluss hatte, wer Entschuldigungen sucht, anstatt den eigenen Fehler zuzugeben, verliert als Führungskraft bei den Mitarbeitern an Achtung, Anerkennung und Akzeptanz.

Nach dem Psychologen Franz Petermann (Petermann, 1996) ist für den Vertrauensaufbau ein Mindestmaß an Sicherheit notwendig. Mitarbeiter müssen das Gefühl haben, dass sie die Signale der Führungskraft richtig deuten können. Solche Hinweise geben Sie durch eine verständnisvolle und wertschätzende Kommunikation. Sie hören anderen aufmerksam zu und halten Blickkontakt. Sie nehmen die Wünsche und Ängste des anderen wahr und gehen, so gut wie möglich, auf diese ein.

Leichter durch den Führungsalltag: Verlässlichkeit und Integrität pflegen

- Seien Sie vorsichtig mit Versprechungen! Integrität und Verlässlichkeit verlangen, dass Sie nur Zusagen geben, die Sie unbedingt einhalten.
- Seien Sie berechenbar. Es fördert das Vertrauen Ihrer Mitarbeiter in Ihre Verlässlichkeit, wenn sie Ihre Reaktionen ungefähr vorhersehen können. Wenn zum Beispiel Mitarbeiter zu spät zu einer Besprechung erscheinen, sollten Sie sich immer gleich verhalten, anstatt einmal zur Tagesordnung überzugehen und ein anderes Mal Kritik zu üben.
- Geben Sie eigene Fehler zu und verwenden Sie keine Ausreden.
- Sagen Sie die Wahrheit. Wenn das nicht möglich ist, weil es zum Beispiel Ihre Kompetenz oder Ihr derzeitiges Wissen übersteigt, lassen Sie das den Mitarbeiter wissen.

- Begegnen Sie Ihren Mitarbeitern mit Respekt.
- Verlässlichkeit heißt auch Pünktlichkeit in dem, was Sie zusagen. Wenn Sie nicht pünktlich sein können, dann informieren Sie die andere Person, sobald Ihnen die Verzögerung bekannt ist.
- Achten Sie auf Ihr Ansehen auch gegenüber Ihren Kollegen und halten Sie die „Fahne" der Abteilung hoch.
- Sie sollten bei „Druck von oben" auch nicht zu schnell nachgeben, sondern sich verlässlich und engagiert für Ihre Interessen und die Ihrer Mitarbeiter einsetzen.

1.3 Schlüsselkompetenzen als Führungskraft

„Es gibt Führungskräfte und Vorgesetzte. Der Unterschied ist, dass Vorgesetzte glauben, dass ihre Mitarbeiter für sie da sind, und Führungskräfte wissen, dass sie für ihre Mitarbeiter da sind."

(Helmut E. Wirtz)

Kompetenz beschreibt, wie Sie Ihre Kenntnisse, Ihre Fertigkeiten und Ihre Erfahrung kombinieren, um die Herausforderungen zu meistern. Nach Erpenbeck und von Rosenstiel (Erpenbeck/von Rosenstiel, 2003), den beiden renommiertesten Kompetenzforschern, brauchen erfolgreiche Leader einen Kompetenz-Mix aus vier Komponenten: persönliche und charakterliche, unternehmerisch-aktivitätsbezogene, fachlich-methodische und sozial-kommunikative Kompetenzen.

Als Leader sollten Sie zuerst Ihre eigenen Kompetenzen erkennen und weiterentwickeln, dann die Ihrer Mitarbeiter, Ihres Teams und Ihres Unternehmens. Sie sollten nicht das Setzen von Rahmenbedingungen als Anweisung oder Lenkung des Mitarbeiters missverstehen, sondern die Kompetenzentwicklung „als dialogischen Prozess begreifen und behutsam fördern". Normen, Werte und die Unternehmenskultur sind nicht durch Belehrung und Anordnung durchzusetzen, sondern nur durch das Wirken der Führungskraft als Vorbild. Dies führt dann zu einer allmählichen Verinnerlichung bei Mitarbeitern (Erpenbeck/von Rosenstiel 2003, S. 88).

Fachkompetenz

"Vorsprung durch Fachkompetenz."

(Quelle unbekannt)

Auf die Frage, welche Kompetenzen eine Führungskraft haben soll, um den Anforderungen an sie gerecht zu werden, antworten meine Seminarteilnehmer meist zuerst: Fachkompetenz. Dabei geht es hier um Erfahrung, Wissen und Know-how einer Führungskraft; sie bilden die Basis für den Einstieg in das Unternehmen. Fachliche Kompetenz beruht auf Ausbildung und beruflicher Weiterbildung. Wie Sie in den folgenden Abschnitten dieses Kapitels noch merken werden, ist diese meist zuerst genannte keineswegs die wichtigste Kompetenz für Führungskräfte.

Die Bedeutung der Fachkompetenz hängt davon ab, auf welcher Hierarchiestufe Sie stehen. Sind Sie nahe an der Basis und in der ersten Vorgesetztenreihe, also direkte Führungskraft, dann hilft Ihnen sicherlich Ihre Fachkompetenz, um Mitarbeiter zu überzeugen. Sie können sich aber nicht in allen Bereichen fachlich so gut auskennen wie Ihre Mitarbeiter, sondern müssen nur einschätzen können, ob das, was Ihre Mitarbeiter sagen und tun, fachlich richtig ist bzw. sein kann. Je weiter Sie sich in der Hierarchie nach oben bewegen, desto unwichtiger wird Ihre Fachkompetenz. Es geht dann mehr und mehr darum, die richtigen Fragen zu stellen und strategisch zu denken. Jack Welch formuliert es so: „Führungskräfte hinterfragen mit einer Penetranz, die an Misstrauen grenzt – denn es kommt ihnen darauf an, dass ihren Fragen Taten folgen" (Welch 2005, S. 85). Um es auf den Punkt zu bringen: Erstklassige Fußballspieler geben nicht unbedingt erstklassige Trainer ab. So hoch auch fachliches Wissen einzuschätzen ist, haben gute Leader andere, zusätzliche Kompetenzen.

Wie im eingangs geschilderten Beispiel kennen Sie den Fall, dass jemand befördert wird, der die höchste Fachkompetenz hat – oft mit der Konsequenz, dass die neue Führungskraft versucht, weiterhin alles selbst zu erledigen, und auch alles, was in der Abteilung liegen bleibt. Und das ist schlichtweg nicht möglich. Umgekehrt gibt es zahlreiche Beispiele dafür, dass man kein Fachexperte sein muss, um erfolgreich führen zu können. General Dwight D. Eisenhower zum Beispiel, der Befehlshaber der alliierten Truppen in Europa während des Zweiten Weltkriegs und späterer US-Präsident, kämpfte nie mit einer Waffe in der Hand.

1. Kapitel Einstieg verpatzt – Führen Sie schon oder arbeiten Sie noch?

Wenn Sie sich als Führungskraft ausschließlich auf Ihre Fachkompetenz verlassen, dann empfehle ich Ihnen, sich die Frage zu stellen, ob Sie wirklich eine Führungskraft sein wollen oder ob es Sie nicht glücklicher macht, wenn Sie Ihre Führungsverantwortung wieder abgeben.

Als Führungskraft werden Sie voraussichtlich nicht mehr so intensiv in fachliche Fragen des Tagesgeschäfts involviert sein.

Leichter durch den Führungsalltag: Fachkompetenz Check

Um dennoch Ihre fachliche Kompetenz aktuell zu halten, sollten Sie Folgendes tun. Bitte überlegen Sie, wie wichtig für Sie die Fachkompetenz in Ihrem Fachgebiet ist. Benötigen Sie einen tiefgreifenden Einblick oder genügt Ihnen auch ein eher strategischer Überblick in Ihrem Fachgebiet? Dann beantworten Sie die folgenden Fragen entsprechend Ihrer Einschätzung:

- ☐ *Machen Sie einen Jahresplan, wann Sie welche fachlichen Weiterbildungen besuchen werden.*
- ☐ *Besuchen Sie eine für Ihren Verantwortungsbereich relevanten Weiterbildungskongress.*
- ☐ *Besuchen Sie die fachlichen Weiterbildungsangebote von Marktpartnern (z.B. Händler, Hersteller, etc.).*
- ☐ *Welche fachlichen Weiterbildungskurse gibt es für die nebenberufliche Weiterbildung, wie Kurse, z.B. bei der IHK, den Handwerkskammern, Fachakademien oder Hochschulen?*
- ☐ *Ist es für Sie sinnvoll, dass Sie ein (nebenberufliches) Weiterbildungsstudium starten?*
- ☐ *Welche Fachmagazine helfen Ihnen weiter, um auf dem Laufenden zu bleiben?*
- ☐ *Ist es sinnvoll, dass Sie die täglich erscheinende Zeitung „Das Handelsblatt" lesen, um auf dem Laufenden zu bleiben?*
- ☐ *In welchen fachlichen Gebieten müssen Sie eine regelmäßig stattfindende Qualifikation durchführen? Wann steht die nächste Qualifikation an und wie bereiten Sie sich darauf vor?*

1.3 Schlüsselkompetenzen als Führungskraft

- Welche Blogs und Newsletter sollten Sie abonnieren? Welche bringen Sie fachlich weiter und sind eine Unterstützung in Ihrer täglichen Arbeit?
- Welche Hörbücher hören Sie sich an, welche Videos schauen Sie sich zu Ihrer fachlichen Weiterbildung an?
- Welche Fachbücher aus Ihrem Fachgebiet werden Sie sich durchlesen?
- Nutzen Sie die Gelegenheit sich mit Ihren Kollegen zu einer Betriebsbesichtigung unter www.top-online.de bei einem für Sie relevanten Hidden Champion anzumelden.
- In welchem Interessensverband können Sie sich einbringen?
- Welchem Berufsverband können Sie beitreten?
- Überlegen Sie, inwieweit es für Sie sinnvoll ist, sich für einen Unternehmens- bzw. Fachpreis, wie „best place to work", „Ludwig Erhard Preis", „top job", o.Ä. zu bewerben.

Es ist für Ihre Mitarbeiter sehr viel einfacher, Sie als Führungskraft zu respektieren, wenn Sie nicht nur das Gefühl haben, gut geführt zu werden, sondern auch wissen, dass diese Führung auf Wissen und Fachkompetenz beruht.

Vergessen Sie dabei aber nie, dass Ihre eigentlichen Aufgaben nicht im detaillierten fachlichen Know-how liegen. Das ist Sache Ihrer Mitarbeiter! Für Sie ist Fachkompetenz nur der Hintergrund, vor dem Sie planen, organisieren und Entscheidungen treffen.

Sozialkompetenz

> *„Effektive Führungskräfte sind die Ersten, die zuhören, und die Letzten, die reden."*
>
> *(Peter F. Drucker)*

Daniel Goleman (Goleman, 1997) hat den Begriff der emotionalen Intelligenz (EI) geprägt. Er hat die gestiegenen emotionalen Anforderungen an Führungskräfte und die daraus resultierenden Fähigkeiten untersucht. Die fünf zentralen Elemente der emotionalen Intelligenz umfassen aus seiner Sicht: Selbstwahrnehmung, Motivation, Selbstregulierung, Empathiefähigkeit und soziale Fähigkeiten. Nach

Goleman liegt der Einfluss des Intelligenzquotienten (IQ) auf den beruflichen Erfolg nur bei rund 25 bis 30 Prozent und bei Führungskräften sogar nur bei etwa 15 Prozent. Das heißt, für erfolgreiche Führungskräfte ist der innere Wert und damit das Maß an sozialer Kompetenz des Einzelnen entscheidend.

Im Kern beschreibt Goleman die emotionalen Qualitäten als das Bewusstsein und die Kontrolle über die eigenen Gefühle, das Einfühlungsvermögen in andere Menschen, verbunden mit der Fähigkeit, wie man soziale Beziehungen nutzt, sowie die Anlage, sich selbst zu motivieren und die eigenen Emotionen so zu steuern, dass sich die eigene Lebensqualität und die der Mitarbeiter verbessert. Gerade die Einschätzung und Kontrolle der eigenen Gefühle legen den Grundstein der emotionalen Intelligenz. Sie ist eine Art Meta-Fähigkeit, von der es abhängt, wie gut Sie Ihre sonstigen Fähigkeiten und Kompetenzen zu nutzen verstehen.

Ähnlich wie Sie Ihre fachliche Kompetenz im Laufe Ihres Lebens erlernt haben, ist die emotionale bzw. soziale Kompetenz erlernbar. So wie Ihr IQ die Basis für Ihre fachliche Kompetenz bildet, stellt die EI die Grundlage für Ihre soziale Kompetenz dar. Wenn Sie fachliche Vorgänge hervorragend beherrschen, aber kein Team führen bzw. motivieren können, dann müssen Sie Ihre Potenziale erschließen, ansonsten werden Sie sich nie richtig wohlfühlen als Leader und Ihre Mitarbeiter emotional auch nicht erreichen. Ihre sozialen und emotionalen Fähigkeiten bilden die Basis, um mit Ihren Mitarbeitern eine konstruktive Beziehung des Miteinanders aufzubauen.

Einer meiner Coachees wollte seine emotionale Kompetenz und seine Fähigkeit verbessern, Mitarbeiter zu verstehen. Zu Beginn des Coachings stellte sich heraus, dass seine Mitarbeiter ihm nicht vertrauten und ihm schlechte Nachrichten nicht mitteilten, weil sie vor seinen Reaktionen Angst hatten. Als mein Coachee davon hörte, war er bestürzt, denn er hatte ein anderes Bild von sich im Umgang mit seinen Mitarbeitern. Doch auch seine Familie gab ihm ein ähnliches Feedback. Wir starteten unsere gemeinsame Arbeit, um seine emotionale Kompetenz durch Training und Feedback zu verbessern.

Eine Aufgabe war, dass er eine Urlaubsreise in ein Land buchte, dessen Sprache und Kultur für ihn neu waren. Dort beobachtete er sich selbst, wie er auf das Fremde und Unvertraute reagierte und inwieweit er Menschen offen gegenübertreten konnte, die anders waren als er. Als er mit einer größeren Sensibilität und neuem Verständnis aus dem Urlaub zurückkam, vereinbarten wir eine intensive Beglei-

1.3 Schlüsselkompetenzen als Führungskraft

tung im Arbeitsalltag, in dessen Verlauf ich ihn beobachtete und ihm Rückmeldung und Hinweise zu einem veränderten Verhalten gab. Außerdem führte er Tagebuch über seine Erfolge, bei denen er anderen zuhörte und sich auf ihre Sichtweise einließ. Er nahm sich einige Male per Video in Besprechungen auf und bat seine Mitarbeiter, ihm Feedback zu seinem Verhalten zu geben. Wir arbeiteten mehrere Monate miteinander, und die emotionalen Fähigkeiten des Managers wurden besser und besser, was sich letztlich auch auf seine Arbeitsleistung und seine persönliche Motivation auswirkte. Wichtig für seinen Erfolg war sein starker Wunsch, seine emotionalen Fähigkeiten zu verbessern und an sich persönlich zu arbeiten. Das dauerhafte über einen längeren Zeitraum durchgeführte Coaching war es, das ihm letztlich zum Durchbruch verhalf.

Ein weiteres wichtiges Element Ihrer sozialen Fähigkeiten ist die Art und Weise, wie Sie mit Ihren Mitarbeitern und Ihrem Team kommunizieren. Wie ist Ihre Fähigkeit zur Gesprächsführung ausgeprägt? Wie schaffen Sie es, in der Vielzahl von Besprechungen, Verhandlungen und Einzelgesprächen Ihre Effektivität beizubehalten? Die Qualität Ihrer Arbeit hängt in hohem Maße von der Fähigkeit ab, in Gesprächssituationen mit unterschiedlicher Zusammensetzung und Zielsetzung professionell und zielgerichtet zu kommunizieren und zu führen.

Als Leader geht es nicht nur um Ihre eigenen sozialen Fähigkeiten, sondern auch um deren Einschätzung durch Ihre Mitarbeiter. Gerade in einem Team ist es entscheidend, dass die einzelnen Mitglieder sich so gut wie möglich ergänzen und das Arbeitsklima entsprechend positiv ist.

Ihre Teamfähigkeit als Leader äußert sich darin, wie Sie sich als „Gleicher unter Gleichen" inhaltlich positionieren, kreative Ideen einbringen und Ihr Wissen an passender Stelle zur Verfügung stellen. Es ist für die Wahrnehmung Ihrer sozialen Akzeptanz in hohem Maße wichtig, wie Sie Ihre Mitarbeiter einbeziehen, auf deren Vorschläge eingehen, zuhören, für die Beteiligung aller sorgen, Unterschiede deutlich machen und vermitteln, Konflikte ansprechen und Lösungen einfordern.

Sie als Leader sind immer in zweifacher Hinsicht eingebunden: Auf der einen Seite sind Sie Akteur in einer Arbeitssituation und gestalten einen Prozess, auf der anderen Seite müssen Sie sich ein Stück dabei selbst zuschauen, weil sie Teil der Situation sind. Von Ihnen wird die Fähigkeit verlangt, zu handeln und sich dabei zugleich zu beobachten, die eigene emotionale Betroffenheit wahrzunehmen, sie zu berücksichtigen und sich auch ein Stück davon zu distanzieren, die eigenen Vorlieben zu kennen und zu wissen, in welchen Situationen Ihre eigenen Alarmglocken läuten.

Leichter durch den Führungsalltag: Sozialkompetenz Check

Beantworten Sie die folgenden Fragen schriftlich, um sich selbst besser einzuschätzen und Ansatzpunkte zur Optimierung Ihrer sozialen Kompetenz zu erkennen:

- ☐ *Überlegen Sie, welche Aufgaben Sie gerne erledigen. Sind das eher faktenorientierte Tätigkeiten oder solche, in denen Sie mit Menschen umgehen? Situationen, in denen Sie sich wohlfühlen, sind immer auch Hinweise darauf, wo Ihre Kernkompetenzen liegen. Sind das führungsrelevante Aufgaben?*

- ☐ *Fragen Sie Arbeitskollegen und Mitarbeiter, denen Sie vertrauen bzw. gute Freunde, wie diese Sie wahrnehmen. Deckt sich diese Einschätzung mit Ihrer eigenen? Wo gibt es Differenzen?*

- ☐ *Fragen Sie sich, ob es Situationen gibt, in denen Ihre Gefühle mit Ihnen durchgehen und Sie die Kontrolle verlieren.*

- ☐ *Gibt es schwierige zwischenmenschliche Situationen, in die Sie immer wieder hineingeraten? Woran könnte das liegen, welchen Beitrag leisten Sie dabei? Wenn Sie sich in den anderen hineinversetzen, wie würde es Ihnen dabei ergehen?*

- ☐ *Reflektieren Sie Ihre kritischen Situationen, die sich im Umgang mit Mitarbeitern ergeben, ausreichend?*

- ☐ *Haben Sie den Eindruck, dass in manchen Situationen Missverständnisse auftreten, etwa im Gespräch mit Mitarbeitern, eventuell immer bei den gleichen Mitarbeitern bzw. in ähnlichen Situationen? Um welche Situationen geht es?*

1.3 Schlüsselkompetenzen als Führungskraft

Führungskompetenz

> „Führung ist die schöne und auch schwierige Kunst,
> mit Menschen richtig umzugehen und vor allem –
> bei ganz unterschiedlichen Talenten und Situationen –
> die Ziele eines Unternehmens gemeinsam zu erreichen."
>
> *(Kay von Fournier)*

Viele Führungskräfte sind unvorbereitet in die Führungsposition gelangt und haben teilweise keine formale Qualifikation als Führungskraft. Häufig wurden sie aufgrund ihrer ausgezeichneten fachlichen Kompetenz befördert. In Führungspositionen ist es aber wichtig, wie Sie die Mitarbeiter anleiten, Ihre Vorbildfunktion wahrnehmen und von Ihren Mitarbeitern akzeptiert und respektiert werden. Respekt gewinnen Sie nicht durch Ihre fachliche Kompetenz, sondern durch die Art und Weise, wie Sie die Mitarbeiter führen, durch Ihre Fairness, Sozialkompetenz und Gerechtigkeit.

Effektive Führungskräfte arbeiten nur etwa 30 bis 40 Prozent ihrer Zeit an fachlichen Aufgaben. Den Rest der Zeit verbringen sie damit, die Steine aus dem Weg zu räumen für ihr Team, ihre Abteilung, für ihren Bereich oder Geschäftsbereich. Wichtiges Werkzeug ist hierbei die Kommunikation. Sprechen Sie mit Ihren Mitarbeitern darüber, was Sie für sie tun können und was sie benötigen, damit sie effektiver arbeiten können. Wenn es Ihnen gelingt, ein Team zu führen, das funktioniert und motiviert ist, das seine Aufgaben erfolgreich abschließt, dann fallen Sie auf, und zwar ein bis zwei Führungsetagen weiter oben.

Leichter durch den Führungsalltag: Team Check

Ihre Aufgabe ist es, folgende Punkte zu klären und wenn nötig, Probleme beiseite zu räumen:

- ☐ *Gibt es Motivationsprobleme bei einzelnen Mitarbeitern? Worin liegen diese begründet und was können Sie tun, um die „Stolpersteine" zu beseitigen?*
- ☐ *Funktioniert die Kommunikation innerhalb des Teams? Werden wichtige Informationen ausgetauscht?*
- ☐ *Gibt es Spannungen im Team, die die Leistung beeinträchtigen?*

- Kennen die Teammitglieder ihre Aufgabenbereiche und die der anderen? Wissen sie gegenseitig über ihre Kompetenzen Bescheid?
- Hat Ihr Team die „richtigen" Ziele? Entsprechen diese Ziele den Unternehmenszielen?
- Gibt es im Team die „richtigen" Normen, etwa eine ausgeprägte Leistungsnorm? Sind alle Mitarbeiter etwa gleich stark motiviert?
- Funktioniert die Zusammenarbeit innerhalb des Teams oder mit anderen Abteilungen reibungslos oder muss viel Energie dafür verwendet werden?

Methodenkompetenz

„Tausend Meister, tausend Methoden."

(Chinesisches Sprichwort)

Die Methodenkompetenz bezieht sich auf die Fähigkeit, Fachwissen zu beschaffen, dieses entsprechend zu verwerten und Ihren Arbeitsalltag strukturiert zu bewältigen. Ihre Methodenkompetenz ist mitverantwortlich dafür, wie gut Sie sich Fachkompetenz aufbauen und diese erfolgreich nutzen können. Es geht also nicht um das Erlernen von Detailwissen, sondern darum, wie Sie Erlerntes strukturieren und methodisch anwenden können.

Dazu gehört auch die Frage nach Ihrem persönlichen Zeitmanagement. Zeit ist natürlich eine überaus kritische Variable, bedenkt man die zunehmende Leistungsdichte und die immer geringere Bereitschaft zu Zugeständnissen bezüglich des ‚time to market' auf der Seite Ihrer Kunden.

Doch welchen Anteil am sogenannten Zeitstress verursachen Sie selbst? Zeitmanagement heißt für Führungskräfte im Kern, einen disziplinierten Umgang mit der knappen Ressource Zeit zu finden. Zeitmanagement-Kompetenz heißt für Sie als Führungskraft insbesondere Prioritätensetzung. Unterscheiden Sie, was wichtig oder was nur dringend ist. Sinnvolles Delegieren und Zeitmanagement-Werkzeuge in einer dynamischen Arbeitswelt erfolgreich einzusetzen stellt hohe Anforderungen an Ihre Selbstorganisationsfähigkeit. Peter Drucker formulierte es so: „Effective executives do first things first and second things not at all."

1.3 Schlüsselkompetenzen als Führungskraft

Ich kenne eine Reihe von Managern aus unterschiedlichen Ebenen, die hervorragendes Zeitmanagement betreiben. Aber ich kenne mindestens genauso viele Manager, die immer wieder unter Termindruck geraten. Das sind genau die Manager, denen man E-Mails schickt, die sie vermeintlich nicht erhalten haben (bzw. den geschickten Brief auch nicht bekommen haben wollen) und das Schreiben dann nach einigem Suchen wieder finden. Sie kennen sie sicher auch, die „Volltischler" und „Hochstapler" unter den Führungskräften.

Im Gegensatz dazu bin ich immer wieder beeindruckt vom akkurat strukturierten und mit drei, manchmal vier Schriftstücken belegten Schreibtisch eines meiner Coachees, einem CEO aus dem Automobilzulieferbereich. Er liefert ein Beispiel für beeindruckende Organisation und Zeitmanagement. Er ist immer pünktlich. Das hinterlässt einen sehr positiven Eindruck, neben seiner hervorragenden Arbeit.

Im Kern ist Zeitmanagement Selbstmanagement. An dieser Stelle sei auf die Vielzahl von Trainingsprogrammen, Büchern und anderen Möglichkeiten zur Verbesserung hingewiesen, mit denen Sie Ihre Effektivität und Effizienz nachhaltig steigern können.

Leichter durch den Führungsalltag: Zeitmanagement Check

Um Ihr Zeitmanagement zu verbessern, hier ein paar kurze Tipps für Sie:

- ☐ *Informieren Sie sich rechtzeitig über die Aufgaben, die auf Sie und Ihre Abteilung zukommen. Verschaffen Sie sich einen Überblick, wer welche Aufgabe erledigt: Machen Sie einen Kapazitäts- und Aufgabenplan.*

- ☐ *Setzen Sie Prioritäten: Wie wichtig ist die (Teil-)Aufgabe für Ihr übergeordnetes Ziel? Wie dringend ist diese (Teil-)Aufgabe zu erledigen? Wichtigkeit hat Priorität vor Dringlichkeit.*

- ☐ *Geben Sie vor allem Ihren Mitarbeitern eine Orientierung zu den wichtigen Aufgaben, die zu erledigen sind.*

- ☐ *Unwichtige und nicht dringende Aufgaben können Sie bekanntlich getrost vernachlässigen. Tun Sie das auch.*

- ☐ *Nicht wichtige, aber dringende Aufgaben können Sie delegieren, wichtige, aber nicht dringende Aufgaben können Sie, wenn Sie unter Zeitdruck stehen, terminieren.*

1. Kapitel Einstieg verpatzt – Führen Sie schon oder arbeiten Sie noch?

- [ ] *Wichtige und dringende Aufgaben erledigen Sie selbst, und zwar jetzt.*

- [ ] *Sie können auch wichtige Aufgaben (solange es nicht exklusive Führungsaufgaben sind) delegieren. Denken Sie an die Wertschätzung, die Sie Ihrem Mitarbeiter dadurch zeigen!*

- [ ] *Koordinieren Sie die einzelnen Aufgaben Ihrer Mitarbeiter sinnvoll, sodass ein reibungsloser zeitlicher Ablauf möglich ist.*

- [ ] *Ein gut geführter Terminkalender (bspw. etwa über Office Outlook) ist für Ihr Zeitmanagement und das Ihres Teams unabdinglich. Planen Sie realistisch viel Zeit für einzelne Treffen, Termine und Tätigkeiten ein. Halten Sie sich an Termine und an die von Ihnen veranschlagten Zeitbudgets.*

- [ ] *Denken Sie daran: Auch Routineaufgaben brauchen Zeit. Planen Sie sie bewusst ein.*

- [ ] *Lassen Sie in Ihrer Planung Platz für Unvorhergesehenes. Mindestens 30 Prozent Ihrer Zeit sollte Ihnen als Puffer frei verfügbar sein.*

- [ ] *Planen Sie nicht nur tage- und wochenweise, sondern auch für Monate bzw. ein ganzes Geschäftsjahr. Das hilft Ihnen, langfristige Ziele im Blick behalten. Stimmen Sie Ihre Zielplanung mit Ihrer Zeitplanung ab.*

Egal, welcher Führungsebene Sie angehören, egal, aus welchem beruflichen Bereich Sie kommen, Ihre Aufgabe ist es, Probleme zu lösen. An jedem Tag und in annähernd jeder Ihrer beruflichen Situationen müssen Sie sich um die Bewältigung von Schwierigkeiten kümmern. Ihre Gespräche mit Mitarbeitern drehen sich im Kern um die Lösung von großen und kleinen, von komplexen und simplen Problemen. Die Fähigkeit, diese Probleme möglichst schnell und effektiv zu lösen, entscheidet über Ihren Erfolg, Ihre Position und Ihre weitere Karriere (Tracy/Scheelen 2005, S. 393).

Zum Problemlösen brauchen Sie eine Reihe von Teilkompetenzen. Sie müssen beispielsweise Gespräche effektiv führen, um herauszufinden, was genau das Problem ist. Sie müssen verstehen, wie das Problem zustande kommt. Hier sind wiederum Ihre Kommunikationsfähigkeit sowie Ihre Sozialkompetenz gefragt, außerdem auch Ihr Wissen über die betrieblichen Strukturen und Hintergründe,

1.3 Schlüsselkompetenzen als Führungskraft

die Einfluss auf das Entstehen der Schwierigkeit haben. Schließlich brauchen Sie die Fähigkeit zu entscheiden, an welcher Stelle Sie ansetzen wollen, um die Situation zu verändern, und das Durchsetzungsvermögen, um die Lösung auch umzusetzen.

Leichter durch den Führungsalltag: Mastercheckliste Kompetenzen

Gehen Sie die folgende Checkliste durch und nehmen Sie das Ergebnis als Grundlage für Ihr weiteres Arbeiten auf dem Weg zu einer wirksamen Führungskraft.

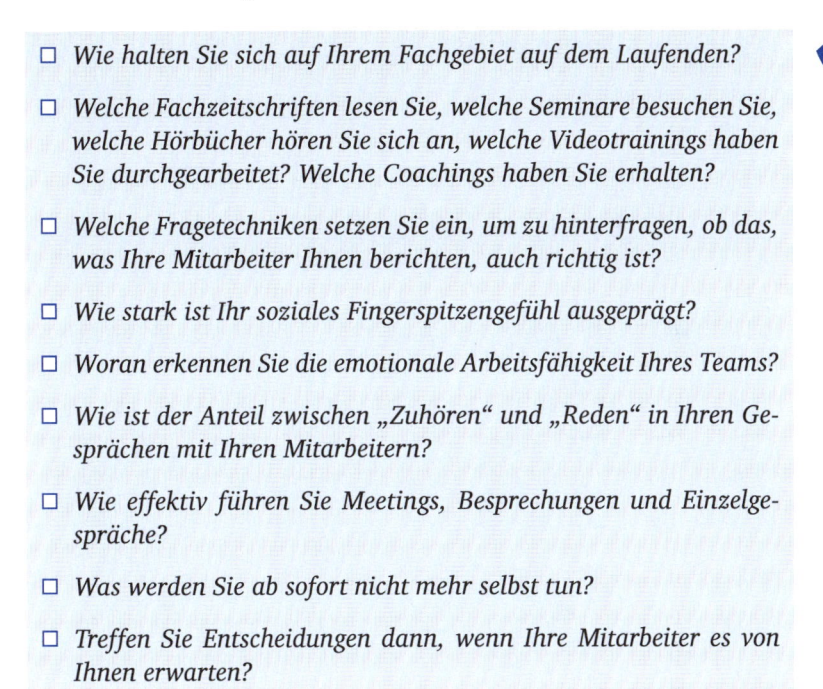

- [ ] *Wie halten Sie sich auf Ihrem Fachgebiet auf dem Laufenden?* ✔
- [ ] *Welche Fachzeitschriften lesen Sie, welche Seminare besuchen Sie, welche Hörbücher hören Sie sich an, welche Videotrainings haben Sie durchgearbeitet? Welche Coachings haben Sie erhalten?*
- [ ] *Welche Fragetechniken setzen Sie ein, um zu hinterfragen, ob das, was Ihre Mitarbeiter Ihnen berichten, auch richtig ist?*
- [ ] *Wie stark ist Ihr soziales Fingerspitzengefühl ausgeprägt?*
- [ ] *Woran erkennen Sie die emotionale Arbeitsfähigkeit Ihres Teams?*
- [ ] *Wie ist der Anteil zwischen „Zuhören" und „Reden" in Ihren Gesprächen mit Ihren Mitarbeitern?*
- [ ] *Wie effektiv führen Sie Meetings, Besprechungen und Einzelgespräche?*
- [ ] *Was werden Sie ab sofort nicht mehr selbst tun?*
- [ ] *Treffen Sie Entscheidungen dann, wenn Ihre Mitarbeiter es von Ihnen erwarten?*

1. Kapitel Einstieg verpatzt – Führen Sie schon oder arbeiten Sie noch?

Zusammenfassung Kapitel 1:

Die Herausforderungen an Führungskräfte sind deutlich gestiegen. Ihr Erfolg als Führungskraft hängt entscheidend davon ab, wie Ihre Schlüsselkompetenzen ausgeprägt sind. Eine hervorragende Fachkenntnis in Ihrem Arbeitsbereich reicht dabei nicht aus. Für Sie als Führungskraft geht es vielmehr darum, wie Sie es schaffen, dieses Fachwissen auch auf eine gewinnende, konsequente und sozialkompetente Art zu kommunizieren. Je besser Sie Ihre Mitarbeiter durch Ihr Führungsverhalten unterstützen, desto besser wird deren Leistung sein. Die Art und Weise, wie Sie schließlich sich selbst organisieren, bestimmt die Stufe, die Sie auf der Erfolgsleiter erklimmen werden.

2. Kapitel

Unklare Führungskommunikation – Mich versteht wieder keiner

„Die Kunst der Kommunikation, ist die Sprache der Führung."

(James Humes)

Um Ihre Führungsaufgabe erfolgreich zu meistern, müssen Sie sich mit Ihren Mitarbeitern, Kollegen und natürlich auch Ihrem Chef austauschen. Ihr Anliegen, Ihre Meinung, Ihr Wissen oder Ihre Überzeugungen anderen mitzuteilen, ist eine zentrale Führungsaufgabe, aber auch eine der herausforderndsten. Denken Sie beispielsweise daran, wie Ihre Mitarbeiter das, was Sie Ihnen sagen, dann konkret umsetzen, wie sie Ihre Arbeitsaufträge ausführen. Hier besteht ein weites Feld von Missverständnissen und Fehlinterpretationen, die nicht selten zu Verstimmung, Frustration und zu Dienst nach Vorschrift führen können. Und dies oftmals, obwohl genau das Gegenteil beabsichtigt war.

Kommunikationsfehler beeinflussen die Stimmung im Unternehmen und können Schaden anrichten. Insbesondere wenn Sie als Führungskraft nicht wertschätzend mit Mitarbeitern sprechen. Es gibt typische Kommunikationsfehler, durch die sich Mitarbeiter schnell herabgesetzt fühlen. Um Missstimmung im Unternehmen zu vermeiden, sollten Sie auch diese typischen Fehler vermeiden.

Hieraus ergeben sich folgende Fragen:

1. Was ist bei der Kommunikation mit meinen Mitarbeitern zu beachten?
2. Wie gelingt es mir, dass mich meine Mitarbeiter besser verstehen?
3. Wie kann ich meine Kommunikation wirksamer gestalten?

2. Kapitel Unklare Führungskommunikation – Mich versteht wieder keiner

4. Was muss ich tun, um ein besserer Zuhörer zu werden?
5. Wie gelingt es mir, ein effektives Mitarbeitergespräch zu führen?
6. Wie gebe ich so Feedback, dass mein Mitarbeiter die Verbesserungspunkte annimmt und umsetzt?
7. Was muss ich tun, damit ein Kritikgespräch zu einer finalen Lösung eines Mitarbeiterproblems führt?

Grundsätzlich sollten Sie die folgenden, immer wieder auftretenden typischen Kommunikationsfehler als Führungskraft vermeiden. Damit Kommunikation keine Missstimmung erzeugt, müssen Sie Botschaften freundlich umformulieren. So bei der Formulierung: „Sie haben mich völlig falsch verstanden." Besser ist die Formulierung: „Ich glaube, hier haben wir uns missverstanden." Die zweite Formulierung ist auch weit verbreitet: „Hören Sie erst einmal zu, was ich zu sagen habe." Besser ist hier: „Lassen Sie mich Ihnen meine Sicht der Dinge erläutern!" Auch zu hören ist „Das habe ich Ihnen doch gerade eben schon gesagt." Dabei ist hier glücklicher zu sagen: „Wahrscheinlich haben Sie meine Antwort zu Ihrer Frage nicht gehört. Ich wiederhole sie gern noch einmal …" Und schließlich der Klassiker der Kommunikationsfehler „Es ist völlig falsch, was Sie da sagen." Eindeutig besser ist: „In diesem Punkt bin ich nicht Ihrer Meinung. Fakt ist …"

Beispiel:

Ein Geschäftsführer hatte Probleme, weil einer seiner Vertriebspartner in Israel die Umsatzvorgaben in einem wichtigen Produktbereich dauerhaft nicht erfüllte und sich trotz Nachfragen aus der Zentrale einfach nicht verbesserte. So entschloss er sich, den Partner im Ausland zu besuchen. Auf die Frage des Vertriebspartners, eines erfahrenen Mannes, der seit langem in der Firma war, was denn der Grund des Besuchs ist, antwortete der Geschäftsführer ausweichend, dass er den israelischen Markt kennenlernen möchte. Dem Partner war jedoch klar, dass er wegen der miserablen Umsätze des wichtigen Produktbereichs angereist war. Der Geschäftsführer verbrachte mit dem Vertriebspartner drei Tage und reiste durch das ganze Land von einer Niederlassung zur nächsten, ohne den Produktbereich zu erwähnen, um dessentwillen er gekommen war. Er machte keinerlei Druck, badete am Ende der Reise entspannt im Toten Meer und flog nach Hause. Im nächsten Monat schoss der Umsatz des betreffenden

Produktbereiches plötzlich in die Höhe und lief in den folgenden Monaten von einem Rekord zum nächsten. Dem Geschäftsführer war es gelungen, einerseits durch seine Präsenz Wertschätzung zu zeigen und andererseits durch die „Nicht-Ansprache" des heiklen Themas den Vertriebspartner an seiner verkäuferischen Ehre zu packen. Dieser hatte die Botschaft verstanden.

Wir werden uns im folgenden Kapitel mit den grundsätzlichen Fragen zur menschlichen Kommunikation beschäftigen. Es geht um typische Probleme und entsprechende Lösungsansätze. Danach betrachten wir die wesentlichen Funktionen und Arten von Führungsgesprächen, die sich je nach Anlass unterscheiden. Am Ende erhalten Sie dann hilfreiche Regeln und Checklisten, die Ihnen zeigen, wie Ihnen Gespräche besser gelingen und worauf Sie bei Gesprächen unbedingt achten sollten.

2.1 Was Sie bei der Kommunikation beachten müssen

> *„Die einzige Möglichkeit, Menschen zu motivieren, ist die Kommunikation."*
>
> *(Lee Iacocca)*

Wenn Sie mit anderen Menschen kommunizieren, übermitteln Sie als Sender eine Botschaft mithilfe Ihrer Sprache oder Gestik. Sie verschlüsseln (codieren) Ihre Botschaft und senden diese dann über einen (akustischen) Kanal an einen Empfänger. Der Empfänger entschlüsselt (decodiert) die Zeichen, die er empfängt, versteht die Botschaft und sendet anschließend eine neue Botschaft, ein Feedback, an Sie zurück. So zumindest ist der theoretische Idealfall. Im einfachen Kommunikationsmodell ließe er sich wie in der folgenden Abbildung (siehe S. 48) darstellen.

Die Herausforderung bei einem Austausch zwischen Ihnen und Ihrem Gesprächspartnern ist, dass jeder seine Botschaft mit verbalen und nonverbalen Zeichen „verschlüsselt". In welchem Ausmaß das passiert, hängt einerseits von der Gesprächssituation ab, andererseits von dem Eindruck, den der Empfänger der Botschaft von seinem Gegenüber hat. Sie als Sender verschlüsseln außerdem nicht alle Informationen, die Sie mit Ihrer Botschaft beabsichtigen zu vermitteln – bewusst oder unbewusst. So setzen Sie als Sender beispielsweise ein gewisses Vorwissen zum Verständnis Ihres Signals vorraus, über das

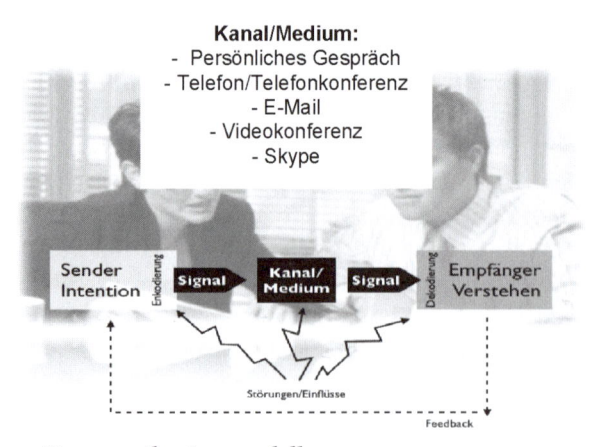

Kanal/Medium:
- Persönliches Gespräch
- Telefon/Telefonkonferenz
- E-Mail
- Videokonferenz
- Skype

Abbildung: Kommunikationsmodell

der Empfänger aber gar nicht verfügt. Aufgrund Ihrer persönlichen Erfahrungen oder Ihrer Zughörigkeit zu sozialen Milieus können sich außerdem die (verbalen und nonverbalen) Signale, die Sender und Empfänger zur Verfügung stehen, unterscheiden, was schnell zu Missverständnissen führen kann.

> *„Der Unterschied zwischen dem richtigen Wort und dem beinahe richtigen ist derselbe wie zwischen dem Blitz und dem Glühwürmchen."*
>
> *(Mark Twain)*

Sie kennen diese Situationen aus Ihrer täglichen Führungspraxis: Sie haben den Eindruck, dass von Ihnen alles zu einem bestimmten Thema gesagt wurde. Es folgen trotzdem Rückfragen Ihrer Mitarbeiter. Oder es gibt kein Nachfragen, aber Ihre Mitarbeiter machen nicht das, was Sie von ihnen erwarten.

Empfängt Ihr Gesprächspartner „unverständliche Zeichen" von Ihnen, stellt er Hypothesen und Mutmaßungen über deren Sinn auf. Diese Hypothesen basieren dabei auf seinem Wissen und Erfahrungen. Da Ihr Gesprächspartner aber häufig über einen anderen Erfahrungshorizont verfügt, müssen seine Hypothesen nicht mit dem von Ihnen gemeinten Inhalt übereinstimmen. Der Sinn der Botschaft, die Sie versuchen zu übermitteln, ist also abhängig von der Konstruktion des Empfängers.

Allan Greenspan, langjähriger Chef der US-Notenbank, hat es in seiner für ihn typischen Art gut auf den Punkt gebracht: „Ich weiß,

2.1 Was Sie bei der Kommunikation beachten müssen

dass Sie glauben, Sie wüssten, was ich Ihrer Ansicht nach gesagt habe. Aber ich bin mir nicht sicher, ob Ihnen klar ist, dass das, was Sie gehört haben, nicht das ist, was ich meinte."

Kommunikation ist also ein komplexer Prozess, für den Sie sich hinreichend sensibilisieren müssen, sonst besteht die Gefahr, dass es zu Missverständnisse mit Ihren Mitarbeitern oder mit Ihrem Vorgesetzten kommt. Und wenn andere Sie nicht richtig verstehen, wird Ihre Führungsaufgabe sehr mühsam bzw. können Sie dieser nicht entsprechend nachkommen.

Denken Sie daran, dass Wörter, die Sie aussprechen und die mit Ihrer Erfahrung und Ihrem Wissen belegt bzw. verbunden sind, nicht die gleichen Assoziationen bei Ihrem Gesprächspartner auslösen müssen. Sich auf etwas zu verlassen, bedeutet für Sie etwas anderes, als für Ihren Gesprächspartner. Sie meinen, dass Sie einen Teil der Verantwortung an ihn abgeben und erwarten, dass Sie Ihr Gesprächspartner über die Ergebnisse informiert. Ihr Gesprächspartner hingegen versteht möglicherweise darunter, dass er zwar selbstständig eine Aufgaben lösen kann, aber keine endgültige Verantwortung trägt und vor allem keine Ergebnisse an Sie berichten muss.

Die Sach- und die Beziehungsebene sind die beiden zentralen Dimensionen in Ihrer Führungskommunikation, nach denen sich jede Gesprächssituation gliedern lässt. Bei der Sachebene geht es um den rational-logischen Teil Ihrer Argumentation. Die Beziehungsebene umfasst alle sozio-emotionalen Aspekte, die Ausdruck im Gesprächsklima (Sympathie/Antipathie) und in der Körpersprache finden.

Entscheidende Basis für ein Gespräch mit Ihren Mitarbeitern ist Vertrauen und Glaubwürdigkeit. Diese setzt sich zusammen aus dem Wahrheitsgehalt Ihrer Aussagen auf der Sachebene. Aber nur, wenn es Ihnen auf der Beziehungsebene gelingt, durch Ausstrahlung und Körpersprache diese sachliche Aussage mit einem angenehmen Gesprächsklima zu verbinden, stellen sich Vertrauen und Glaubwürdigkeit ein. Bemühen Sie sich daher um ein partnerschaftliches Verhältnis zu Ihrem Gegenüber. Zeigen Sie auf der Beziehungsebene einen offenen und „ruhigen" Blickkontakt. Vermeiden Sie Langatmigkeit und Ichbezogenheit oder übertriebene Distanz.

Als Grundregel für überzeugende Kommunikation gilt, dass Sie Ihre Sach- und Beziehungsebene in Übereinstimmung bringen. Dazu müssen Ihre Worte und Ihr Handeln eine Einheit bilden und das was Sie sagen (Sachebene) angemessen unterstützen. Dies gelingt Ihnen durch eine sachlich-engagierte, aber ruhige Sprechweise und unhektische, unverkrampfte Gestik und Mimik. Steigern Sie zusätzlich die Glaubwürdigkeit Ihrer Kommunikation, indem Sie zeigen, dass Sie sich auf Gespräche sorgfältig vorbereiten.

Durch diese Art des Kommunikationsverhaltens gelingt es Ihnen, die Sach- und Beziehungsebene wirksam zu verbinden. Damit schaffen Sie Verbindlichkeit, Offenheit und Vertrauen zu Ihren Mitarbeitern.

Doch trotz aller Klarheit, um die Sie sich in Ihrer Kommunikation mit Ihren Mitarbeitern bemühen, kann es doch immer wieder zu Missverständnissen kommen. Damit Ihnen das möglichst nicht passiert, sollten Sie die folgende „Kommunikationstreppe" beachten.

Leichter durch den Führungsalltag: Der Weg von „gedacht" bis „verändert"

1. „gedacht" bedeutet nicht „gesagt"

Ihre Gedanken und Hoffnungen, Sorgen und Zweifel können niemand erahnen oder Ihnen von der Stirn ablesen. Überlegen Sie, was Sie Ihrem Gegenüber mitteilen wollen, dann aber sprechen Sie deutlich aus, was Sie denken und empfinden. Erst wenn Sie Ihre Gedanken und Gefühle transparent machen, kann sich Ihr Gegenüber auf Sie einstellen.

> **Tipp:**
> Sprechen Sie frühzeitig und wertschätzend das an, was Ihnen auffällt bzw. das was Sie stört. Gehen Sie auf Ihren Mitarbeiter zu und sagen Sie ihm: „Entschuldigen Sie, fällt Ihnen auf, dass der Abgabetermin für die Fertigstellung der Unterlagen schon überschritten ist?"

2. „gesagt" bedeutet nicht „gehört"

Im Beisein anderer oder unter Zeitdruck finden Sie kaum einen Chance, wirklich Aufmerksamkeit zu erhalten und sich Gehör zu verschaffen. Wählen Sie also die Gelegenheit für ein Gespräch mit Bedacht, insbesondere dann, wenn es um die Klärung von Missverständnissen oder Problemen geht. Situation und Zeitpunkt eines Gesprächs haben entscheidenden Anteil daran, ob das vorgebrachte Anliegen überhaupt zur Kenntnis genommen wird.

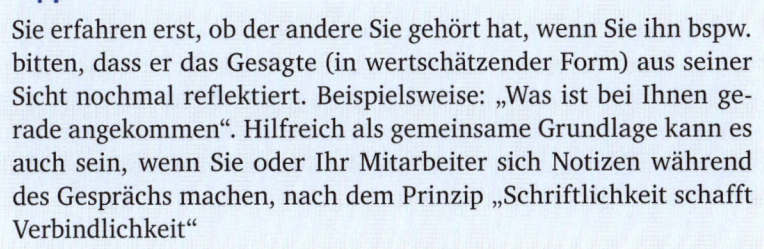

2.1 Was Sie bei der Kommunikation beachten müssen

> **Tipp:** ✓
> Sie erfahren erst, ob der andere Sie gehört hat, wenn Sie ihn bspw. bitten, dass er das Gesagte (in wertschätzender Form) aus seiner Sicht nochmal reflektiert. Beispielsweise: „Was ist bei Ihnen gerade angekommen". Hilfreich als gemeinsame Grundlage kann es auch sein, wenn Sie oder Ihr Mitarbeiter sich Notizen während des Gesprächs machen, nach dem Prinzip „Schriftlichkeit schafft Verbindlichkeit"

3. „gehört" bedeutet nicht „verstanden"

Selbst wenn Ihre Botschaft zu hören ist, wird sie nicht immer verstanden. Versuchen sie nicht, durch Expertensprache und Fachausdrücke zu beeindrucken. Orientieren Sie sich an der Bereitschaft und den Möglichkeiten, die Ihr Gesprächspartner hat, um Ihre Aussagen inhaltlich nachvollziehen zu können. Geben Sie Ihrem Gegenüber die Gelegenheit nachzufragen. Scheuen Sie sich nicht, Wichtiges zusammenzufassen und noch einmal zu wiederholen.

> **Tipp:** ✓
> Um ein gemeinsames Verständnis zu schaffen, hilft es, wenn Sie offene Fragen stellen. Fragen Sie beispielsweise: „Wie gehen Sie weiter vor?" oder „Wann erhalte ich von Ihnen ein Feedback?" Dadurch können Sie das Verständnis prüfen. Es gilt in der Führungskommunikation: „Wer fragt der führt".

4. „verstanden" bedeutet nicht „einverstanden"

Auch wenn Ihre Aussage verstanden wird – Ihr Gesprächspartner kann durchaus anderer Meinung sein. Verzichten Sie darauf, Druck auszuüben – versuchen Sie zu überzeugen. Belegen Sie Ihre Argumente mit Zahlen, Daten und Fakten. Seien Sie glaubwürdig und konsequent. Unterstreichen Sie Ihre Position durch Auftreten und Verhalten. Fragen Sie Ihr Gegenüber gegebenenfalls direkt und auf den Punkt gebracht, ob Sie von seiner Zustimmung ausgehen können.

> **Tipp:** ✓
> Schaffen Sie Transparenz durch zeitnahe Information Ihrer Mitarbeiter. Binden Sie diese mit ein, beteiligen Sie diese und fragen Sie, wie sie sich eine Lösung vorstellen können. Geben Sie ihnen Hintergründe und bemühen Sie sich darum, Ihre Mitarbeiter mitzunehmen.

5. „einverstanden" bedeutet nicht „behalten"

Eine spontane Zustimmung kann im Alltagsstress des nächsten Tages schon wieder vergessen sein. Klären Sie, ob sich Ihr Gesprächspartner auch noch einige Tage später an die getroffene Vereinbarung erinnert und dieser noch immer zustimmt. Sollte es sinnvoll sein, so halten Sie die mündlich geäußerte Zustimmung mit Einverständnis Ihres Gegenübers schriftlich fest.

> ✓ **Tipp:**
> Legen Sie mit Ihrem Mitarbeiter gemeinsam die Umsetzungsschritte mit konkreten Terminen fest. Fragen Sie ihn, ob das so vom vereinbarten Vorgehen für ihn in Ordnung ist. Dadurch schaffen Sie einen hohen Grad an Commitment.

6. „behalten" bedeutet nicht „angewendet"

Nicht jede Absichtserklärung führt zu einer konkreten Umsetzung. Sorgen Sie nicht nur für gemeinsame Regelungen, sondern auch für deren Umsetzung – und überprüfen Sie diese. Bedenken Sie mögliche Vorbehalte und Widerstände. Helfen Sie, diese zu überwinden.

> ✓ **Tipp:**
> Fragen Sie konkret und frühzeitig beim ersten Meilenstein nach den erzielten Ergebnissen. Hier können Sie Ihren Mitarbeiter zeigen, dass es um Umsetzung geht und ihn ggf. unterstützen und coachen. Letztlich entscheidet sich hier, ob die Ihnen gegenüber geäußerten Maßnahmen von Ihrem Mitarbeiter auch im Rahmen des vorher gemeinsam festgelegten Plans umgesetzt werden. Es gilt: „Es gibt nichts Gutes, außer man tut es."

7. „angewendet" bedeutet nicht „verändert"

Die Umsetzung einer konkreten Vereinbarung muss nicht zu einer dauerhaften Veränderung führen. Erinnern Sie Ihr Gegenüber in bestimmten Zeitabständen an die getroffene Vereinbarung. Treten Sie dabei nicht als Lehrmeister auf und vermeiden Sie den erhobenen Zeigefinger. Besser kommt es an, wenn Sie die zur Einhaltung der gemeinsamen Regeln gemachten Anstrengungen Ihres Gegenübers durch besondere Aufmerksamkeit und Anerkennung positiv verstärken.

2.2 Führen Sie durch aktives Zuhören

> **Tipp:** ✓
> Machen Sie nach einem bestimmten Zeitraum ein Miniaudit bei Ihren Mitarbeitern. Das kündigen Sie schon frühzeitig an, sodass Ihre Mitarbeiter auch wissen, dass die nachhaltige Umsetzung überprüft wird. Hier hilft nur regelmäßiges und wertschätzendes Controlling und Monitoring der vereinbarten Maßnahme.

Oft geht ein Vorgesetzter davon aus, dass das Gesagte in seinem Sinn verstanden wird und nachhaltig wirkt. Dass das nicht so einfach funktioniert, ist sicher klar geworden. Gute Kommunikationsfähigkeiten zu besitzen und zu pflegen, bedeutet harte Arbeit. Es geht darum, dass Sie aufmerksam zuhören, hinterfragen, klären und präzisieren. Nur so wird es Ihnen möglich sein, eine gemeinsame Sprache mit Ihrem Gesprächspartner zu sprechen. Und je aufmerksamer Sie sind, desto weniger Gesprächsklippen müssen Sie umschiffen und umso mehr wächst das Verständnis und damit das Vertrauen zwischen den Gesprächspartnern.

2.2 Führen Sie durch aktives Zuhören

> *„Zuhören können, ist der halbe Erfolg."*
>
> *(Calvin Coolidge)*

Eine Technik, mit der Sie Ihre Gesprächsführung verbessern und Missverständnisse vermeiden können, bietet Ihnen das Konzept des aktiven Zuhörens. Durch aktives Zuhören soll vermieden werden, dass die Gesprächspartner einander missverstehen, womöglich sogar, ohne es zu merken. Voraussetzungen für das aktive Zuhören sind eine gewisse Geduld und Empathie: Sie richten Ihre (volle) Aufmerksamkeit auf den Gesprächspartner und bemühen sich, seine Perspektive zu verstehen.

Leichter durch den Führungsalltag: Das Konzept des aktiven Zuhörens

- Lassen Sie Ihren Gesprächspartner stets ausreden.   **i**
- Geben Sie ihm Rückmeldungen während des Zuhörens, um zu signalisieren, dass Sie präsent sind (z.B. Kopfnicken).

- Überprüfen Sie Ihre eigenen Interpretationen des Gehörten bewusst: Meint Ihr Gesprächspartner womöglich etwas anderes? Betont er eine andere Seite der Nachricht, als Sie annehmen? Ziehen Sie verschiedene Interpretationen der Nachricht in Betracht.

- Stellen Sie Rückfragen zur Überprüfung Ihres Verständnisses und erklären Sie den Zweck dieser Fragen: „Ich habe Sie jetzt so verstanden, dass ... Ist das richtig?" Wiederholen Sie die Aussage Ihres Partners mit Ihren eigenen Worten, um Ihr Verständnis zu sichern.

- Versuchen Sie sich zu entspannen, wenn Sie zuhören. Es geht hier insbesondere auch um Ihre nonverbalen Signale: Wie schauen Sie gerade drein? Nicken oder schütteln Sie mit Ihrem Kopf? All das wirkt natürlich auch auf Ihr Gegenüber. Und damit auf das gegenseitige Vertrauen und ob er bereit ist, Ihnen etwas wirklich Entscheidendes zu erzählen oder nur an der Oberfläche bleibt.

- Halten Sie Blickkontakt und achten Sie auf die Körpersprache Ihres Gegenübers. Registrieren Sie kleine unscheinbare Gesten, wie ein vom Tisch wischen oder nervöses Fußwippen unter dem Tisch. Es ist sinnvoll, dass Sie in gewissen Situationen Ihr Gegenüber wertschätzend darauf ansprechen: „Entschuldigung, kann es sein, dass ich Sie nervös mache?" Wenn Sie das behutsam und freundlich tun, öffnet das den anderen und er fühlt sich ernst genommen, was sich wiederum positiv auf das Vertrauen im Gespräch auswirkt.

- Vervollständigen Sie nicht die Sätze Ihres Gegenübers. Das wird eher als respektlos empfunden. Gute Zuhörer sind in der Lage, Stille auszuhalten auch während der andere noch um Worte oder Fassung ringt. Das ist ein starkes Signal, denn dadurch führen Sie das Gespräch, selbst wenn Sie nichts sagen.

- Nutzen Sie Pausen, um das Gesagte zu „verdauen" und darüber nachzudenken. Die Auszeit hilft Ihnen, eine bessere Antwort zu finden.

- Versuchen Sie immer länger zuzuhören als zu reden. Menschen, die während einer Konversation weniger Gesprächszeit beanspruchen als Ihr Gegenüber, werden durchweg als bessere und intelligentere Gesprächspartner wahrgenommen.

2.2 Führen Sie durch aktives Zuhören

Das Konzept des aktiven Zuhörens führt dazu, dass die Interpretation durch den Hörer (Empfänger) transparent und dem Sender dadurch die Möglichkeit zur Korrektur eröffnet wird. Letztlich nehmen Sie etwas aus unserer Kommunikation, dass zu so vielen Missverständnissen führt: Raum für Interpretation und Spekulation.

„Wer genau zuhört, macht weniger Fehler beim Sprechen."

Wolfhard Ristau

Nutzen Sie außerdem Ich-Botschaften, machen Sie also nur Aussagen über Ihr eigenes Erleben der Situation, anstatt Ihre Deutung als Tatsache darzustellen. Sagen Sie: „Ich habe den Eindruck, Sie wollen …" statt „Sie wollen ja …". Ein Vorteil von Ich-Botschaften liegt auch darin, dass man Ihnen kaum widersprechen kann, was Ihnen sehr viele Diskussionen ersparen kann.

Natürlich hängt gelungene Kommunikation immer von beiden Gesprächspartnern ab. Wenn Ihr Mitarbeiter etwa immer auf die Beziehungsebene Ihrer Nachricht reagiert, Kritik zum Beispiel stets als persönlichen Angriff wertet, gibt es zwangsläufig Probleme. Hier hilft nur ein Gespräch über das Gespräch. Sie sollten dann mit Ihrem Mitarbeiter klären, dass auch er eine grundsätzliche Bereitschaft mitbringen muss, Sie Ihrer Intention gemäß zu verstehen.

Test: Wie gut können Sie zuhören? ✔

1. Wie würden Sie sich selbst einschätzen: Reden Sie gerne?
   - ☐ Ich bin ein sehr kommunikativer Typ. (B)
   - ☐ Je nach Laune und Thema rede ich mal mehr mal weniger. (C)
   - ☐ Ich höre gerne zu, wenn andere reden. (A)

2. Ihr Kollege möchte Ihnen von einer bevorstehenden Operation erzählen. Wie reagieren Sie?
   - ☐ Eine Operation ist nicht so schön, aber es gibt noch Schlimmeres. Damit beende ich das Gespräch (C)
   - ☐ Ich höre mir die Ausführungen an und frage vorsichtig nach, wie er mit den Beschwerden momentan zurechtkommt (A)
   - ☐ Wir sind hier bei der Arbeit. Über Krankengeschichten möchte ich mich nicht unterhalten und sage meinem Kollegen, dass ich momentan keine Zeit für ihn habe (B)

3. Sie sitzen mit Ihrem Kollegen beim gemeinsamen Mittagessen in der Kantine. Eine Kollegin erzählt von Ihrem Urlaub in den USA. Wie verhalten Sie sich?
   - ☐ Ich finde es spannend und möchte mehr von ihr hören (A)
   - ☐ Das Thema USA finde ich spannend und erzähle ihr von meinen Aufenthalten dort. (B)
   - ☐ Ich empfinde es als langweilig über Urlaub zu sprechen und lenke das Gespräch auf ein bevorstehendes Meeting am Mittag (C)

4. Ihre Frau ruft Sie im Büro an und erzählt Ihnen von Neuigkeiten aus der Verwandtschaft. Wie verhalten Sie sich?
   - ☐ Ich nutze die Zeit, um nebenher einige E-Mails zu bearbeiten (C)
   - ☐ Meine Frau ruft mich selten im Büro an, daher nehme ich mir die Zeit und höre aufmerksam zu (A)
   - ☐ Nach kurzer Zeit höre ich schon nicht mehr zu und bin in Gedanken bereits wieder bei meiner Arbeit (B)

5. Sie begegnen Ihrem Chef in der Kaffeeküche und beginnen ein Gespräch. Worüber unterhalten Sie sich?
   - ☐ Ich nutze die Gelegenheit zum Selbstmarketing und berichte von einem Erfolg, den ich erzielt habe (B)
   - ☐ Ich mache Smalltalk und warte darauf, dass der Chef das Gespräch auf ein Thema lenkt (C)
   - ☐ Ich frage ihn, wie es ihm geht und erkundige mich auch nach dem Befinden seiner Familie (A)

6. Sie stellen fest, dass Ihre Kollegin unkonzentriert und gestresst wirkt. Doch auf Ihre Nachfrage hin, sagt sie, es wäre alles in Ordnung. Wie verhalten Sie sich?
   - ☐ Wenn sie sich nicht äußern will, dann kann ich nichts machen (C)
   - ☐ Ich versuche es etwas später nochmal, vielleicht sagt sie dann etwas (B)
   - ☐ Ich sage ihr dass ich mir Sorgen mache und dass ich mich gerne mit ihr beim Mittagessen darüber unterhalten möchte (A)

7. Sie sind in einer Besprechung und ein Kollege hält einen längeren Monolog. Wie verhalten Sie sich?
   - ☐ Ich versuche, ihn bei der nächsten passenden Gelegenheit zu unterbrechen (B)
   - ☐ Ich versuche, mich auf den Inhalt zu konzentrieren und darauf, was er sagen will (A)
   - ☐ Ich höre nach kurzer Zeit nicht mehr zu und bearbeite meine E-Mails (C)

8. Einer Ihrer Kollegen kommt am Montagmorgen niedergeschlagen ins Büro und signalisiert, dass er private Probleme habe. Was tun Sie?
   - ☐ Ich versuche, mich schnell in die Kaffeeküche zu verdrücken. Das ist nichts für mich (C)
   - ☐ Ich erzähle ihm von privaten Problemen, die ich auch schon mal gehabt habe und sage ihm, dass sich das alle wieder einrenken wird (B)
   - ☐ Ich höre ihm zu und frage, ob ich etwas für ihn tun kann (A)

9. Auf einem Seminar treffen Sie Ihren alten Schulfreund wieder. Was tun Sie?
   - ☐ Wir verabreden uns für den Abend und sprechen über die guten alten Zeiten (C)
   - ☐ Ich erzähle ihm erst mal, was aus mir in der Zwischenzeit alles geworden ist (B)
   - ☐ Er zeigt mir beim Kaffee Bilder seiner Familie, die ich mir genau ansehe (A)

Zählen Sie Ihre Antworten nach der Anzahl der Buchstaben zusammen.

Feedback zum Test: Sind Sie ein guter Zuhörer?

Typ A: Guter Zuhörer

Sie sind wirklich ein guter Zuhörer. Sie verfügen über ein ausgeprägtes Maß an Empathie und wissen, wann es Zeit ist, Ihr Gegenüber zu Wort kommen zu lassen. Sie verfügen über das besondere Talent, Ihre Gesprächspartner zu animieren, Ihnen zu erzählen, was diese bedrückt. Dabei hilft Ihnen wahrscheinlich Ihre offene Art. Sie achten auf Details, wie die Körpersprache oder den Unterton. Im Gespräch ist es Ihnen nicht wichtig, sich selbst zu profilieren.

Typ B: Selbsterzähler

Ihnen fehlt häufig das nötige Einfühlungsvermögen, um die Intentionen anderer zu erkennen. Sie können nicht zwischen den Zeilen lesen und überhören so die Probleme Ihrer Gegenüber. Oft fehlt Ihnen auch die Geduld um anderen zuzuhören. Stattdessen sprechen Sie lieber von sich selbst. Versuchen Sie Ihren Gesprächspartnern mehr Aufmerksamkeit zu schenken und sich selbst mehr zurückzunehmen. Das gelingt Ihnen, indem Sie beginnen, mehr Fragen zu stellen.

Typ C: Stimmungszuhörer

Wie gut Sie zuhören, ist von Ihrer Tagesform und Stimmung abhängig. In einigen Situationen können Sie ein guter Zuhörer sein, doch in anderen Situationen, wenn Sie ein Thema nicht interessiert oder Ihnen zu heikel ist, ziehen Sie sich gerne aus der Affäre. Doch dieses Verhalten wirkt auf andere schnell eher rücksichtslos. Gehen Sie mehr auf Ihre Mitmenschen ein. Nehmen Sie sich Zeit und zeigen Sie Interesse an ihnen.

2.3 Das Mitarbeitergespräch als Führungsinstrument

„Mitarbeitergespräche sollte man wie TÜV-Termine betrachten. Es besteht zwar die Möglichkeit der Beanstandung, wichtiger ist jedoch die beruhigte Weiterfahrt für das nächste Jahr."

(Hermann Lahm)

Gespräche zwischen Führungskraft und Mitarbeiter können – je nach Anlass – verschiedene Funktionen erfüllen: Häufig werden Ihre Gespräche die Funktion haben, Informationen und Sichtweisen auszutauschen. Zur Erfüllung Ihrer Führungsaufgaben nehmen Sie durch Gespräche außerdem eine wichtige soziale Funktion wahr. Durch Ihr Gespräch und durch die Art der Durchführung signalisieren Sie Ihrem Mitarbeiter, was Sie von ihm halten und wie wichtig Sie seine Meinung empfinden. Natürlich dient der Austausch zwischen Führungskraft und Mitarbeiter auch der zielorientierten Steuerung. Wenn Sie Ihre Mitarbeiter durch Gespräche an Zielvereinbarungen partizipieren lassen, steigt deren Zielbindung und damit ihre Motivation, die Ziele auch zu erreichen. Gespräche sind wichtig, um Mitarbeitern Feedback über ihre Leistung zu geben – auch das kann der Wertschätzung dienen. Doch auch Kritik in Gesprächen ist nötig, um unerwünschtes Verhalten zu korrigieren.

2.3 Das Mitarbeitergespräch als Führungsinstrument

Funktionen von Mitarbeitergesprächen:
- Informieren
- Feedback geben (positives und negatives)
- Wertschätzung ausdrücken
- Ziele vereinbaren
- Vertrauen aufbauen
- Motivation
- Problemlösung/Konfliktbehandlung

In den Mitarbeitergesprächen haben sich zwei sehr wichtige Gesprächsstile entwickelt, das direktive und das mitarbeiterzentrierte Gespräch.

Das direktive Gespräch wird stark durch die Führungskraft gelenkt. Es entspricht der üblichen Rollenverteilung zwischen Führungskraft und Mitarbeiter im Unternehmen. Deutlich wird das beispielsweise an der Verteilung der Gesprächsanteile. Das heißt, dass die Führungskraft eher eine Einwegkommunikation mit Rückfragen an den Mitarbeiter wählt. Alles für sie Wichtige soll besprochen werden. Die Führungskraft wendet dabei Instrumente an, um das Gespräch zu strukturieren und in Richtung eines Ziels zu beeinflussen.

Zu einem direktiven Gespräch gehört, dass Sie:

- das Ziels und die angesetzte Dauer des Gesprächs nennen,
- Gesprächsanteile zuweisen, also zum Sprechen auffordern, Fragen stellen, zu Erläuterungen und Stellungnahmen auffordern,
- die Ergebnisse des Gesprächs zusammenfassen und absichern und sie gegebenenfalls auch dokumentieren,
- den Gesprächsabschluss als Führungskraft selbst durchführen.

Das mitarbeiterzentrierte, nicht-direktive Gespräch räumt dem Mitarbeiter einen stärkeren Redeanteil ein: Alles für ihn Wichtige soll besprochen werden. Der Vorgesetzte setzt nur wenige Maßnahmen zur Lenkung des Gesprächs ein, nimmt sich ausreichend Zeit und lässt den Mitarbeiter gewähren.

2. Kapitel   Unklare Führungskommunikation – Mich versteht wieder keiner

Zu einem solchen Gespräch gehört, dass Sie

- aktiv zuhören und den Mitarbeiter zum Sprechen ermuntern,
- neben harten Fakten Ursachenforschung zu Problemen und möglichen emotionale Widerstände führen,
- Raum lassen für Reflexionen des Mitarbeiters: Er reflektiert etwa seine Leistung oder soll eigeninitiativ Lösungen bzw. Vorschläge zur Problemlösung vorbringen.

„Ich weiß nicht, was ich gesagt habe,
bevor ich die Antwort meines Gegenübers gehört habe."

(Paul Watzlawick)

Wann sollten Sie nun welchen Gesprächsstil wählen? Grundsätzlich gilt für jedes Gespräch, dass Sie dieses in wertschätzender Art durchführen. Der mitarbeiterzentrierte Stil ist eher im freien, informellen Gespräch, bei dem Sie vor allem die Beziehung zu Ihrem Mitarbeiter pflegen und Vertrauen Ihrem Mitarbeiter gegenüber zum Ausdruck bringen, oder in denen Sie komplexere Fragen ergebnisoffen diskutieren, sinnvoll. In den meisten anderen Gesprächen empfiehlt sich eher der direktive Stil, ggf. erweitert um nicht direktive Elemente, wie aktives Zuhören, Nachfragen, etc. etwa in Reflexionsphasen oder in Problemlösungsgesprächen. Ohne nicht direktive Elemente wirkt dieser Stil allerdings etwas starr und unflexibel, sodass er eine Öffnung des Mitarbeiters verhindert.

Übersicht Gesprächsanlässe:

Direktive Mitarbeitergespräche:	Nicht-direktive Mitarbeitergespräche:
– Verhaltenskorrekturgespräch	– Feedbackgespräch
– Leistungskorrekturgespräch	– Quartalsgespräch
– Kritikgespräch	– Anerkennungsgespräch
– Abmahnungsgespräch	– Einstellungsgespräch
– Kündigungsgespräch	– Förder- und Entwicklungsgespräch

Leichter durch den Führungsalltag: Anlass- und nicht-anlassbezogene Mitarbeitergespräche

In der Praxis lassen sich auch noch die anlassbezogenen und nicht-anlassbezogenen Mitarbeitergespräche unterscheiden.

Anlassbezogene Gespräche:	Nicht-anlassbezogene Gespräche:
– Zielvereinbarung – Leistungsbeurteilung – Weiterbildung – Versetzung – Entwicklungsmöglichkeiten	– persönliches Befinden des Mitarbeiters – Interesse an seinen privaten Aktivitäten – Feedback zur Zusammenarbeit – Dank für außergewöhnliches Engagement – allgemeine Fragen des Mitarbeiters

2.4 Wirksames Feedback

„Feedback ist das Frühstück der Champions."

(Kenneth Blanchard)

Das Feedback ist eine Gesprächstechnik, die Ihrem Gesprächspartner darüber etwas aussagt, wie Sie ihn sehen. Umgekehrt lernen Sie, wie andere wiederum Sie sehen. Feedback ist eine Rückmeldung über gezeigtes Verhalten, das sich handlungsleitend auf zukünftiges Verhalten auswirken soll. Feedback zielt darauf ab, das eigene Verhalten durch die Rückmeldung anderer wirkungsvoller und gezielter einsetzen zu können. Es bezieht immer den Blick auf positive (zu verstärkende) und negative (zu unterlassende) Verhaltensweisen ein. Die positiven Auswirkungen von einem Feedback liegen darin, die als störend empfundenen Verhaltensweisen zu korrigieren und dadurch die Zusammenarbeit effektiver zu gestalten. Allerdings gehört es für viele Führungskräfte zu den schwierigsten Aufgaben, kritisches Feedback zu geben – und umgekehrt natürlich auch zu erhalten.

Leichter durch den Führungsalltag: Regeln für gutes Feedback

1. **Wenn Sie Feedback geben:**

   – Bevor Sie Feedback geben, überlegen Sie, ob Ihre Wahrnehmung den Tatsachen entspricht bzw. belegen Sie die Tatsachen – wenn möglich – immer mit Fakten.

   – Geben Sie Feedback immer höflich, taktvoll und nicht verletzend.

   – Äußern Sie negatives Feedback immer unter vier Augen. Sie ersparen Ihrem Mitarbeiter dadurch einen Gesichtsverlust vor seinen Kollegen.

   – Geben Sie verhaltensbezogenes, kein personenbezogenes Feedback.
   Richtig: „Sie haben es versäumt, mir die Information weiterzugeben."
   Falsch: „Sie sind unzuverlässig."

   – Ihr Feedback sollte Ansatzpunkte für konkrete Verhaltensänderungen liefern. Beschreiben Sie das jeweilige Verhalten also so konkret wie möglich, also „Sie haben gesagt, Ihre Kollegin sei dafür zuständig" statt „Sie haben die Verantwortung auf Frau ... abgeschoben".

   – Vermeiden Sie Verallgemeinerungen, etwa die Wörter „nie" und „immer".

   – Geben Sie Feedback nur auf der Basis von eigenen Beobachtungen, nie aufgrund von Hörensagen oder Vermutungen.

   – Sprechen Sie im eigenen Namen und vermeiden Sie Formulierungen wie „wir" oder „man".

   – Benennen Sie Ihre eigenen Empfindungen im Zusammenhang mit dem Verhalten Ihres Gesprächspartners, und stellen Sie Ihre eigene Sichtweise dar.

   – Vergessen Sie nicht, auch positives Feedback zu geben!

2. **Wenn Sie Feedback erhalten:**

   – Hören Sie gut zu und fragen nach, wenn Sie etwas nicht verstanden haben.

2.4 Wirksames Feedback

- Seien Sie offen für Kritik.
- Verstehen Sie (kritisches) Feedback als Chance zur persönlichen Weiterentwicklung und nicht als persönlichen Angriff.
- Machen Sie Ihrem Gesprächspartner deutlich, dass sein Feedback bei Ihnen angekommen ist.
- Lassen Sie das Feedback wirken.
- Generell gilt: Erst zuhören, dann denken, dann reagieren!

Leitfaden zum Mitarbeitergespräch

Der folgende Leitfaden in Form einer Checkliste mit Reflexionsfragen kann Ihnen als eine Ablaufstruktur für Ihr nächstes Mitarbeitergespräch dienen.

1. Vorbereitung:

- Laden Sie Ihren Gesprächspartner rechtzeitig ein. Teilen Sie den Gesprächsanlass mit und bitten Sie ihn, sich darauf vorzubereiten.
- Legen Sie für sich die Ziele des Gesprächs fest.
- Erstellen Sie einen Leitfaden für das Gespräch: Welche Punkte werden Sie ansprechen?
- Planen Sie die Rahmenbedingungen des Gesprächs: An welchem Ort sind Sie ggf. ungestört? Welcher Zeitpunkt ist am besten geeignet?

2. Einleitung:

- Höflichkeit und Freundlichkeit sind unabhängig vom Anlass Grundvoraussetzung eines jeden Gesprächs.
- Gehen Sie auf den Mitarbeiter zu, begrüßen Sie ihn und danken Sie ihm für sein Kommen.
- Überprüfen Sie, ob der Mitarbeiter präsent ist: Schaut er Sie an? Ist seine Körperhaltung Ihnen zugewandt?
- Stellen Sie einen positiven Kontakt her, stehen Sie auf, wenn Ihr Mitarbeiter den Raum betritt, gehen Sie im Entgegen und begrüßen Sie ihn freundlich. So tragen Sie zu einem positiven und offenen Gesprächsklima bei.

3. **Darstellung des Anlasses:**
   - Umreißen Sie den Gesprächsanlass und die Gesprächsziele.
   - Stellen Sie dar, wie Sie im Gespräch vorgehen möchten.
   - Benennen Sie trotz vorheriger Einladung noch einmal den Zeitrahmen für das Gespräch.

4. **Die Sichtweise des Mitarbeiters:**
   - Idealerweise haben Sie den Mitarbeiter bei der Vereinbarung des Gesprächstermins veranlasst, sich selbst vorzubereiten.
   - Geben Sie ihm zunächst Gelegenheit, seine Sichtweise darzustellen.
   - Unterbrechen Sie ihn in diesem Gesprächsabschnitt nicht, sondern machen Sie sich Notizen zu Punkten, auf die Sie später eingehen möchten.
   - Fragen Sie jedoch nach, wenn Sie etwas nicht verstanden haben.
   - Seien Sie offen für die Sichtweise des Mitarbeiters und versuchen Sie, diese nachzuvollziehen.

5. **Ihre eigene Sichtweise:**
   - Stellen Sie nun Ihre eigene Meinung dar, indem Sie seine Ausführungen bestätigen, korrigieren, weiterführen oder ergänzen.

6. **Frustrationen abbauen**
   - Geben Sie dem Mitarbeiter Gelegenheit, seinen Gefühlen angemessen „Luft zu machen".
   - Achten Sie hier nicht ausschließlich auf Sachlichkeit, sondern akzeptieren Sie auch einmal emotionale Ausführungen.
   - Kommentieren Sie diese Äußerungen nicht!
   - Leiten Sie zum Gesprächsanlass zurück.

7. **Das sachliche Kerngespräch**
   - Arbeiten Sie die Unterschiede zwischen Ihrer Sichtweise und der Ihres Mitarbeiters heraus.
   - Suchen Sie gemeinsam nach Ursachen für diese unterschiedliche Betrachtungsweise.

- Suchen Sie nach Lösungen, wie Sie das Gesprächsziel erreichen.
- Reden Sie nicht um den „heißen Brei" herum, sondern bringen Sie Ihre eigene Meinung deutlich zum Ausdruck, und beziehen Sie Stellung.
- Seien Sie flexibel, Ihre eigene Meinung zu revidieren, sofern sich im Gespräch dafür entsprechende Anhaltspunkte ergeben.
- Fassen Sie zusammen und sichern Sie Zwischenergebnisse.
- Behalten Sie das Gesprächsziel im Auge.

8. **Abschluss des Gesprächs**
   - Fassen Sie alle wichtigen Punkte noch einmal kurz zusammen.
   - Vereinbaren Sie Ergebnisse und halten Sie sie schriftlich fest (Wer macht was bis wann?).
   - Gehen Sie nach Möglichkeit konstruktiv auseinander und bekräftigen Sie Ihr Vertrauen in eine weitere Zusammenarbeit.

9. **Auswertung des Gesprächs**

   Hierher gehören folgende Fragen:
   - Welche Maßnahmen müssen Sie veranlassen?
   - Welche Gesprächsziele haben Sie erreicht?
   - Welche neuen Erkenntnisse haben Sie über Ihren Gesprächspartner gewonnen?
   - Was sollten Sie bei zukünftigen Gesprächen beachten?
   - Welches Bild hat der Gesprächspartner (vermutlich) von Ihnen gewonnen? Haben Sie sich im Gespräch richtig verhalten? Was würden Sie beim nächsten Mal anders machen?

2.5 Königsdisziplin Kritikgespräch

„Die meisten Menschen wollen lieber durch Lob ruiniert als durch Kritik gerettet werden."

(Quelle unbekannt)

Die größte Herausforderung bei Mitarbeitergesprächen ergibt sich für Sie, wenn es um ein Kritikgespräch geht. Negative Aspekte bei einem Mitarbeiter anzusprechen, birgt immer eine spannungsgeladene Situation. Der Schlüssel zum Erfolg ist, dass Sie dies so frühzeitig wie möglich tun. Wenn Sie als Vorgesetzter direkt die Aspekte ansprechen, die es zu korrigieren gilt, dann handelt es sich eher um ein Feedbackgespräch als um Kritik. Sollte das nicht funktionieren, dann müssen Sie ein Kritikgespräch führen. Sofern Sie die folgenden Regeln beachten, wird aus der unangenehmen Kritik ein fruchtbarer Dialog mit Ihrem Mitarbeiter.

Äußern Sie Ihre Kritik nach Möglichkeit immer zeitnah, innerhalb der nächsten 24 Stunden. Ihre Kritik sollte unmittelbar auf die Fehlleistung erfolgen. Der zeitliche Bezug zwischen Fehlleistung und Kritik geht sonst allzu leicht verloren; zudem besteht die Gefahr, dass sich der von Ihnen beobachtete negative Aspekt beim Mitarbeiter verfestigt, weiter „aufschaukelt" oder andere Mitarbeiter „angesteckt" werden. Wenn möglich, überschlafen Sie erst einmal das kritikwürdige Verhalten, um einer Überreaktion vorzubeugen.

Bevor Sie das Kritikgespräch starten, sollten Sie Ihre Kritikpunkte schriftlich festhalten, damit Sie im Gespräch nichts Wichtiges vergessen. Hilfreich ist es auch, wenn Sie zum Gespräch Unterlagen wie Sicherheits- oder Arbeitsanweisungen und den Arbeitsvertrag mitnehmen, in dem die Regeln formuliert sind und vom Mitarbeiter unterschrieben wurden.

Ein Kritikgespräch ist immer ein Vieraugengespräch. Geht es um Kritik, so haben die Augen und Ohren anderer dabei nichts verloren. Erklären Sie Ihrem Mitarbeiter gleich zu Beginn den Anlass für das Gespräch, und formulieren Sie konkret das kritikwürdige Verhalten. Es reicht nicht aus, wenn Sie Ihrem Mitarbeiter erklären, er sei zu unfreundlich zu den Kunden. Ganz konkret werden Sie äußern müssen, was genau passiert ist. Sagen Sie: „Der Kunde hat sich vorgestern Abend über eine unfreundliche Behandlung am Telefon beschwert. Sie waren nach dem Einsatzplan zu diesem Zeitpunkt als Einziger am Telefon. Der Kunde meinte, Sie hätten ihm laufend widersprochen, als es um eine Reklamation ging."

Besprechen Sie einen möglichen Lösungsweg, um die Schwachpunkte auszuräumen. Lassen Sie dabei Ihrem Mitarbeiter den Raum, seine eigenen Ideen zu äußern. Dass ein Mitarbeiter einem Problem bisher kein Augenmerk schenkte, bedeutet nicht, dass er es nicht lösen kann. Vereinbaren Sie ein mess- und überprüfbares Ziel, zum Beispiel: „Ich möchte nicht mehr als maximal eine Kundenbeschwerde zum Thema Freundlichkeit im Monat auf dem Tisch haben. Dazu werden wir in einem Rollenspiel die Situationen noch einmal konkret durchspielen."

Dann legen Sie gemeinsam mit dem Mitarbeiter einen Termin fest, bis zu dem das vereinbarte Ziel erreicht ist. Zu diesem Termin wird dann ein weiteres Gespräch stattfinden, in dem die Zielerreichung besprochen wird. Dieser Termin bietet Ihnen die Chance für qualifiziertes Lob oder auch zusätzliche konkrete Kritikpunkte. Je nach Verlauf des Kritikgesprächs und der gezeigten Einsichtsfähigkeit Ihres Mitarbeiters ist es sinnvoll, auf mögliche disziplinarische Konsequenzen hinzuweisen. Wichtig ist in jedem Fall, dass Sie im Kritikgespräch eine schriftliche Vereinbarung in Form eines Protokolls treffen. Dieses lassen Sie vom Mitarbeiter unterschreiben und geben Sie ihm eine Kopie mit.

Leichter durch den Führungsalltag: 10 Punkte für ein erfolgreiches Kritikgespräch

Im täglichen Arbeitsprozess wird es nie ganz zu vermeiden sein, dass es zu Fehlern und sonstigen Störungen im Arbeitsablauf kommt. Dadurch ist es unumgänglich, dass es zwischen Ihnen und Ihren Mitarbeiter zu kritischen Aussprachen kommen wird. Oberstes Prinzip solcher Aussprachen muss es sein, die Persönlichkeit des betroffenen Mitarbeiters zu achten. Nur dann wird solch ein Gespräch den entsprechenden Erfolg bringen.

Mitarbeiter lassen sich nicht gern belehren. Deshalb empfiehlt es sich, dass Sie Ihre Mitarbeiter durch Fragen zum Nachdenken veranlassen. Danach finden sie in den meisten Fällen selbst das richtige Verhalten bzw. sieht das Fehlverhalten ein.

Bei Beachtung der folgenden Regeln wird aus dem eher als unangenehm empfundenen Kritikgespräch ein fruchtbarer Dialog.

1. Äußern Sie Kritik zeitnah

Die Erinnerung an das kritikwürdige Ereignis muss noch frisch und mit Details angereichert sein, damit Sie ein fundiertes Gespräch zustande bringen können. Lassen Sie nicht zu viel Zeit verstreichen, sonst erinnern Sie sich nicht mehr so genau an den Sachverhalt. Ideal ist es, wenn Sie eine Nacht über das die Kritik auslösende Ereignis schlafen und dann am nächsten Tag, also innerhalb von 24 Stunden, das Kritikgespräch zu führen.

2. Bereiten Sie ein Kritikgespräch vor

Halten Sie Ihre Kritikpunkte am besten schriftlich fest, damit Sie im Gespräch nichts Wichtiges vergessen. Zu Ihrer Vorbereitung gehört es auch, die Gesamtleistung zu berücksichtigen. Geben Sie dem Mitarbeiter auch die Gelegenheit, sich vorzubereiten. Sobald Ihnen das kritikwürdige Verhalten auffällt, sagen Sie Ihrem Mitarbeiter, dass Sie mit ihm ein Gespräch (am nächsten Tag) vereinbaren möchten und er sich ebenfalls darauf vorbereiten soll.

3. Ein Kritikgespräch ist ein Vieraugengespräch

Geht es um Kritik, so haben die Augen und Ohren dritter Personen nichts in dem Dialog verloren. Insbesondere ein erstmaliges Kritikgespräch sollten Sie ohne eine weitere Person führen. Also nur Sie und Ihr Mitarbeiter.

4. Nennen Sie den Anlass des Kritikgesprächs

Wenn nicht von vorneherein klar ist, um welchen Grund es in dem Gespräch geht, müssen Sie Ihren Mitarbeiter gleich am Anfang erkennen lassen, was der Anlass für das Gespräch ist. Sagen Sie also zu Beginn des Gesprächs warum Sie hier zusammengekommen sind.

5. Formulieren Sie Kritik konkret

Es reicht nicht aus, wenn Sie Ihrem Mitarbeiter erklären, er sei zu unfreundlich zu Kunden gewesen. Ganz konkret müssen Sie äußern, was genau passiert ist, z.B. „Der Kunde XY hat sich vorgestern Abend über eine unfreundliche Behandlung am Telefon beschwert. Er meint, Sie hätten ihm laufend widersprochen, als es um seine Reklamation zur erhaltenen Lieferung gegangen ist. Hier macht sich eine gute Vorbereitung bezahlt. Geben Sie sich die Zeit, die Sie brauchen, um sich gut vorzubereiten. Wichtig ist, dass Sie konkrete und belegbare Fakten haben.

6. Lassen Sie Raum für konstruktive Antworten

Wenn Sie ihren Mitarbeiter mit Formulierungen wie: „Sie haben ..." oder „Sie sind schuld, dass ..." begegnen würden, würden Sie die Chance, dass Ihr Mitarbeiter selbst konstruktive Ideen zur Lösung seines Problems entwickelt, verhindern.

Versuchen Sie deshalb, Kritik in Sätzen wie: „meine Wahrnehmung ist ..." oder „mein Eindruck ist ..." zu formulieren. Auch hier hilft Ihnen eine gute Vorbereitung, weil es nicht immer leicht ist, aus dem Stand die passende Formulierung zu finden. Ausreden und konstruktive Antworten Ihres Mitarbeiters sollten Sie, so gut es geht, voneinander trennen.

7. Einigen Sie sich auf einen Lösungsweg für das Problem

Besprechen Sie einen möglichen Lösungsweg, um die Schwachpunkte künftig auszuräumen. Lassen Sie dabei Ihrem Mitarbeiter den Raum, seine eigenen Ideen zu entwickeln. Dass ein Mitarbeiter einem Problem bisher kein Augenmerk schenkte, bedeutet nicht, dass er es nicht lösen könnte.

8. Vereinbaren Sie ein konkretes Ziel

Eine Zielvereinbarung wie „Sie sollten künftig freundlicher zu den Kunden sein" sagt alles oder nichts. Vereinbaren Sie ein mess- und überprüfbares Ziel, z.b. „Ich möchte in den nächsten acht Wochen keine Kundenbeschwerde über Ihr Verhalten zum Thema Freundlichkeit auf dem Tisch haben."

9. Vereinbaren Sie einen konkreten Termin

Legen Sie gemeinsam mit dem Mitarbeiter einen Termin fest, bis zu dem das vereinbarte Ziel erreicht ist. Zu diesem Termin findet ein weiteres Gespräch statt, in dem die Zielerreichung besprochen wird. Dieser Termin bietet Ihnen die Chance für qualifiziertes Lob und/oder auch weiter konkretisierte Kritikpunkte.

10. Machen Sie in schwierigen Fällen eine schriftliche Vereinbarung

Es kann in einigen Fällen sinnvoll sein, dass Sie ein Protokoll aus den Punkten 7, 8 und 9 anfertigen und dieses dann beide unterzeichnen. Das hängt vom Verhalten und der Einsichtsfähigkeit des Mitarbeiters ab. Eine derart verbindliche Vereinbarung bleibt besser in den Köpfen haften und bietet eine gute Basis für mögliche weitere (eskalierende) Schritte.

2. Kapitel Unklare Führungskommunikation – Mich versteht wieder keiner

Zusammenfassung Kapitel 2:

In diesem Kapitel haben wir die zentrale Bedeutung und die Wichtigkeit der Führungskommunikation betrachtet. Sie kommunizieren tagtäglich mit Ihren Mitarbeitern, sei es in Mitarbeitergesprächen, Ad-hoc-Gesprächen zwischen Tür und Angel oder in Meetings. Dabei muss Ihnen klar sein, was Sie mit Ihrer Kommunikation bei Ihren Mitarbeitern und Ihrem Umfeld bewirken wollen. Insbesondere Mitarbeitergespräche müssen Sie gut vorbereiten, um die gewünschte Verhaltensänderung zu erzielen. Dies gilt insbesondere bei einem Kritikgespräch. Sensibilisieren Sie sich und holen Sie sich immer wieder Feedback über Ihre Wirkung in der Führungskommunikation ein. Nur so stellen Sie sicher, dass Sie kommunikativ dort ankommen, wo Sie gerne hinwollen.

3. Kapitel

Achtung, falscher Führungsstil – So laufen Ihnen die Mitarbeiter weg

*„Es gibt keine schlechten Mannschaften, Marschall.
Es gibt nur schlechte Offiziere."*

(Napoleon I. Bonaparte)

Gallup, das amerikanische Markt- und Meinungsforschungsinstitut befragt regelmäßig Mitarbeiter in Deutschland und das mit schlechten Nachrichten für die deutschen Führungsetagen. 68 Prozent (2015) der Arbeitnehmer hierzulande machen Dienst nach Vorschrift, 16 Prozent haben innerlich gekündigt. Ähnliche Umfragen kommen zu ganz ähnlich schlechten Ergebnissen. Selbst die OECD sieht Deutschland bei der Qualität des Arbeitsumfeldes unter dem EU-Durchschnitt. 19 Prozent der deutschen Arbeitnehmer leiden unter schwierigen und stressigen Arbeitsbedingungen. Der Anteil ist mehr als doppelt so hoch wie in den Niederlanden oder Dänemark. Die Ursache für wenig Engagement und schlechte Arbeitsbedingungen ist für die meisten Forscher sonnenklar: „Defizite in der Mitarbeiterführung."

Dass der Führungsstil in Deutschlands Unternehmen besser werden muss, verlangen jetzt angeblich sogar die meisten Führungskräfte selbst. Nach einer Anfang Oktober 2014 veröffentlichten Studie im Auftrag des Bundesarbeitsministeriums sind 78 Prozent der 400 befragten Chefs überzeugt, „dass sich die Führungspraxis in Deutschland deutlich ändern muss". Damit ist die Führungsfalle Nr. 3 ein falscher, nicht motivierender Führungsstil, der dazu führt, dass Mitarbeiter sich nicht wertgeschätzt fühlen und „Dienst nach Vorschrift" machen oder das Unternehmen verlassen. Das folgende Beispiel zeigt exemplarisch, wie es dazu kommen kann.

3. Kapitel Achtung, falscher Führungsstil

Beispiel:

Simone einen Managerin, die seit 20 Jahren im Business ist, war in einer internationalen Unternehmensberatung und hat nun die zentrale Abteilung in einem weltweiten Konzern übernommen. Ihr Eindruck der ersten Wochen ist, dass sie überall „Bremsen" sieht. Ihre Mitarbeiter sind alle schon lange im Unternehmen, viele seit dem Traineeprogramm oder einer Lehre. Ihr fehlt eine gewisse Dynamik bei einzelnen Mitarbeitern.

Nach ihrer Wahrnehmung sind ihre Mitarbeiter es bislang gewohnt, konkrete Anweisungen zu bekommen. Die Mitarbeiter sagen jedoch „Ziele" dazu. Sie empfindet, dass sie es mit erwachsenen Leuten zu tun hat, die ein Heidengeld verdienen und intelligent genug sind. Sie meint, dass sie ihren Mitarbeitern nicht sagen will, was diese im Detail tun sollen. Für sie gibt es große Ziele, die sich aus den Unternehmenszielen logisch ergeben und den Weg dorthin sollten Profis, die erfahren sind, selbst gestalten und finden können. Daher überträgt sie viel Verantwortung. Sie lobt ihre Mitarbeiter und gibt diesen Freiraum. Auch bei den Arbeitszeiten zeigt sie sich flexibel.

Einer ihrer Teamleiter ist Thomas. Thomas ist schon lange im Unternehmen. Er sagt Simone in einer stillen Minute, dass er verunsichert sei, weil er konkret wissen muss, was von ihm erwartet werde. Der Hinweis auf die Unternehmens- und Monatsziele reiche ihm nicht. Er möchte auch Details gerne besprechen. Dass Simone von ihm erwartet, er solle vor dem Management selbst präsentieren, ist keine Herausforderung für ihn, er will das nicht. Das sieht er als die Aufgabe von Simone an. Er selbst schaut seinem eigenen Team auch oft über die Schulter. Das fänden seine Mitarbeiter gut. Eine gewisse Kontrolle halte er für wichtig, ebenso wie ständiges Feedback, ob ein Mitarbeiter auf dem richtigen Weg sei. Simone hingegen erwidert, dass Ihr wichtig sei, dass das Ergebnis stimmt. Den Weg müssen die Mitarbeiter schon selbst finden.

Hieraus ergeben sich folgende Fragen:

1. Welcher Führungsstil ist in welcher Situation angebracht?
2. Wie verhalten sich erfolgreiche Führungskräfte?
3. Wie entwickeln erfolgreiche Vorgesetzte ihre Mitarbeiter weiter?

4. Wie führen Führungskräfte ihre Mitarbeiter in unterschiedlichen Situationen?
5. Wie gehen Vorgesetzte mit unterschiedlichen Mitarbeitern um?
6. Was kann eine Führungskraft in Bezug auf den Führungsstil tun, wenn sich ein Mitarbeiter nicht weiterentwickelt bzw. in seiner Leistung verschlechtert?
7. Wie kann eine Führungskraft über den Führungsstil seine Mitarbeiter motivieren?

Diese Fragen werden wir im folgenden Kapitel beantworten. Es geht im Kern darum, ob es einen richtigen Führungsstil gibt und wie Sie genau in unterschiedlichen Situationen den wirksamen Führungsstil praktizieren. Zudem klären wir die Wichtigkeit der Zielformulierung zur Orientierung und als gemeinsame Basis zur Reflexion des Erreichten.

3.1 Einfach richtig führen – das ist die Basis

„Man muss die Menschen kennen, um sie führen zu können."

(Rudolf von Bennigsen-Foerder)

Richtig und wirksam zu führen bedeutet, dass Sie auf das Verhalten Ihrer Mitarbeiter Einfluss nehmen. Ihr individueller Führungsstil wird von Ihren Mitarbeitern jedoch unterschiedlich wahrgenommen. Ob dieser nun als „streng und arrogant" charakterisiert oder als „nett und nachsichtig" eingeschätzt wird, ist eher von nachrangiger Bedeutung. Wesentlich wichtiger ist, was Sie tun müssen, um in jeder Ihrer Führungssituationen richtig und wirksam zu handeln (vgl. Hettl, 2002a).

Seit Jahrzehnten sind Management-Experten auf der Suche nach dem „besten" Führungsstil.

Es gibt keinen „Allround"-Führungsstil, sondern nur einen zur jeweiligen Situation passenden. Dieser umfasst die drei Erfolgskomponenten: effektive Zielerreichung der vorgegebenen Aufgabe, optimaler Zeiteinsatz und dauerhafte Motivation der Mitarbeiter.

Richtiges und wirksames Führen hat seine Wurzeln im *situativen* Führungsansatz, der auf Paul Hersey und Kenneth Blanchard zurückgeht (Hersey et al, 2001, S. 102 ff.). Bei ihrer Suche nach einem erfolgreichen Führungsstil kristallisierte sich kein dominierender

3. Kapitel Achtung, falscher Führungsstil

Stil heraus, sondern es zeigte sich stattdessen eine vielfältige Kombination aus aufgaben- und mitarbeiterorientiertem Verhalten von Führungskräften. Wirksames Führungsverhalten ist immer eine Kombination aus diesen beiden Dimensionen. Jeder Führungsstil kann also in der Praxis angebracht sein (Hettl, 2002a).

> *„Man hilft den Menschen nicht, wenn man etwas für sie tut, was sie selbst tun könnten."*
>
> *(Abraham Lincoln)*

Aufgaben- und mitarbeiterorientiertes Verhalten lässt sich als Vier-Felder-Matrix (Bischof, 1995, S. 39) darstellen und kommt in vier unterschiedlichen Führungsstilen zur Ausprägung:

MITARBEITERORIENTIERUNG (hoch)	wenig aufgabenbezogen stark mitarbeiterbezogen **Partizipieren** **Coachen**	stark aufgabenbezogen stark mitarbeiterbezogen **Argumentieren** **Trainieren**
	3	2
	4	1
(niedrig)	wenig aufgabenbezogen wenig mitarbeiterbezogen **Delegieren** **Übergeben**	stark aufgabenbezogen wenig mitarbeiterbezogen **Strukturieren** **Dirigieren**

niedrig ←——— AUFGABENORIENTIERUNG ———→ hoch

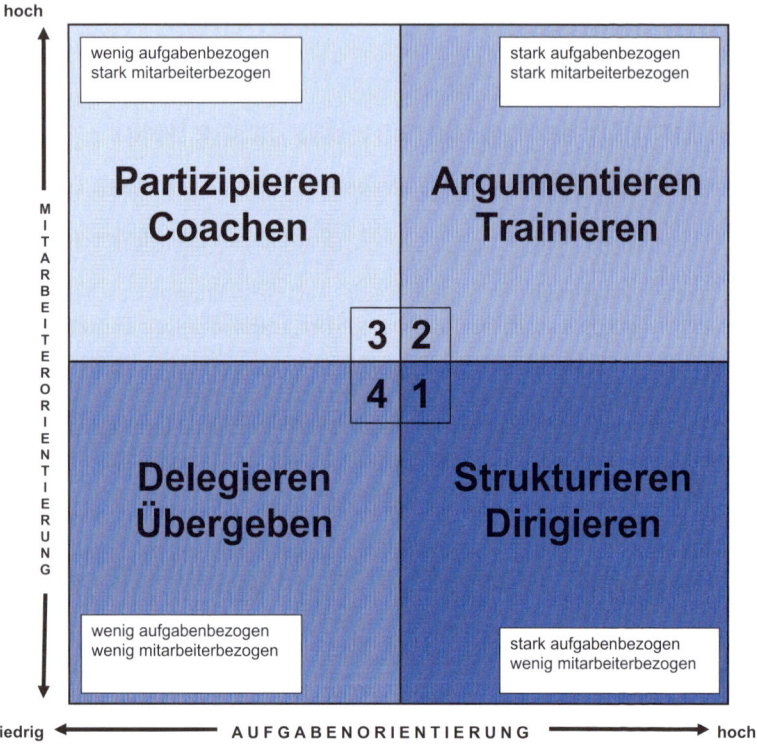

Abbildung: Führungsstile des situativen Führens

Führungsstil 1 (rechter unterer Quadrant) ist wenig am Mitarbeiter und mehr an Aufgaben orientiert. Er vermittelt eine klare Orientierung, sagt, was zu tun ist, bestimmt die Richtung und legt fest,

3.1 Einfach richtig führen – das ist die Basis

wann der nächste Kontrollzeitpunkt ist. Es wird kein Dialog über den Sinn von Aufgaben bzw. die Vorgehensweise geführt; die Mitarbeiter haben jedoch Gelegenheit, Verständnisfragen zu stellen. Der Leader diskutiert und erklärt nicht, sondern definiert, strukturiert, weist gegebenenfalls die einzelnen Arbeitsschritte an und liefert die nötigen Informationen zur erfolgreichen Aufgabenerfüllung. Dieser Führungsstil lässt sich mit der Aufgabe eines Feuerwehrkommandanten im Einsatz, eines Chirurgen während der Operation oder eines Bergführers mit Neulingen vergleichen.

Führungsstil 2 (oberer rechter Quadrant) ist sowohl stark an Aufgaben als auch stark an Mitarbeitern ausgerichtet. Das bedeutet, dass der Leader die Aufgabe zwar nach wie vor klar definiert und strukturiert, dem Mitarbeiter jedoch die Gründe für die Vorgehensweise vermittelt. Der Mitarbeiter weiß um den Hintergrund seiner Aufgaben; sein Verständnis dafür wird gefördert. Der Leader überzeugt den Mitarbeiter vom Sinn der Aufgabe und insbesondere vom Sinn des vorgeschlagenen Weges zur Zielerreichung. Dementsprechend steht hier der Dialog im Mittelpunkt. Dadurch, dass der Mitarbeiter sich ins Gespräch einbringen kann, wird er engagiert an der Erledigung der Aufgabe arbeiten. Führungsstil 2 qualifiziert den Mitarbeiter zum „Können".

Führungsstil 3 (linker oberer Quadrant) ist wenig aufgaben-, dafür stark mitarbeiterbezogen. Hier ist die Fähigkeit gefragt, als Leader zuzuhören und beim Mitarbeiter nachzufragen, was er für die bestmögliche Vorgehensweise hält. Es geht darum, dass Sie positives Feedback geben, bestärken, aufbauen, unterstützen und Bedenken ausräumen. Man könnte diesen Führungsstil auch als „Hilfe zur Selbsthilfe" für Mitarbeiter charakterisieren. Es geht weniger darum, Strukturen und Wege aufzuzeigen, als die Vorgehensweise aus dem Mitarbeiter „herauszukitzeln". Der Leader muss Vertrauen signalisieren und dem Mitarbeiter dabei helfen, Sicherheit und Zuversicht zu erlangen. Er hört sich die Vorschläge des Mitarbeiters an und berät sich mit ihm. Er hilft ihm dabei, die Aufgabe eigenverantwortlich zu lösen.

Führungsstil 4 (unterer linker Quadrant) ist wenig aufgaben- und wenig mitarbeiterbezogen. Der Leader lässt seine Mitarbeiter im besten Sinne des Wortes „laufen", also ganz und gar selbstständig handeln. Führungsstil 4 bedeutet, dass die Aufgaben und Ziele klar sind und zwischen Leader und Mitarbeiter Einigkeit über das Vorgehen besteht: Der Leader führt „auf Augenhöhe", in partnerschaftlicher Art und Weise. Er bietet die Chance, Rückfragen zu stellen, hält sich aber ansonsten im Hintergrund. Führungsstil 4 setzt ein klares Verständnis zwischen Führungskraft und Mitarbeiter voraus und ein hohes Können des Mitarbeiters. Dementsprechend ist hier der Zeiteinsatz der Führungskraft am geringsten.

Leichter durch den Führungsalltag: Was Sie nicht delegieren können

✓ Beachten Sie, dass Sie drei Aspekte als Führungskraft generell nicht delegieren können:

1. die Gesamtverantwortung

2. die Vereinbarung von Zielen und die Entscheidung hierzu

3. die Kontrolle im Sinne einer Statuskontrolle über erreichte Zwischenziele oder Meilensteine.

Richtiges Führen bedeutet, dass Sie den Mitarbeiter bewusst und zielgerichtet zu mehr Selbständigkeit entwickeln. Führung ist also eine Entwicklungsaufgabe, der Sie nachkommen müssen, um Ihre Mitarbeiter und Ihren Verantwortungsbereich voranzubringen. Als Führungskraft sind Sie der erste Personalentwickler im Unternehmen. Kenneth Blanchard sagt: „Führungskräfte sind im Trainingsbusiness tätig" (Blanchard, 1990).

3.2 Schlüssel zum Erfolg ist der Reifegrad des Mitarbeiters

„Die meisten Führungskräfte zögern, ihre Leute mit dem Ball laufen zu lassen. Aber es ist erstaunlich, wie schnell ein informierter und motivierter Mensch laufen kann."

(Lee Iacocca)

Welchen Führungsstil Sie anwenden müssen, hängt immer vom Reifegrad Ihres Mitarbeiters ab, also vom Grad der Selbständigkeit des Mitarbeiters, der wiederum je nach Aufgabe und Situation variieren kann. Sie kennen die Beispiele, bei denen es aus Führungssicht auf jede Sekunde ankommt: Bei Rettungsdiensten, die sich im Einsatz befinden, hören Sie knappe Kommandos und präzise Anweisungen. Bei einer Terminsache mit höchster Priorität werden Sie vermutlich kurze Anweisungen geben und sich nicht auf ausführliche Diskussionen über Sinn und Zweck der Aufgabe einlassen. Ganz anders werden Sie sich verhalten, wenn Sie einem motivierten und hoch qualifizierten Mitarbeiter die Ausarbeitung eines schwierigen Konzepts übergeben. Würden Sie diesen Mitarbeiter direktiv (Führungsstil 1) führen, so würden Sie ihn demotivieren, und es bestünde die Gefahr, dass Sie ihn auf Dauer verlieren.

Der Reifegrad (Hettl, 2008c) Ihres Mitarbeiters ist das zentrale Bindeglied zu den Führungsstilen. Reifegrade bestimmen den Selbständigkeitsgrad eines Mitarbeiters. Die Diagnose des Selbständigkeitsgrades bezieht sich dabei immer auf eine konkrete, situative Aufgabe, Tätigkeit, Arbeit oder Funktion, die Sie Ihrem Mitarbeiter zur Bearbeitung übergeben.

Der Reifegrad (Hettl, 2008c) ergibt sich einerseits aus seiner Ausbildung, seinen Kenntnissen und Erfahrungen, also aus seiner Fähigkeit. Andererseits spielen Motivation und Engagement eine Rolle sowie die Bereitschaft, Verantwortung zu übernehmen. Es geht also auch um den Willen Ihres Mitarbeiters: die Neigung, sich hohe erreichbare Ziele zu setzen, und die Bereitschaft, Verantwortung für die Zielerreichung zu übernehmen.

Leichter durch den Führungsalltag: Reifegrad

Der Reifegrad eines Mitarbeiters ist immer eine Kombination aus zwei beobachtbaren Verhaltensweisen:

1. Können und damit Fähigkeit

2. Wollen und damit Bereitschaft und Motivation.

Diese beiden Faktoren bestimmen den Selbstständigkeitsgrad Ihres Mitarbeiters. Man kann ihn auch beschreiben als die Neigung, sich hohe und erreichbare Ziele zu setzen, und die Bereitschaft, Verantwortung für die Zielerreichung zu übernehmen. Der Reifegrad ist also immer eine Kombination aus zwei beobachtbaren Verhaltensweisen: erstens Können und damit Fähigkeit und zweitens Wollen und damit Willigkeit.

Bei der Diagnose des Reifegrades geht es nicht darum, einer *Person* eine bestimmte Reife zuzuordnen. Entscheidend ist vielmehr, wie sich der Mitarbeiter in spezifischen Situationen bei der Erledigung von Aufgaben verhält. Wichtig ist, dass Sie im jeweiligen Reifegrad kein Charaktermerkmal sehen, also die Person nicht danach bewerten oder beurteilen. Trennen Sie strikt zwischen dem Menschen und

3. Kapitel   Achtung, falscher Führungsstil

seinem Verhalten. Der Reifegrad muss auch nichts mit dem Alter oder der Berufserfahrung des Mitarbeiters zu tun haben. Er signalisiert lediglich, wie der Mitarbeiter geführt werden sollte.

Als Vorgesetzter müssen Sie den Reifegrad anhand des beobachtbaren Verhaltens einschätzen. Ohne erkennbare Fähigkeit haben Sie es nur mit einem „möglichen Potenzial" zu tun. Ohne gezeigte Bereitschaft haben Sie es nur mit einer Absicht zu tun. Als Vorgesetzter sind Sie für die richtige Einschätzung verantwortlich, und diese sollte sich an Fakten orientieren.

Fähigkeit und Willigkeit beeinflussen sich gegenseitig. Das Ausmaß, in dem ein Mitarbeiter zuversichtlich ist, Verpflichtung und Motivation zeigt, beeinflusst auch seine Fähigkeit. Durch Willen bzw. hohe Bereitschaft kann sich die Fähigkeit, Aufgaben gut und richtig auszuführen, steigern. Umgekehrt gilt das Gleiche: Der Umfang des Wissens, der Erfahrung und des Könnens beeinflusst die Bereitschaft. Eine bedeutende Veränderung in einem Bereich hat Einfluss auf den Reifegrad im Ganzen. Aus den beiden Hauptkriterien „Fähigkeit" und „Willigkeit" ergeben sich grundsätzlich vier verschiedene Reifegrade (Hersey, 1986, S. 45 ff.), die mit den vier Führungsstilen korrespondieren.

Im situativen Reifegrad 1 zeigt sich Ihr Mitarbeiter bei einer Aufgabe nicht fähig und nicht willig bzw. noch nicht oder nicht mehr fähig. Ihr Mitarbeiter kann die betreffende Aufgabe nicht bewältigen – was durchaus heißen kann, dass er andere Aufgaben sehr gut erledigt – und es fehlt ihm außerdem an Verpflichtung und Motivation. Er soll zum Beispiel eine neue Maschine bedienen, weiß aber nicht, wie sie funktioniert und zeigt kein Interesse, es lernen zu wollen. In der zweiten Ausprägung von Reifegrad 1 ist der Mitarbeiter situativ nicht fähig und unsicher; es fehlt ihm an Vertrauen. Beispielsweise ist ein Auszubildender neu im Unternehmen und bekommt die erste Einweisung in die Buchhaltungssoftware. Er hat keine Ahnung, was er tun soll, und es fehlt ihm an Vertrauen in seine Fähigkeit, die Software richtig bedienen zu können.

Der situative Reifegrad 2 beschreibt den Grad der Selbständigkeit des Mitarbeiters als (noch) nicht fähig, aber willig. Der Mitarbeiter ist der Aufgabe noch nicht gewachsen, aber er ist motiviert und bemüht sich. Es fehlt beispielsweise bei der Bedienung der Maschine noch an Können, aber er versucht, sich hineinzuarbeiten, und zeigt Initiative.

Im situativen Reifegrad 3 zeigt sich der Mitarbeiter fähig, jedoch unsicher. Er kann die Aufgabe erfüllen, es fehlt ihm aber an Selbstver-

3.2 Schlüssel zum Erfolg ist der Reifegrad des Mitarbeiters

trauen, und er hat Bedenken, die Aufgabe allein zu erledigen. Bevor der Betreffende zum Beispiel die Buchhaltungsdaten allein eingeben kann, ist er nervös und hat Bedenken, Fehler zu machen, obwohl Sie ihn schon ausgebildet haben. In der zweiten Variante dieses Reifegrades ist der Mitarbeiter fähig, jedoch nicht willig. Er kann die Aufgabe erledigen, zeigt aber nicht die erforderliche Bereitschaft oder den Willen, sich einzubringen. Der Mitarbeiter ist beispielsweise bereits für die Aufgabe an der Maschine qualifiziert, aber ein Problem im persönlichen Umfeld blockiert seine Bereitschaft.

Der situative Reifegrad 4 charakterisiert den Mitarbeiter für seine Aufgabe als fähig und willig. Ihr Mitarbeiter ist zur Arbeit an der Maschine qualifiziert, arbeitet gerne daran und ist motiviert, es zu tun. Der jeweilige Reifegrad bestimmt, wann Sie welchen Führungsstil einsetzen, um Ihren Mitarbeiter in der jeweiligen Situation effektiv zu führen. Die Regel lautet: „Reifegrad sucht Führungsstil".

Reifegrad 1 passt zu Führungsstil 1. Als Leader geben Sie dem Mitarbeiter durch die Nennung der einzelnen Schritte eine klare Orientierung. Ihr Mitarbeiter macht sich gegebenenfalls Notizen und fragt bei Unklarheiten nach. Es wird ein Kontrolltermin vereinbart, und Ihr Mitarbeiter beginnt mit dem ersten Schritt.

Zeigt sich der Mitarbeiter motiviert und engagiert, kennt den Weg zum Ziel aber nicht oder schätzt den Zeitbedarf aus Unerfahrenheit bzw. Unkenntnis falsch ein, dann befindet er sich im Reifegrad 2. Sie werden mit ihm einen Fahrplan zur Abarbeitung der Aufgabe erarbeiten, ihm diesen erklären und ihn in sozialkompetenter Weise vorgeben: Führungsstil 2 zu Reifegrad 2.

Wenn Ihr Mitarbeiter Reifegrad 3 zeigt, hat er aus fachlicher Sicht eine sinnvolle Lösung parat, selbst wenn er zögerlich und unsicher ist. Hier brauchen Sie nur etwas Geduld, für die Sie belohnt werden. Geben Sie Ihrem Mitarbeiter durch einen partizipierenden und coachenden Führungsstil Sicherheit und bereiten ihn auf den nächsten Reifegrad vor: Führungsstil 3 zu Reifegrad 3.

Ein Mitarbeiter im situativen Reifegrad 4 ist sicher, wirkt kompetent und überzeugend und kennt den richtigen Lösungsweg. Er arbeitet selbstständig an der Lösung und informiert Sie bzw. gibt Ihnen am Ende Feedback über die Zielerreichung. Er übernimmt Verantwortung für die Lösung der Aufgabe, und das zeigt er Ihnen durch sein Verhalten und Auftreten: Führungsstil 4 zu Reifegrad 4.

3. Kapitel Achtung, falscher Führungsstil

„Situationsbezogene Führung ist nicht etwas, was die Mitarbeiter passiv hinnehmen, sondern etwas, was sie aktiv mitgestalten."

(Kenneth Blanchard)

Die Entwicklung der Leistungsfähigkeit ist ein Prozess, der eine gewisse Zeit benötigt. Hohe Leistungsfähigkeit lässt sich nicht einfach dadurch erreichen, dass Sie den „Lichtschalter anknipsen" und Ihr Mitarbeiter plötzlich zur Hochform aufläuft. Verhaltensänderungen geschehen nicht über Nacht. Sie sind Prozesse, die bei Ihren Mitarbeitern in unterschiedlichen Geschwindigkeiten ablaufen. Deshalb ist es Ihre Aufgabe, den „Entwicklungszug" in Fahrt zu bringen und Ihre Mitarbeiter entsprechend ihrem jeweiligen situativen Reifegrad durch einen adäquaten Führungsstil Schritt für Schritt Richtung Reifegrad 4 zu führen.

Um ein von Ihnen erwünschtes Verhalten zu erreichen, müssen Sie als Leader den Schritt Ihres Mitarbeiters in die gewünschte Richtung positiv verstärken und mit diesem Prozess fortfahren, bis das Verhalten Ihren Erwartungen vollständig entspricht.

Wenn Sie die Reife Ihres Mitarbeiters so verbessern möchten, dass er deutlich mehr Verantwortung übernehmen kann (und auch will), dann reduzieren Sie im ersten Schritt das aufgabenbezogene Verhalten, um dem Mitarbeiter Gelegenheit zu geben, mehr Verantwortung zu übernehmen. Wird diese Verantwortung sinnvoll genutzt, müssen Sie im zweiten Schritt dieses Verhalten durch ein „Mehr" an mitarbeiterbezogenem Verhalten verstärken.

Diesen Prozess führen Sie so lange fort, bis Ihr Mitarbeiter in wesentlichen Bereichen mehr Verantwortung übernimmt und Leistungen erbringt, die Ihnen für den betreffenden Reifegrad adäquat erscheinen. Das heißt allerdings nicht, dass Ihr Mitarbeiter jetzt weniger Führung braucht; er benötigt lediglich eine andere Art der Führung. Er wird jetzt selbständiger sein und sich mehr „selbst führen". Er wird bereit und fähig sein, mehr Verantwortung zu tragen, sodass Sie als Leader bei vielen Aufgaben nicht mehr aktiv eingreifen müssen. Ist der Mitarbeiter in der Lage, viele Tätigkeiten selbst zu steuern, zeigt er mehr Zufriedenheit mit seiner Leistung und mehr Selbstvertrauen zur Lösung von Aufgaben. Dadurch wird auch das Verhältnis zwischen Ihnen als Leader und Ihrem Mitarbeiter vertrauensvoller.

„Being a situational leader works."

(Paul Hersey)

3.2 Schlüssel zum Erfolg ist der Reifegrad des Mitarbeiters

Als effektiver Leader müssen Sie Ihre Mitarbeiter ausreichend gut kennen, damit Sie sich an deren situativ variable Fähigkeiten anpassen können. Dabei gilt es zu berücksichtigen, dass Ihre Mitarbeiter mit der Zeit ihre spezifischen Verhaltensmuster und eigenen Arbeitsweisen und Gepflogenheiten entwickeln. Sie müssen Ihre Anpassungsfähigkeit immer wieder unter Beweis stellen, da die individuellen Reifegrade je nach Situation täglich, stündlich, ja sogar minütlich schwanken können. Behalten Sie das situative Moment immer wieder im Blick. Bei der Entwicklung Ihrer Mitarbeiter sind also immer Ihre Analysefähigkeit und Anpassungsfähigkeit gefragt.

Die Entwicklung erfolgt meist in kleinen Schritten von Führungsstil 1 zu Führungsstil 2 zu Führungsstil 3 und zu Führungsstil 4, das ist natürlich auch immer von der Komplexität der Aufgabenstellung abhängig. Den Entwicklungsprozess müssen Sie evolutionär angehen, dann werden Sie eine allmählich positive Entwicklung Ihres Mitarbeiters hin zu Leistungssteigerung und Erhöhung des Selbständigkeitsgrades und zu einer Zunahme von gegenseitigem Vertrauen und Respekt erleben.

Leichter durch den Führungsalltag: Wirksam als Führungskraft

Beachten Sie dabei folgende Checkliste einer wirksamen Führungskraft:

1. *Schärfen Sie Ihre Analysefähigkeit und erkennen Sie den situativen Mitarbeiter-Reifegrad, indem Sie das beobachtbare Verhalten interpretieren. Achten Sie dabei auf die Körpersprache, um die Willigkeit einzuschätzen, und stellen Sie die ‚Wie-Frage' um eine Information zur Fähigkeit zu erhalten.* ✓

2. *Passen Sie sich mit Ihrem Führungsstil dem Mitarbeiter-Reifegrad an. Es gilt: Reifegrad sucht Führungsstil.*

3. *Denken Sie immer situativ, wenn Sie Ihre Mitarbeiter weiterentwickeln.*

4. *Beobachten Sie Ihren Mitarbeiter bei der Leistungserbringung und vereinbaren Sie Feedbackpunkte zur Information über den Erfüllungsgrad der Aufgabe.*

3.3 Diagnose: Fähig und Willig

"Man kann noch so lange an einer Olive zupfen, deshalb wird sie auch nicht schneller reif."

(Toskanisches Sprichwort)

Ihr erster Schritt bei der Anwendung des situativen Ansatzes ist die Diagnose des Reifegrades des Mitarbeiters in der jeweiligen Aufgabenstellung. Die für Sie immer wiederkehrende Frage lautet: „Welchen Reifegrad zeigt der Mitarbeiter in der momentanen Situation?" Es geht um Ihre Einschätzung, um Ihre Diagnose zur Frage: „Hat der Mitarbeiter die Fähigkeit und Willigkeit, im Moment alleine die Verantwortung für die Erledigung der Aufgabe und das Ergebnis zu übernehmen?"

Die Einschätzung der Selbständigkeit bezieht sich immer auf eine ganz bestimmte Arbeit, Tätigkeit oder Aufgabe. Je eindeutiger die Tätigkeit definiert ist, desto eindeutiger fällt Ihre Diagnose aus. Bei der Diagnose geht es nicht darum, eine Person einem bestimmten Reifegrad zuzuordnen. Entscheidend ist, wie sich Ihr Mitarbeiter in einer bestimmten, spezifischen Situation bei der Übergabe der Aufgabe verhält.

Richtiges Führen hilft Ihnen, die Situation und damit Ihr Führungsverhalten wirksam und erfolgreich im Sinne einer Mitarbeiterentwicklung auszurichten. Der Reifegrad variiert immer von einer Aufgabe zur anderen, es lässt sich fast sagen, von einer Sekunde auf die andere. So wie es um eine neue Aufgabe geht, müssen Sie eine neue Diagnose erstellen.

Das Ziel des Entwicklungsprozesses (Stader, 2003, S. 58) ist, dass Ihr Mitarbeiter eine Aufgabe alleine und eigenständig im Reifegrad 4 übernimmt. Idealerweise befinden sich alle Ihre Mitarbeiter, in all ihren Situationen, immer im Reifegrad 4. Sicher sind Mitarbeiter, die schon länger im gleichen Aufgabengebiet arbeiten, eher in den situativen Reifegraden 3 und 4 zu finden, hingegen sind noch junge unerfahrene Mitarbeiter eher im Reifegrad 1 und 2 anzutreffen. Nichtsdestotrotz betrachten Sie immer alle Mitarbeitersituationen situativ. Wirklich erfolgreiche Leader sind die, welche ihr Verhalten den Erfordernissen der jeweiligen Situation anpassen können.

Was genau müssen Sie tun, um bei der Übergabe der Aufgabe zu erkennen, welchen Reifegrad Ihr Mitarbeiter zeigt und welchen Führungsstil Sie anwenden müssen? Sie haben zwei Möglichkeiten, das beobachtbare Verhalten einzuschätzen. Durch den Gesichtsausdruck und die Körpersprache bekommen Sie erste Hinweise auf die Willigkeit. Durch die richtige Fragestellung verifizieren Sie, ob der Mitarbeiter fähig ist.

Leichter durch den Führungsalltag: Willigkeit, Unsicherheit und Unwilligkeit

Für Unsicherheit oder Unwillen spricht folgendes Verhalten:

- Ihr Mitarbeiter blickt Ihnen nicht in die Augen, oder wenn er es tut, hält er Ihrem Blick nur sehr kurz stand.
- Er spricht mit auffallend leiser Stimme.
- Ihr Mitarbeiter kann seine Hände nicht still halten, er spielt beispielsweise ständig mit seinem Stift.
- Er hat eine verschlossene Körperhaltung, verschränkte Arme, übereinandergeschlagene Beine.
- Die Augenbrauen des Mitarbeiters sind zusammengezogen, es fehlen mimische Reaktionen (versteinerte Mimik).
- Fehlende Rückmeldungen: Ihr Mitarbeiter gibt Ihnen nicht oder nur sehr selten durch Nicken, Lächeln oder Ähnliches zu verstehen, dass er Ihren Ausführungen folgt.

Für Willigkeit bzw. Bereitschaft spricht:

- Ihr Mitarbeiter zeigt eine Ihnen zugewandte und offene Körperhaltung. Sein Oberkörper ist Ihnen zugewandt.
- Er blickt Sie offen an und hält Ihrem Blick stand.
- Er gibt Ihnen Rückmeldungen in Form von „mhm", „ja" oder Kopfnicken.
- Ihr Mitarbeiter redet angemessen laut und ohne Stottern und Stocken.

Körpersprachliche Signale und Merkmale sind ein wenig mit Vorsicht zu betrachten. Wenn Sie zum Beispiel einen Mitarbeiter haben, der immer leise spricht, müssen Sie das in Ihre Einschätzung mit einbeziehen. Auch ein sprachliches Stocken kann leicht überinterpretiert werden. Achten Sie also vor allem auf Abweichungen vom „Verhaltensstandard" Ihres Mitarbeiters. Deuten Sie außerdem die Körpersprache und die Sprechweise immer als Ganzes, ein Merkmal allein kann nie Grundlage Ihrer Diagnose sein. Besondere Vorsicht gilt bei Mitarbeitern aus anderen Kulturkreisen, denn diese sind andere Normen der Körpersprache gewohnt! Da Körpersprache weitgehend unbewusst abläuft, wird sie meist erst sehr spät an neue Umgebungen angepasst. Es wäre also verfehlt, beispielsweise einen Mitarbeiter aus Asien, der weniger Blickkontakt hält, als Sie es gewohnt sind, als unsicher einzustufen.

Leichter durch den Führungsalltag: Fähigkeit

Um die Fähigkeit des Mitarbeiters zur eigenständigen Lösung von Aufgaben festzustellen, fragen Sie ihn:

- Wie gehen Sie vor?
- Was machen Sie als Nächstes?

Wenn Ihr Mitarbeiter den situativen Reifegrad 4 zeigt, wird er Ihnen auf die „Wie-Frage" kurz, präzise und richtig seine Methodik mitteilen. Er nennt Ihnen die sachlich richtige Lösung bzw. den Lösungsweg. Befindet er sich im Reifegrad 3, wird er etwas zögerlich sein. Eventuell sagt er: „Ich bin mir nicht sicher, aber ich habe mir Folgendes überlegt ..." und unterbreitet Ihnen zwei oder drei Lösungsvorschläge. Ihr Mitarbeiter braucht Zeit, um die richtige Lösung zu finden, obwohl er sie schon in sich trägt. Manchmal kommt er durch Ihre Nachfrage von allein auf die beste Lösung. Ein Mitarbeiter im Reifegrad 2 wird Ihnen voller Motivation seine Ideen zur Lösung mitteilen, die aber über das Stadium eines gut gemeinten Versuchs nicht hinauskommen. Die Herausforderung in Ihrem Führungsstil liegt jetzt darin, Ihren Mitarbeiter davon zu überzeugen, dass dieser Vorschlag so nicht realisierbar ist. Er übersieht den Zeitaufwand und unterschätzt die Komplexität. Ein Mitarbeiter im Reifegrad 1 wird auf Ihre Frage verdutzt antworten: „Das kenne ich nicht" oder „Das habe ich noch nie gemacht".

Leichter durch den Führungsalltag: Diagnose des Reifegrades

Folgende Tipps helfen Ihnen bei der Diagnose des Reifegrades:

- Konzentrieren Sie sich auf das demonstrierte Verhalten, also die gezeigte Fähigkeit, die zu Leistung und somit zum Ergebnis führt.
- Die Frage ist: „Kann es Ihr Mitarbeiter jetzt im Moment?", nicht: „Könnte er es unter anderen Umständen?" Denken Sie immer situativ und von Aufgabe zu Aufgabe.
- Verwechseln Sie nicht den Enthusiasmus des Mitarbeiters mit seinen Fähigkeiten und vermeiden Sie es umgekehrt, „Unsicherheit" als fehlende Motivation zu bewerten.
- Ein starker Eindruck ist keine Garantie für Können, und Reifegrad 4 bedeutet nicht automatisch Perfektion. Fragen Sie besser noch einmal nach, wenn Sie sich bezüglich des Reifegrades nicht sicher sind.

3.4 Test: Persönliche Führungsstilanalyse

Die nachfolgende Führungsstilanalyse in Form eines Selbsttests, dient Ihnen dazu aufzuzeigen, welche Führungsstil-Präferenzen Sie als Führungskraft haben und wie effektiv Ihr Führungsverhalten ausgeprägt ist. Sie erreichen am meisten, wenn Sie diesen Selbsttest spontan und ehrlich sich selbst gegenüber beantworten. Dieser Leadership-Check soll Ihnen Ihre momentanen Führungstendenzen aufzeigen.

Leadership-Check – Selbstbild

Stellen Sie sich vor, Sie sind als Vorgesetzter in die folgenden zwölf Situationen eingebunden. Für jede Situation gibt es vier Maßnahmen, von denen Sie eine ergreifen können. Lesen Sie jede Alternative sorgfältig durch. Überlegen Sie, was Sie in der jeweiligen Situation tun würden. Danach kreisen Sie den Buchstaben der Alternative ein, von der Sie meinen, dass sie Ihrem Verhalten in der gegebenen Situation am besten entspricht. Bitte entscheiden Sie sich immer für nur eine Alternative.

Fragebogen zum Leadership-Check – Selbstbild

1. Ihr Mitarbeiter reagiert wiederholt bei der Übergabe einer Aufgabe nicht mehr auf Ihr freundliches Verhalten und Ihre offensichtliche Besorgnis um sein Wohlergehen. Er zeigt keine Bereitschaft, seine Fähigkeiten bei dieser Aufgabe einzubringen.	A. Sie bestehen darauf, dass alles so gemacht wird wie vereinbart und drängen auf die Erledigung der Aufgabe. B. Sie stehen Ihrem Mitarbeiter zur Diskussion zur Verfügung, drängen sich ihm aber nicht auf. C. Sie sprechen mit Ihrem Mitarbeiter und setzen anschließend Ziele. D. Sie verzichten bewusst auf jede Intervention.
2. Die Leistung eines Ihrer Mitarbeiter nimmt unter Ihrer Anleitung zu. Sie haben darauf geachtet, dass er sich seines Verantwortungsbereichs und des von Ihnen erwarteten Leistungsstandards bewusst ist. Sie übergeben ihm eine Teilaufgabe im Rahmen eines Projekts, bei der er Ihre fachliche Unterstützung erwartet. Er fragt Sie um fachlichen Rat.	A. Sie verhalten sich unterstützend und achten darauf, dass sich Ihr Mitarbeiter seines Verantwortungsbereichs und des von ihm erwarteten Leistungsstandards bewusst ist. B. Sie unternehmen nichts Bestimmtes. C. Sie tun, was in Ihren Kräften steht, damit sich Ihr Mitarbeiter wichtig und ernst genommen fühlt. D. Sie betonen die Wichtigkeit der Termineinhaltung und der Aufgabe.
3. Ihr Mitarbeiter wirkt bei der Übergabe einer Routineaufgabe vorsichtig und unsicher. Gewöhnlich haben Sie ihn allein arbeiten lassen. Die Leistung des Mitarbeiters und seine Motivation sind bis jetzt gut.	A. Sie arbeiten mit Ihrem Mitarbeiter zusammen an der Lösung des Problems. B. Sie lassen Ihren Mitarbeiter selbst damit fertig werden. C. Sie handeln schnell und entschieden, um Fehler zu vermeiden und geben Ihrem Mitarbeiter Anweisungen. D. Sie ermutigen Ihren Mitarbeiter zur eigenständigen Problemlösung und unterstützen seine Bemühungen.

3.4 Test: Persönliche Führungsstilanalyse

4. Sie beabsichtigen, die Änderung einer Routineaufgabe vorzunehmen. Ihr Mitarbeiter hat in Bezug auf die Auftragserfüllung einen guten Ruf. Ihr Mitarbeiter erkennt die Notwendigkeit der Änderung.	A. Sie erlauben Ihrem Mitarbeiter, bei der Planung und Durchführung der Änderung mitzuarbeiten, ohne ihn selbst zu stark zu beeinflussen. B. Sie kündigen Änderungen an und führen diese dann unter Kontrolle durch. C. Sie erlauben Ihrem Mitarbeiter die selbständige Durchführung der Änderung. D. Sie verwerten die Vorschläge Ihres Mitarbeiters, leiten aber selbst die Durchführung der Änderung.
5. Während der letzten Monate hat sich ein deutlicher Leistungsabfall bei einem Ihrer Mitarbeiter eingestellt. Ihr Mitarbeiter hat sich gegenüber der Verwirklichung seiner Ziele gleichgültig gezeigt. Sie müssen ihn mehrfach an die rechtzeitige Erledigung einer konkreten Aufgabe erinnern.	A. Sie vertrauen Ihrem Mitarbeiter und lassen ihn die Aufgabe erledigen. B. Sie diskutieren mit Ihrem Mitarbeiter über seine Gründe, achten jedoch darauf, dass die Aufgabe auch erledigt wird. C. Sie legen Aufgaben und Verantwortungsbereiche neu fest und beaufsichtigen Ihren Mitarbeiter sorgfältig. D. Sie erlauben Ihrem Mitarbeiter die Mitwirkung bei der Festlegung der Aufgaben und Verantwortungsbereiche, sind dabei aber nicht zu bestimmend.

3. Kapitel Achtung, falscher Führungsstil

6. Sie sind in ein effektiv geleitetes Unternehmen eingetreten. Der vorherige Leiter hat sehr eng und mit Kontrolle geführt. Sie als neuer Vorgesetzter, möchten die Ergebnisse beibehalten. Ihr motivierter Mitarbeiter erwartet Ihre fachliche Unterstützung bei der übergebenen Arbeitsaufgabe.	A. Sie betonen die Wichtigkeit der Erledigung der Aufgabe. B. Sie beteiligen Ihren Mitarbeiter an der Lösungsfindung und ermutigen ihn bei seiner Entscheidungsfindung. C. Sie verzichten bewusst auf jede Intervention. D. Sie tun was in Ihren Kräften steht, damit Ihr Mitarbeiter sich ernst genommen und einbezogen fühlt und sichern die Arbeitsweise ab.
7. Sie beabsichtigen Ihr Team neu zu strukturieren. Ein Mitglied des Teams hat von sich aus schon erste passende Vorschläge für die erforderlichen Änderungen gemacht. Ihr Mitarbeiter möchte, um ganz sicher zu sein, zu zwei Punkten Ihren persönlichen Rat haben.	A. Sie entscheiden die Neustrukturierung und beaufsichtigen die Durchführung sorgfältig. B. Sie entwickeln die Neustrukturierung gemeinsam mit Ihrem Mitarbeiter. Sie lassen den Mitarbeiter aber die Freiheit zu bestimmen, wie er die Änderungen einführen möchte. C. Sie zeigen Ihre Bereitschaft, die Änderungsvorschläge zu diskutieren. Sie behalten jedoch die Leitung der Einführung. D. Sie lassen Ihren Mitarbeiter selbständig die Änderung entwickeln und durchführen.
8. Die Leistung Ihres Mitarbeiters und sein Engagement sind bis jetzt gut. Sie überlegen, ob Sie ihn die bevorstehende Routineaufgabe selbständig erledigen lassen.	A. Sie lassen Ihren Mitarbeiter gewähren. B. Sie diskutieren die Situation mit Ihrem Mitarbeiter und führen dann erforderliche Änderungen durch. C. Sie lenken Ihren Mitarbeiter in Richtung einer klar definierten Arbeitsweise. D. Sie unterstützen Ihren Mitarbeiter bei der Erörterung der Situation. Sie sind jedoch nicht bestimmend.

3.4 Test: Persönliche Führungsstilanalyse

9. Ihr Vorgesetzter hat Sie zum Leiter einer Arbeitsgruppe ernannt, die schon seit längerem in Bezug auf bestimmte erbetene Änderungsvorschläge überfällig ist. Ihr Mitarbeiter, der Gruppensprecher ist, hat keine klaren Vorstellungen von seinen Zielen. Die Teilnahme an Sitzungen war bisher dürftig. Die Versammlungen wurden zu geselligen ‚Treffs'. Von seinen Möglichkeiten her gesehen hat Ihr Mitarbeiter die erforderliche Fähigkeit bei der übergebenen Aufgabe.

A. Sie überlassen es Ihrem Mitarbeiter, sein Problem selbst zu lösen.

B. Sie sprechen mit Ihrem Mitarbeiter und achten darauf, dass die gegebenen Ziele auch erreicht werden.

C. Sie legen neue Ziele fest und beaufsichtigen Ihren Mitarbeiter sorgfältig.

D. Sie beteiligen Ihren Mitarbeiter bei der Lösungsfindung und Zielsetzung, drängen ihn jedoch nicht.

10. Ihr Mitarbeiter, der Ihnen als verantwortungsbewusst und motiviert bekannt ist, entspricht den von Ihnen kürzlich neu definierten Leistungsanforderungen bei der Übergabe einer konkreten Aufgabe nicht mehr.

A. Sie beteiligen und ermutigen Ihren Mitarbeiter bei der Neudefinition der Leistungsanforderungen, üben jedoch keinen Druck aus.

B. Sie vermeiden mögliche Schwierigkeiten, indem Sie keinerlei Druck ausüben und belassen die Situation, wie sie ist.

C. Sie definieren die Leistungsanforderungen neu und überwachen deren Durchführung sorgfältig.

D. Sie verwerten die Vorschläge Ihres Mitarbeiters. Sie achten jedoch darauf, dass die neuen Anforderungen auch erfüllt werden.

11. Sie sind befördert worden. Ihr Vorgänger hat einen Ihrer neuen Mitarbeiter meist selbständig arbeiten lassen. Ihr neuer Mitarbeiter hat seine Aufgaben und Ziele oft gut bewältigt. In der ihm übergebenen konkreten Arbeitsaufgabe wirkt er emotional etwas unsicher.	A. Sie lenken Ihren Mitarbeiter in Richtung einer klar definierten Arbeitsweise. B. Sie beteiligen Ihren Mitarbeiter bei der Übergabe der Aufgabe und unterstützen seine Beiträge durch ‚Streicheleinheiten'. C. Sie diskutieren die Aufgabe mit Ihrem Mitarbeiter. Dann prüfen Sie, ob weitere Anweisungen nötig sind. D. Sie lassen Ihren Mitarbeiter die Aufgabe selbständig erledigen.
12. Kürzlich erhaltene Informationen weisen auf temporäre interne Schwierigkeiten unter zwei Ihrer Mitarbeiter hin. Beide haben im Hinblick auf die Erfüllung der Aufgaben einen guten Ruf. Beide Mitarbeiter haben ihre langfristigen Ziele erfüllt. Sie haben in den letzten Monaten harmonisch zusammengearbeitet. Alle beide sind für ihren Aufgabenbereich bei der übergebenen Aufgabe hoch qualifiziert.	A. Sie schlagen Ihren Mitarbeitern Ihre eigene Lösung vor und erklären Ihnen, warum diese Vorgehensweise so sinnvoll ist. B. Sie erlauben Ihren Mitarbeitern, die Schwierigkeiten selbst zu überwinden. C. Sie handeln schnell und entschieden, um Probleme zu vermeiden und geben konkrete Anweisungen. D. Sie unterstützen Ihre Mitarbeiter, indem Sie an der Problemlösung teilnehmen.
(vgl. Hersey/Blanchard 2001, S. 99 und Hettl, 2008d, S. 121 ff.)	

Auswertung Ihrer Führungsstilpräferenz

Übertragen Sie als Erstes Ihre angekreuzten Buchstaben in das Lösungsraster in der nachfolgenden Tabelle. Dann zählen Sie die Anzahl der Kreuze bei den einzelnen Buchstaben zusammen und tragen das Ergebnis der jeweiligen Spalte in die Kästchen bei ‚Total' ein.

3.4 Test: Persönliche Führungsstilanalyse

	(1)	(2)	(3)	(4)
1	A	C	B	D
2	D	A	C	B
3	C	A	D	B
4	B	D	A	C
5	C	B	D	A
6	A	D	B	C
7	A	C	B	D
8	C	B	D	A
9	C	B	D	A
10	C	D	A	B
11	A	C	B	D
12	C	A	D	B
Total				
	S 1	S 2	S 3	S 4

Auswertung 1: Führungsstilpräferenz

Führungsstilpräferenz – Interpretation Ihres Ergebnisses

Gleiche Werte (überall 3) für S 1 bis S 4: Sie haben eine gleich ausgeprägte Präferenz für alle Führungsstile. Damit haben Sie den in der jeweiligen Situation „idealen" Führungsstil gewählt. Wenn Ihr Wert in der Auswertung 2 auf der nächsten Seite 24 Punkte erreicht, dann haben Sie das „Optimum" des wirksamen Führens erreicht.

Hoher Wert ($\geq$ 4) für S 1: Sie neigen zu einem eher strukturierenden/dirigierenden Führungsstil. In Situationen, in denen Mitarbeiter eigenständig arbeiten können und wollen, liegen Ihre Verbesserungspotenziale. Sie sollten versuchen, zukünftig gezielt Ihren Führungsstil um alternative Stile (S 2 bis S 4) zu erweitern.

Hoher Wert ($\geq$ 4) für S 2: Sie tendieren zu einem argumentierenden/trainierenden Führungsstil. Das bedeutet, je höher Ihr Wert hier ist, desto größer ist Ihre Tendenz, den Mitarbeiter gut gemeint „zuzutexten". Wahrscheinlich verwenden Sie viel Zeit zum Erklären und Begründen, müssen aber erkennen, dass sich Ihre Mitarbeiter situativ auch in anderen Reifegraden (R 3, R 1 oder R 4) befinden.

Hoher Wert ($\geq$ 4) für S 3: Sie zeigen eine Tendenz, Ihrem Mitarbeiter überwiegend im Führungsstil 3, coachend und partizipierend, zu begegnen. Sie verwenden ebenfalls (zu) viel Zeit und sollten überlegen, ob sich Ihr Mitarbeiter situativ nicht schon im Reifegrad 4 befindet und Sie ihn „loslassen" können.

Hoher Wert (≥ 4) für S 4: Sie sind eher eine Führungskraft, die gerne delegiert, was Ihnen durchaus Zeit „spart", jedoch erkennen Sie tendenziell nicht, dass Ihr Mitarbeiter sich situativ auch in anderen Reifegraden befindet, beziehungsweise befinden kann, wo er Ihren fachlichen Rat oder Ihre emotionale Zuwendung benötigt.

Um festzustellen, wie wirksam Ihre Führungsstilwahl ist, markieren Sie die Ergebnisse Ihres Fragebogens in unten stehender Tabelle. Als nächstes addieren Sie wieder die Anzahl der Markierungen in den einzelnen Spalten und schreiben die Zahl in die Kästchen ‚Total'. Da die Buchstaben in Tabelle I und Tabelle II unterschiedliche Bedeutung haben, werden Sie auch unterschiedliche Zahlen in den Spalten erhalten. Im nächsten Schritt multiplizieren Sie das Ergebnis

	(1)	(2)	(3)	(4)
1	D	B	C	A
2	B	D	C	A
3	C	B	A	D
4	B	D	A	C
5	A	D	B	C
6	C	A	B	D
7	A	C	D	B
8	C	B	D	A
9	A	D	B	C
10	B	C	A	D
11	A	C	D	B
12	C	A	D	B
Total				
Multiplizieren	x − 2	x − 1	x + 1	x + 2
Ergebnis				

Gesamtergebnis

Tabelle: Gesamtergebnis

3.4 Test: Persönliche Führungsstilanalyse

der Spalte (1) mit –2, der Spalte (2) mit –1, der Spalte (3) mit +1 und der Spalte (4) mit +2. Addieren Sie die Ergebnisse und Sie erhalten als Endergebnis die Wirksamkeit Ihrer Führungsstilentscheidung.

Sie erhalten mit diesem Ergebnis eine tendenzielle Einschätzung der Wirksamkeit Ihrer Führung, also eine Einschätzung Ihrer Führungseffektivität.

```
←——|———|———|———|———|———|———|———|———→
 –24  –18  –12  –6   0   +6  +12  +18  +24
```

Auswertung 2: Wirksamkeit Ihres Führungsstils

Interpretation der Wirksamkeit Ihrer Führungsstilentscheidungen

–24 bis 0: Ihre Führungsstilentscheidungen sind noch nicht optimal. Je niedriger Ihr Punktergebnis ausfällt, umso größer ist der Handlungsbedarf. Bedenken Sie, wenn Sie Ihre Fähigkeit zum Erkennen des passenden situativen Führungsstils verbessern, werden Sie wesentlich leichter Ihre Ziele erreichen und Ihre Mitarbeiter werden Ihnen in weniger Zeit mit mehr Motivation zuarbeiten.

0 bis 12: Sie sind die typische Führungskraft in der Orientierungsphase. Ihre Führungsstilentscheidungen sind zwar positiv, es besteht aber noch erhebliches Potenzial zur Verbesserung. Die gute Nachricht: Sie können noch viel mehr bewegen als Sie im Moment denken. Arbeiten Sie am Erkennen des situativ richtigen Führungsstils und Sie werden schnell wesentlich wirksamer.

12 bis 18: Sie wählen überwiegend den richtigen also den für die jeweilige Situation effektiven Führungsstil. Ihre Führungseffektivität ist bereits überdurchschnittlich. Arbeiten Sie weiter an Ihrer Analysefähigkeit, und Ihre Wirksamkeit wird sich noch nachhaltiger steigern.

18 bis 24: Herzlichen Glückwunsch, Sie sind eine Führungspersönlichkeit mit hoher Wirksamkeit. Bleiben Sie so flexibel und wirksam in Ihrer Einschätzung des situativen Führungsstils.

3. Kapitel Achtung, falscher Führungsstil

Feedback zu Ihrem Führungsstil

Die Feedbackanalyse zu Ihrer Führungsstilpräferenz und zu Ihrer Führungsstilwirksamkeit basiert auf den von Ihnen ausgewählten Entscheidungen beim Ankreuzen der alternativen Maßnahmen. Das heißt, es geht darum, wie Sie sich selbst einschätzen; es handelt sich also um Ihr Selbstbild. Falls wir den von Ihnen geführten Mitarbeitern den gleichen Feedbackbogen geben würden (mit der Aufgabe, ebenfalls Ihr Verhalten einzuschätzen), könnten die Werte sowohl ähnlich als auch völlig unterschiedlich aussehen. Grundsätzlich geht es beim Leadership-Check um Ihre persönliche Einschätzung. Dieses Selbstbild ist wertfrei, das heißt, es ist nicht gut oder schlecht. Es

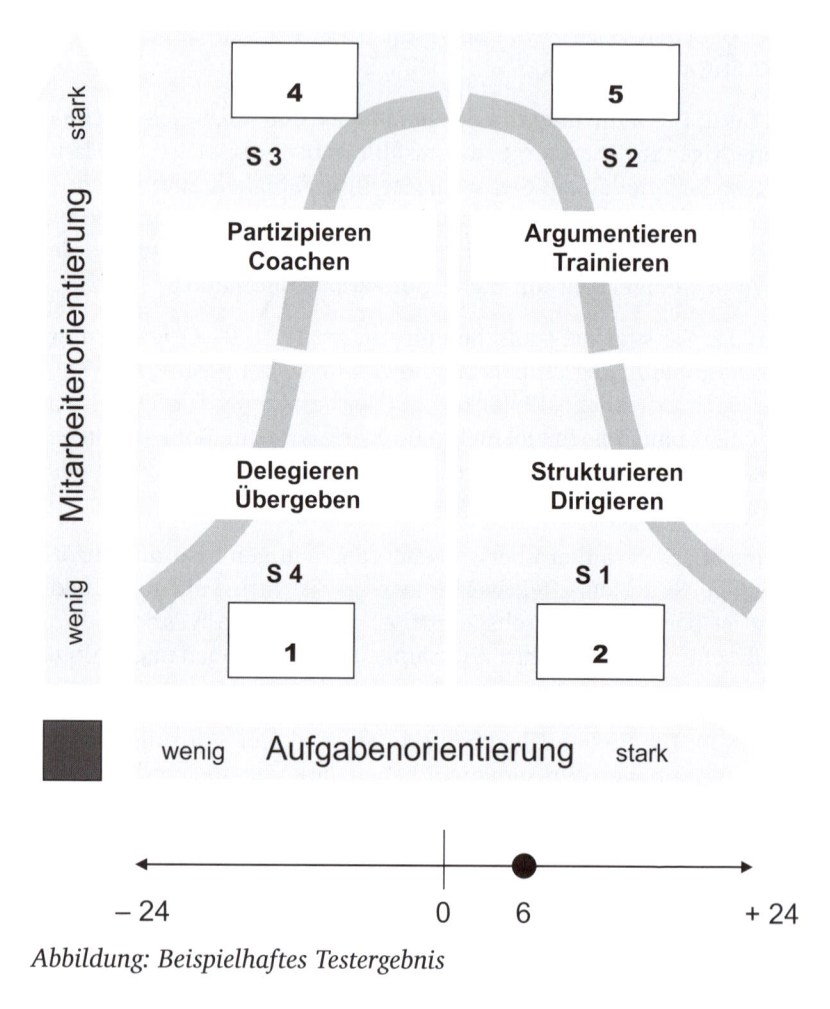

	Mitarbeiterorientierung stark		
	4		**5**
	S 3		S 2
	Partizipieren Coachen		Argumentieren Trainieren
	Delegieren Übergeben		Strukturieren Dirigieren
	S 4		S 1
	1		**2**
wenig			

wenig **Aufgabenorientierung** stark

-24 — 0 — 6 — $+24$

Abbildung: Beispielhaftes Testergebnis

3.4 Test: Persönliche Führungsstilanalyse

gibt Ihnen aber die Möglichkeit, die von Ihnen gezeigten Tendenzen zu interpretieren. Sehen Sie es so, als ob Sie in einen Spiegel blicken.

Im meinen Führungstrainings bitte ich die Teilnehmer, ihre Ergebnisse aus den Auswertungen 1 und 2 in die unten aufgeführte Abbildung einzutragen. Das ist ganz einfach. Übertragen Sie Ihre Ergebnisse aus Auswertung 1, konkret die Zahlen S 1 bis S 4 der Zeile „Total" in die dafür vorgesehenen Kästchen S 1 bis S 4. Bitte beachten Sie, dass die Führungsstile S 1 bis S 4 gegen den Uhrzeigersinn in der Abbildung dargestellt sind. Sie müssen Ihrem Wert für S 1 also unten rechts eintragen. In die darunterstehende Skala (–24 bis +24) tragen Sie bitte mit einem Kreis Ihr Gesamtergebnis aus Tabelle 2 ein.

Mitarbeiterorientierung (wenig → stark)

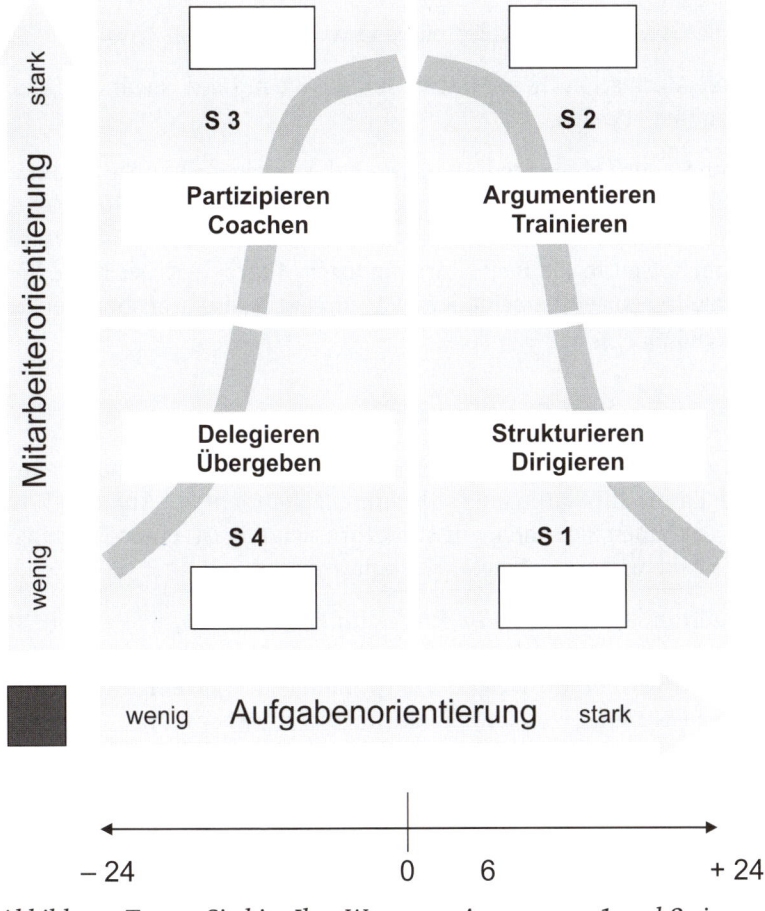

S 3 — Partizipieren / Coachen
S 2 — Argumentieren / Trainieren
S 4 — Delegieren / Übergeben
S 1 — Strukturieren / Dirigieren

Aufgabenorientierung (wenig → stark)

–24 ——— 0   6 ——— +24

Abbildung: Tragen Sie hier Ihre Werte aus Auswertung 1 und 2 ein

Effektivität Ihrer Führung

Die erste Aussage erhalten Sie, wenn Sie Ihren Wert aus Tabelle 2 betrachten, den Sie bei der Wirksamkeit Ihrer Führungsstilentscheidung erzielt haben. Es gibt prinzipiell zwei Möglichkeiten: Entweder, Sie tendieren dazu, effektiv, also wirksam zu führen, oder Sie tendieren dazu, nicht effektiv oder unwirksam zu führen. Alle positiven Werte (+1 bis +24) deuten darauf hin, dass Sie bei Ihrer Auswahl im Fragebogen in Bezug auf drei wesentliche Parameter effektiv waren. Alle negativen Werte (–1 bis –24) deuten darauf hin, dass Ihre Führungsstilentscheidungen nicht effektiv waren. Die Effektivität richtiger und wirksamer Mitarbeiterführung beruht auf drei Aspekten:

1. die Zeit, die Sie aufwenden, um den Mitarbeiter zu beeinflussen,

2. die Qualität Ihrer Zielerreichung und

3. die Motivation Ihrer Mitarbeiter, die Sie mit der gewählten Maßnahme erzielen

Wenn Sie also einen niedrigen Wert haben, dann sollten Sie an diesen Punkten ansetzen. Machen Sie sich immer bewusst, dass Ihre Ergebnisse von den Ergebnissen Ihrer Mitarbeiter abhängen. Investieren Sie mehr Zeit in die Beeinflussung Ihrer Mitarbeiter. Der beste Weg hierzu ist, gezielt verschiedene Führungsstile situationsbezogen anzuwenden.

Präferenz Ihrer Führungsstile

Die zweite wichtige Aussage erhalten Sie, wenn Sie den Quadranten und damit Ihre Führungsstilpräferenz betrachten. Anhand Ihrer Werte können Sie sehen, wie stark Ihre Neigung ist, einen Führungsstil stärker oder weniger stark zu präferieren.

Weiterhin lassen die Werte Rückschlüsse darauf zu, wie gut Sie die einzelnen Reifegradsituationen erkennen und wie stark Ihre Führungsstilvariabilität ausgeprägt ist, zum – der jeweiligen Situation angemessenen – wirksamen Führungsstil zu wechseln.

Es ist wahrscheinlich, dass Ihre Ergebnisse für einen Führungsstil einen höheren Wert zeigen. Wenn das der Fall ist, dann ist das Ihr Primärführungsstil, also Ihr Lieblingsführungsstil.

3.4 Test: Persönliche Führungsstilanalyse

Der Primärführungsstil bestimmt Ihren ersten Führungsreflex, also die Führungsstilentscheidung, zu der Sie spontan tendieren. Wo liegt bei Ihnen dieser Wert? Wenn dieser Wert im Quadranten S 1 liegt, dann tendieren Sie eher zu einem strukturierenden bzw. dirigierenden Führungsstil. Liegt Ihr höchster Wert im Quadranten S 2, dann bedeutet das, dass Sie eher einen erklärenden, begründenden und argumentierenden Führungsstil wählen. Ist Ihr Schwerpunkt im Quadraten S 3, dann lässt sich schlussfolgern, dass Sie den Mitarbeiter tendenziell durch Ihren Führungsstil coachen, unterstützen und bestätigen. Liegt Ihr höchster Wert im Quadranten S 4, dann präferieren Sie eher einen delegierenden Führungsstil.

Es lässt sich somit aus den Ihnen vorliegenden Zahlen Ihre Führungsstilpräferenz erkennen. Ab der Zahl ‚5' in den jeweiligen Quadranten können Sie ziemlich sicher sein, dass Sie Ihren Primärführungsstil erkannt haben; je höher die Zahl, desto deutlicher die Präferenz.

Betrachten Sie aber auch die beiden Schwerpunkte Ihrer absolut höchsten Zahlen. Wo sind Ihre beiden höchsten Werte und umgekehrt, welche Führungsstile sind wenig ausgeprägt? Was könnte der Grund dafür sein, dass Sie gerade dort Ihren Schwerpunkt haben? Meist ergibt sich nach der Reflexion der Ergebnisse, dass Sie auch schon für sich selbst erkannt haben, dass Sie in den jeweiligen Situationen noch Optimierungspotenziale sehen.

Ihr Defizitführungsstil ist der Führungsstil, der bei Ihnen tendenziell nicht oder nur wenig ausgeprägt ist. Auch er ist von Interesse. Sie erkennen ihn an der absolut niedrigsten Zahl, meist eine ‚0' oder eine ‚1'. Diesen Führungsstil versuchen Sie eher zu vermeiden, das heißt, dass Sie ihn mit anderen Führungsstilen kompensieren. Das geht allerdings zu Lasten Ihrer Wirksamkeit. Betrachten Sie Ihren Defizitführungsstil und fragen Sie sich selbst, ob Sie das Ergebnis in Ihrem Führungsverhalten tatsächlich so wiederfinden. Was können Sie tun, um diesen Führungsstil auch einzusetzen? Wie können Sie in Ihrem Führungsalltag erkennen, wann dieser Führungsstil der geeignete ist, um das Ziel zu erreichen? Denn es gibt sicher Situationen, in denen Sie erkennen, dass dieser Defizitführungsstil der eigentlich passende Führungsstil ist, Sie diesen jedoch nicht entsprechend anwenden.

Es lässt sich keine Aussage über den einzig richtigen Führungsstil treffen: In der Führungspraxis existieren vielmehr mindestens vier richtige und wirksame Führungsstile. Entscheidend ist, dass Sie erkennen, in welchem Reifegrad sich Ihr Mitarbeiter befindet, um ihm dann den passenden, den effektivsten Führungsstil für diese eine Situation geben zu können. Denn es gilt die einfache Regel: ‚Reifegrad sucht Führungsstil'. Damit schaffen Sie es, Ihren Mitarbeiter zu motivieren, ihn dauerhaft weiterzuentwickeln, ihm Struktur zu geben, wo diese nötig ist, und ihn dort alleine arbeiten zu lassen, wo er dazu in der Lage ist. Sie holen Ihren Mitarbeiter dort ab, wo er sich befindet, und Sie bringen ihn auf lange Sicht auf eine höhere Stufe der Selbständigkeit.

Durch die Interpretation der Wirksamkeit Ihrer Führungsstilwahl erhalten Sie ein erstes Signal, das Sie über Ihre effektive Auswahl der alternativen Maßnahmen im Hinblick auf Zielorientierung, Zeitaufwand und Motivation des Mitarbeiters informiert.

Darüber hinaus zeigt Ihnen der mögliche Schwerpunkt Ihres Führungsstils in einem der Quadranten bzw. die Kombination Ihrer beiden höchsten Werte Ihre persönlichen Schwerpunkte im Führungsstil. Es ist entscheidend, dass Sie Ihre diagnostische Fähigkeit als Führungskraft weiterentwickeln, um den in der Situation passenden und damit wirksamen Führungsstil auszuwählen und anzuwenden.

3.5 Von der vagen Hoffnung zur wirksamen Zielformulierung

„Man muss es so einrichten, dass einem das Ziel entgegenkommt."

(Theodor Fontane)

Die Wahl des richtigen Führungsstils ist die zentral wichtige operative Tätigkeit einer erfolgreichen Führungskraft. Die Orientierung für das tägliche Handeln gibt Ziele, die Sie mit dem Mitarbeiter vereinbaren. Die Zielsetzung bildet den Ausgangspunkt, um dort anzukommen, wo Sie mit Ihren Mitarbeitern hin möchten. Durch Konsequenz in der Zielsetzung, kontinuierliche Verfolgung des Ziels und Feedback zum jeweiligen Stand der Zielerreichung ist es Ihnen möglich, mit Ihrem Team in kürzerer Zeit mehr zu erreichen, als Sie je geglaubt hätten. Mit Mitarbeitern Ziele zu vereinbaren, setzt den Turbo in Gang, mit dem Sie Ihre Mitarbeiter und sich selbst nach vorne bringen.

Die Formulierung von Zielen legt die Basis für die erfolgreiche Zusammenarbeit mit Ihren Mitarbeitern und ist deshalb eine Ihrer Kernaufgaben. Lassen Sie uns den Ablauf zur Formulierung von Zielen, wie dieser in vielen Unternehmen zurzeit praktiziert wird,

3.5 Von der vagen Hoffnung zur wirksamen Zielformulierung

betrachten. Meist gegen Ende des Jahres trifft sich die Führungsmannschaft und vereinbart die Ziele für das nächste Jahr. Diese Zielsetzungen werden auf die einzelnen Bereiche und die einzelnen Abteilungen „heruntergebrochen". Ihre Aufgabe als Führungskraft ist es dann, die Ziele mit Ihren Mitarbeitern zu besprechen und aus Managementsicht die Orientierung für das Handeln Ihrer Mitarbeiter vorzugeben und individuelle Zielvereinbarungen mit Ihren Mitarbeitern zu treffen. Es geht darum, konkrete Ziele zu formulieren, an denen die Mitarbeiter ihr Handeln ausrichten können. Ihr Team soll also wissen, was von ihm erwartet wird.

Abbildung: Zielvereinbarungsprozess

Manchmal drängt sich der Eindruck auf, wenn man sich mit Führungskräften und deren Mitarbeitern unterhält, dass genau dies nicht der Fall ist. Die Mitarbeiter können nicht sagen, wo es genau hingeht, oder was das Ziel ihrer momentanen Aktivitäten ist. Sie können zwar sagen, was sie gerade machen, aber das ist dann meist schon alles. Dies bestätigt Stephen Covey (Covey 2006, S. 15) in seinem Buch „Der 8. Weg". Hier führt er eine Untersuchung von Harris Interactive an, nach der von 23.000 Befragten nur 37 % angaben, zu verstehen, was ihr Unternehmen zu erreichen versucht. Lediglich 20 % der Befragten sagten, ihre Aufgaben seien klar auf die Ziele ihres Teams und Ihres Unternehmens ausgerichtet.

Das hatte offensichtlich auch schon Mark Twain erkannt als er ironisch anmerkte: „Und als sie Ihr Ziel aus den Augen verloren, verdoppelten sie ihre Anstrengungen".

Neben ihrer Funktion, Orientierung und Richtung zu geben, sind Ziele auch aus motivationspsychologischer Sicht von großer Bedeutung. Durch die Vereinbarung von Zielen schaffen Sie bei Ihren Mitarbeitern eine innere Bindung, ein Committment, denn wer selber wählt, übernimmt Verantwortung. Besonders herausfordernde Ziele, verbunden mit regelmäßigem Feedback über die Zielerreichung, bergen ein hohes Motivationspotenzial.

Henry Kissinger, dem ich während meiner Arbeit bei den Vereinten Nationen in New York begegnete, wird folgende Geschichte nachgesagt (vgl.: Tracy, 1999, S. 104). Als einer seiner Mitarbeiter ihm einen Bericht vorlegt, ließ er diesen liegen und bestellte den Mitarbeiter am nächsten Tag zu sich. Er fragte ihn dann: „Ist das das Beste, was Sie mir abliefern können?" Der Mitarbeiter sagte zu ihm: „Herr Kissinger, ich werde den Bericht noch einmal überarbeiten. Der Mitarbeiter arbeitete zwei weitere Tage an dem Bericht und auch diesmal ließ ihn Kissinger einen Tag liegen und bestellte den Mitarbeiter zu sich mit der Frage: „Sind Sie sicher, dass Sie es nicht noch besser machen können? Der Mitarbeiter erwiderte ihm: „Herr Kissinger, bitte geben Sie mir noch eine Chance". Drei Tage später kam der Mitarbeiter wieder, legte den Bericht vor und Kissinger behielt den Bericht einige Tage. Dann rief er den Mitarbeiter zu sich und fragte ihn: „Ist das nun ihr bestmöglicher Bericht?" worauf ihm der Mitarbeiter antwortete: „Ich kann es wirklich nicht mehr besser machen!" Daraufhin sagte Kissinger: „Gut, dann kann ich ihn ja jetzt lesen".

Wenn Führungskräfte es versäumen, Ihren Mitarbeitern ein Gesamtverständnis zu vermitteln, wofür sie arbeiten, ist das gerade auch im Hinblick auf die Motivation eine schlechte Voraussetzung. Durch mangelnde Einsicht in das eigentliche Ziel fehlt es den Mitarbeitern außerdem oftmals an einem Verständnis für das „große Ganze", an einem Erleben von Sinn in Ihrer Tätigkeit.

Sie müssen erkennen, dass eine Ihrer wichtigsten Aufgaben als Führungskraft ist, Ihren Mitarbeitern Orientierung, im Sinne von Zielen zu geben. Selbst wenn in Ihrem Unternehmen kein ausgefeilter Zielvereinbarungsprozess stattfindet, ist es Ihre Aufgabe mit Ihren Mitarbeitern aus Ihrem persönlichen Verständnis, für Ihre Abteilung bzw. Ihren Verantwortungsbereich heraus, Ziele zu vereinbaren. Es

3.5 Von der vagen Hoffnung zur wirksamen Zielformulierung

gibt keine Entschuldigung dafür, ziellos umherzuirren. Was hindert Sie daran, Ziele für Ihre Mitarbeiter zu formulieren?

„Ziele sind der Treibstoff im Ofen der Spitzenleistung."

(Brian Tracy)

Wenn Sie als Führungskraft mit Ihren Mitarbeitern gemeinsam Ziele formulieren und diese schriftlich fixieren, werden Sie erfolgreicher sein als andere, die das nicht tun. Zielklarheit ist die Voraussetzung zur Formulierung von Plänen, die zu diesen Zielen führen. Wenn Sie den Weg beschreiten und die ersten Schritte, die ersten Milestones, erfolgreich hinter dem Mitarbeiter liegen, dann steigt sein Selbstvertrauen und er gewinnt an Motivation für die nächsten Schritte.

Ihre Aufgabe als Führungskraft ist mit der eines Bergführers vergleichbar. Sie vereinbaren mit Ihren Mitarbeitern, welchen der vielen Berge, die vor Ihnen liegen, Sie besteigen werden. Sie geben ihnen auf dem Weg dorthin Tipps und Unterstützung, bringen Ihre Erfahrung ein, wenn sie benötigt wird, sagen dass sich Ihre Mitarbeiter nicht zu schnell dem Gipfel nähern sollen, sondern gleichmäßig Schritt für Schritt nach oben gehen und dabei immer das Ziel im Auge behalten sollen. Sie achten darauf, dass Ihre Mitarbeiter sich noch auf dem richtigen Pfad befinden, Sie unterstützen sie bei Problemen, und Sie begleiten sie sicher zum Gipfel.

„Wer nicht weiß, in welchen Hafen er will, für den ist kein Wind der richtige."

(Seneca)

Wie schaffen Sie nun die Voraussetzung für Zielklarheit? Wie können Sie Ihren Mitarbeitern einen eingebauten Autopiloten geben, ein Navigationsgerät, das nach Eingabe der Zieladresse den Mitarbeiter dort hinführt? Nur allein eine Stadt einzugeben, bringt den Mitarbeiter noch nicht ans Ziel. Sie müssen auch noch die richtige Stadt im richtigen Bundesland eingeben und dann auch den Straßennamen und dann auch noch die Hausnummer. Erst jetzt hat die Navigation die Daten, die sie benötigt. Oder funktioniert das bei Ihrer Navigation anders? In diesem Bild wird klar, was nötig ist: Die Ziele müssen spezifisch, klar und messbar sein.

Zwar gibt es in vielen Unternehmen schon im Rahmen von Balanced Scorecard-Prozessen (Friedag, et al. 2000) ein klares Zielmanagement, aber bei Weitem nicht in allen. Die Formulierung von Zielen und das wirksame Managen der Zielerreichung ist eine Herausforderung für jede Führungskraft und bestimmt den Grad Ihres Erfolges in der Mitarbeiterführung.

3.6 Der Brennstoff für Leistung: ‚Smarte' Ziele formulieren

„Erfolg ist Art und Grad der Zielerreichung."

(Hardy Wagner)

Wenn Sie ein Ziel ‚smart' formulieren, dann legen Sie die Grundlage für Ihren Führungserfolg. Der Begriff ist eine Abkürzung aus dem Amerikanischen und die Buchstaben ‚smart' stehen für: ‚spezifisch, messbar, akzeptiert, realistisch und terminiert'. Es geht also darum, dass Sie mit Ihren Mitarbeitern smarte Ziele formulieren. Beispielsweise sagen Sie: Ihr Ziel ist es, bis zum 30.06. den Umsatz der Produktlinie X um 10 % zu steigern. Dieses Ziel ist spezifisch, es ist messbar, wenn es mit dem Mitarbeiter gemeinsam vereinbart wird, dann akzeptiert er dieses Ziel auch. Das Ziel muss außerdem realistisch sein, diese 10 % müssen also erreichbar sein. Als angestrebter Termin zur Zielerreichung ist der 30. Juni festgelegt, das Ziel ist also auch terminiert.

S	= Spezifisch → was genau
M	= Messbar → wie viel
A	= Akzeptiert → ‚selbst dahinter stehen'
R	= Realistisch → erreichbar
T	= Terminiert → bis wann

Abbildung: ‚Smart'-Formel

Spezifisch

Spezifisch heißt, dass wir genau formulieren müssen, um welchen Erfolgsparameter es geht. An welcher Schraube wollen wir drehen? Was genau soll sich verändern? Wenn Mitarbeiter von Ihren Vorgesetzen hören: „Machen Sie mal" oder „Das machen Sie schon", dann

3.6 Der Brennstoff für Leistung: ‚Smarte' Ziele formulieren

ist es nicht weiter verwunderlich, dass diese entweder in die falsche Richtung laufen oder erst gar nicht anfangen zu laufen. Sie müssen nicht immer genau wissen, wie das Ziel zu erreichen ist. Ihr Job ist es jedoch zu formulieren, was genau erreicht werden soll. Wenn der Weg zum Ziel noch nicht klar ist, ist Ihre Kompetenz gefragt, Ihren Mitarbeitern die richtigen Fragen zu stellen. Sie müssen sich dann einen möglichen Plan, eine mögliche Vorgehensweise von Ihren Mitarbeitern vorlegen lassen. Mitarbeiter wollen gefordert werden. Das gibt Ihnen Zufriedenheit, Wertschätzung und Sinn und hält den Schwung und die Zielorientierung aufrecht. Das gilt übrigens für alle Ihre Mitarbeiter in jeglicher Hierarchie, egal ob sie in kleinen oder großen Unternehmen arbeiten.

Spezifische Ziele zu vereinbaren heißt, Klarheit darüber herzustellen, was Sie wollen. Bei unspezifischen Zielen kommt es leicht zu Missverständnissen und Ärger. Stellen Sie sicher, dass alle Mitarbeiter das gleiche verstehen und Ihre Kräfte in die gleiche Richtung fokussieren. Ein schlüssiger Vergleich ist ein Wettbewerb im Tauziehen. Erstens müssen Sie wissen, welches Tau es genau ist, an dem Sie ziehen sollen – das ist der Erfolgsparameter, um den es geht. Zweitens muss die Richtung, in die gezogen werden soll, klar sein, denn sonst arbeiten Sie gegeneinander, anstatt Ihre Kräfte zu konzentrieren. Damit ist das Ziel an sich gemeint. Drittens müssen Sie wissen, wie lange sie ziehen müssen, um zu gewinnen: Wann ist die Fahne auf Ihrer Seite, wann haben Sie gewonnen?

Oft gehen die Meinungen der Führungskräfte und ihrer Mitarbeiter darüber auseinander, was ein klar formuliertes Ziel ist. Sie kennen doch die Situation, dass Sie den Eindruck haben, dass Ihre Mitarbeiter verstanden haben, um was es geht. Doch die Vorstellung über die praktizierte Vorgehensweise ist eine völlig andere. Deshalb ist es Ihre Aufgabe einerseits entscheidend genau zu formulieren, was Sie erwarten und anderseits zu klären, was Ihre Mitarbeiter verstanden haben und wie sie vorgehen werden, um das Ziel zu erreichen. Die „Es wird schon auch so gehen – fangen Sie einfach mal an" Variante funktioniert nur in den seltensten Fällen. Geben Sie Ihren Mitarbeitern eine klare und spezifische Orientierung zu ihren Zielen. Es kommt darauf an, wie Sie Ihre Mannschaft „einnorden", wie konkret Sie das Ziel formulieren und wie effektiv Sie Ihre Mannschaft auf dem Weg zum Ziel steuern und begleiten. Darin liegt eine kommunikative Herausforderung, auf die wir in Kapitel 6 näher eingehen werden.

Messbar

Nur wenn Ziele spezifisch formuliert sind, wenn Sie diese mit messbaren Parametern definieren, dann können Sie auch feststellen, wie weit Ihre Mitarbeiter sich dem Ziel schon genähert haben. Wenn man Ziele nicht messen kann, dann lassen sich diese auch nicht erreichen, deshalb ist die Messbarkeit, die Kontrolle, von essentieller Bedeutung. Ein Ziel messbar zu machen, bedeutet Werte festzulegen, an denen man sich orientieren kann. Oftmals sind Ziele auch längerfristig angelegt, dann ist es entscheidend, sich dem großen Ziel über Zwischenschritte zu nähern, bei denen man schnell und frühzeitig Abweichungen vom Plan feststellen kann, um rechtzeitig eine Kurskorrektur vornehmen zu können. Messbarkeit heißt immer auch Benchmarking, um Orientierungspunkte für die Machbarkeit zu schaffen.

Akzeptiert

Akzeptiert bedeutet, dass der Mitarbeiter hinter der Zielerreichung steht, dass er das Ziel für sich annimmt. Nichts ist demotivierender, als wenn man Mitarbeiter immer wieder in Richtung ihrer Ziele „schieben" muss. Klar ist, dass die vereinbarten Ziele den persönlichen Wertvorstellungen des Mitarbeiters nicht widersprechen dürfen, wenn er sich an sie binden soll. Hilfreich für die Akzeptanz ist auch, dass die Ziele positiv formuliert werden. Es sollte also nicht darum gehen, was nicht getan oder vermieden werden soll, sondern das Zielbild soll positiv beschrieben werden.

Realistisch

Über das Ausmaß der Zielerreichung gibt es durchaus unterschiedliche Meinungen. Ich erinnere mich an einen Workshop mit einem Geschäftsführer und ausgewählten Mitarbeitern bis auf Vorarbeiterebene. Es ergab sich eine kurze Diskussion zum Thema: „Sind die vorgegebenen Ziele realistisch?". Ein Meister fasste sich ein Herz und stellte die Gretchenfrage an den Geschäftsführer: „Warum müssen wir jedes Jahr 10 % günstiger werden, das ist doch auf Dauer nicht machbar!". Es herrschte Stille. Der Geschäftsführer sah den Meister an, blickte dann in die Runde und sagte: „Meine Herren, letztes Jahr im Oktober haben wir hier ebenfalls zusammen gesessen und Ziele formuliert. Da haben Sie mir gesagt, dass es unrealistisch sei, diese Ziele zu vereinbaren. Heute haben Sie diese Ziele bereits übererfüllt.

3.6 Der Brennstoff für Leistung: ‚Smarte' Ziele formulieren

Hätte ich im letzten Jahr zu Ihnen sagen sollen, wir brauchen nur zwei Prozent, dann hätten Sie wahrscheinlich heute nur die zwei Prozent erreicht. Wir haben gar keine andere Wahl, als uns den Marktgegebenheiten anzupassen, denn wenn die Veränderungsgeschwindigkeit außerhalb des Unternehmens schneller ist als innerhalb, dann wird es für uns äußerst problematisch und das Entscheidende ist, Sie schaffen diese Herausforderung jedes Jahr hervorragend."

Hohe Ziele zu stecken, die uns fordern, die uns einen leichten Schauer über den Rücken treiben, die uns dann aber umso motivierter an die Arbeit gehen lassen, das ist die eine Seite. Andererseits dürfen Ziele nicht unrealistisch sein, denn dann, und das wissen wir alle, demotivieren sie uns und wir starten erst gar nicht durch. Ein Ziel ist nur dann realistisch, wenn wir es mit den verfügbaren Ressourcen auch erreichen können.

Terminiert

Ein Ziel zu terminieren heißt, das Ziel in einen Zeitbezug zu bringen und festzulegen, wann genau der Soll-Zustand erreicht sein soll. Hier unterscheidet man die taktische, operative und strategische Zielsetzung. ‚Taktisch' umfasst die Zeitspanne bis zu einem Jahr, der mittelfristige, ‚operative' Zeithorizont umfasst ein bis drei Jahre und der strategische Zeithorizont beginnt ab drei Jahren. Zur Vervollkommnung eines Zieles gehören klare Zeitangaben hinsichtlich der Dauer und der Terminierung von Zwischenterminen bzw. die Festlegung, bis wann welches Teilziel zu erreichen ist.

Leichter durch den Führungsalltag: Smarte Ziele

Formulieren Sie also Ihre Ziele nicht nach dem Muster: "Wir müssen besser werden", sondern achten Sie darauf, dass Ihre Zielvereinbarungen ‚smart' sind:

- Das Ziel soll spezifisch vorgeben, an welchem Punkt Sie ansetzen wollen, zum Beispiel: „Wir müssen unsere Zusammenarbeit optimieren, damit sie reibungsloser funktioniert".

- Ihr Ziel soll messbar sein: „Unser Ziel ist, durch die bessere Kooperation die Produktion um 8 % auf 12 % zu steigern". Das ist bei quantitativen Zielen einfacher als bei qualitativen Zielen. Achten Sie aber auch bei qualitativen Zielen darauf, dass der Erfolg messbar ist: „Die Kundenzufriedenheit soll so weit steigen, dass die Reklamationen auf 3 % zurückgehen".

- Die Mitarbeiter sollen die Zielvereinbarung akzeptieren und sich selbst an das Ziel binden. Das können Sie erreichen, indem Sie Ihre Mitarbeiter in die Zielerarbeitung einbeziehen: Lassen Sie sich beraten, was machbar ist, und lassen Sie Ihre Mitarbeiter an der Entscheidung teilhaben, zum Beispiel in Form einer Auswahl aus verschiedenen Alternativen.

- Ihr Ziel soll realistisch sein. Wenn das nicht der Fall ist, werden Sie nicht erreichen können, dass sich Ihre Mitarbeiter an die Zielvereinbarung binden. Sie werden sich dann weniger bemühen, sich dem zu schwierigen Ziel anzunähern, als wenn das Ziel in einem realistischen Rahmen über den bisherigen Leistungen liegt. Unrealistische Ziele wirken demotivierend, weil der Mitarbeiter nicht das Gefühl hat, dass seine Bemühungen überhaupt zum Erfolg führen können.

- Ihr Ziel soll außerdem terminiert sein. Nur, wenn es einen Zeitpunkt gibt, zu dem es erreicht sein soll, ist ihr Ziel auch messbar. Geben Sie also immer einen Messzeitpunkt an: „Bis zum Jahreswechsel soll sich der Umsatz durch die Verbesserung unserer Beratungsleistung um 10 % gesteigert haben".

Zusammenfassung Kapitel 3:

Mitarbeiter zeigen bei der Übernahme von Aufgaben unterschiedliche Reifegrade. Diese Reifegrade sind der zentrale Indikator für Sie, welcher Führungsstil zu diesem Mitarbeiter in dieser Situation passt. Dabei lassen sich die beiden Hauptkriterien ‚Fähigkeit' und ‚Willigkeit' unterscheiden, die valide Zustandsbeschreibungen erlauben, wie der Mitarbeiter in der jeweiligen Situation zu führen ist. Die Reifegrade von R 1 bis R 4 korrespondieren mit den ‚passenden' Führungsstilen S 1 bis S 4. Ihre wesentliche Aufgabe als Führungskraft in der täglichen Führungspraxis besteht darin, den ‚richtigen' Reifegrad zu diagnostizieren. Dann erfolgt die Anwendung der Regel: Reifegrad sucht Führungsstil, nämlich R 1 zu S 1, R 2 zu S 2, R 3 zu S 3 und schließlich R 4 zu S 4. Damit legen Sie das Fundament für eine dauerhafte Motivation und Entwicklung Ihrer Mitarbeiter in der jeweiligen Aufgabenstellung. Die Amerikaner sagen: „nothing succeeds more than success" und eine wichtige Voraussetzung für Ihren Erfolg als Führungskraft

3.6 Der Brennstoff für Leistung: ‚Smarte' Ziele formulieren

ist es außerdem, dass Sie Ziele ‚smart' setzen und formulieren. Dies dient der Erreichbarkeit und der Klarheit von Zielen und gibt Ihren Mitarbeitern die Orientierung für ihr Handeln und Tun. Sie können so gemeinsam feststellen, ob Ihre Mitarbeiter sich noch auf dem Weg zum Gipfel befinden oder ob sie einen Seitenpfad auf dem Erfolgsweg eingeschlagen haben.

4. Kapitel

Gefangen im Sandwich-Dilemma – Sie sitzen zwischen allen Stühlen!

„*Die meisten Führungskräfte sind Sandwich-Manager. Sie kriegen Druck von oben und treten nach unten.*"

(unbekannt)

Nicht ganz oben und nicht ganz unten, sondern in den Hierarchieebenen dazwischen agieren die Führungskräfte des mittleren Managements. Das ist eine besondere Situation. Mittendrin und damit zwischen allen Stühlen. Als Führungskraft sozusagen im Führungssandwich gefangen. Eine Führungskraft in der mittleren Führungsebene ist mit einer besonders anspruchsvollen Herausforderung konfrontiert. Sie sind das Bindeglied zwischen operativem Durchführen und der strategischen Spitze.

Als Sandwich-Führungskraft transportieren Sie Ideen, Strategien und Ziele des Top-Managements zu Ihren Mitarbeitern nach unten und Anregungen, Ideen und Vorschläge in die Geschäftsführung nach oben. Zudem repräsentieren Sie Ihr Unternehmen bei Kunden und externen Partnern. Als Sandwich-Führungskraft sind Sie einer der wichtigen Garanten des Unternehmenserfolgs.

Eingebettet in der mittleren Hierarchie treffen jedoch auch die unterschiedlichsten Erwartungen, Interessen, Bedürfnisse und Zwänge auf Sie. Das Topmanagement will Umsetzung und Leistungserbringung sehen, die Mitarbeiter hingegen fragen sich, wie Sie die erhöhten Anforderungen überhaupt noch umsetzen können. Ihre Kollegen auf gleicher Ebene erwarten wiederum von Ihnen solidarisches Verhalten.

4. Kapitel Gefangen im Sandwich-Dilemma

Sie stehen von allen Seiten unter enormem Druck und müssen mit diesem erfolgreich umgehen.

> **Beispiel:**
>
> Peter Fröhlich, Leiter eines Verkaufsteams mit 15 Mitarbeitern wird kurzfristig zu seinem Verkaufsleiter gerufen. Er ahnt schon, was auf ihn zukommt. Sein Vorgesetzter gibt ihm schnell und unmissverständlich zu verstehen, dass die Zahlen des Teams extrem schlecht sind. So einen miserablen Monat könne sich Fröhlich nicht nochmal leisten. Sonst würde die Geschäftsführung denken, der falsche Teamleiter sei an der Spitze. Als Peter Fröhlich versucht zu erklären, warum sich die Zahlen so negativ entwickelt haben, beendet sein Verkaufsleiter das Gespräch mit den Worten: „Also jetzt ran ans Werk. Reden hilft nichts, Taten müssen her. Sie kriegen das schon hin. Ich verlasse mich auf Sie."
>
> Peter Fröhlich bleibt nichts anderes übrig und er ändert den Einsatzplan inklusive der Schichteinteilung und verhängt eine Urlaubssperre. Seine Mitarbeiter reagieren genauso, wie er sich das vorgestellt hat. Einige murmeln sich hörbar zu, dass er zu wenig Rückgrat bewiesen hat und sie es jetzt ausbaden dürfen. Eine Mitarbeiterin empört sich, da sie ihren Urlaub schon vor einer Ewigkeit gebucht hat. Schon ist das Gezeter voll im Gange und dann kommt auch noch der Teamleiterkollege mit einem Anliegen zu ihm. So hat sich Peter Fröhlich seine Führungsposition nicht vorgestellt. Er kommt sich vor, als würden alle an ihm ziehen und etwas von ihm erwarten.

Die hohe Kunst als Sandwich-Führungskraft liegt darin, trotz des Drucks von allen Seiten, seinen eigenen Weg zu finden. Vielfach hilft bereits eine alternative Sicht auf die Geschehnisse, verbunden mit situationsflexiblem Anwenden von neuen Verhaltensweisen. Ausgestattet mit dieser notwendigen Flexibilität und der Fähigkeit mit Konflikten konstruktiv umzugehen, wird es Ihnen gelingen, dass Sie sich klarer und wahrnehmbarer positionieren. Damit wird Ihre Akzeptanz als Sandwich-Führungskraft merklich steigen.

Hieraus ergeben sich folgende Fragen:

1. Wie gelingt es mir, mich als Führungskraft im Management-Sandwich zu positionieren?

2. Wie schaffe ich es, die nötige Akzeptanz zu erhalten?

3. Wie erkenne ich die wichtigen Akteure im Spiel der Führungskräfte auf den verschiedenen Ebenen?
4. Mit welchen Erwartungen aus den verschiedenen Führungsebenen muss ich mich beschäftigen?
5. Wie gehe ich mit diesen unterschiedlichen Erwartungen professionell um?
6. Wie gelingt es mir, meine Mitarbeiter im Führungssandwich authentisch zu führen?
7. Wie gehe ich mit meinen Kollegen im Führungssandwich um?
8. Wie gelingt es mir, meinen Chef entsprechend positiv zu beeinflussen?

Wenn Sie sich erfolgreich im Führungssandwich positionieren möchten, müssen Sie dieses System akzeptieren, sich in diesem orientieren und sich selbst als wertvollen Transmissionsriemen positionieren. Konkret bedeutet das für Sie, dass Sie mit dem nötigen Selbstbewusstsein Ihren eigenen Platz in der Hierarchie finden.

Dazu müssen Sie auch Ihre eigenen Bedürfnisse und Ziele deutlich formulieren und eine klare Linie im Auftreten und im Umgang mit den verschiedenen Ebenen vertreten.

4.1 Positionierung im Führungssandwich – so klappt es!

Sich selbst als Führungskraft im Führungssandwich zu positionieren heißt, sich selbst zu kennen. Dabei hilft das eigene Selbstbewusstsein, also ein Bewusstsein seines Selbst.

Hierzu vier zentrale Fragen:

1. Wer bin ich?
2. Was will ich wirklich?
3. Was ist mir wichtig?
4. Was zeichnet mich aus?

Die erste Frage „Wer bin ich?" reflektiert, wie viel Selbstvertrauen Sie in Ihre Führungsposition einbringen, wie viel Courage Sie haben. Als Führungskraft mit einem gesunden Selbstvertrauen lassen Sie sich durch nichts erschüttern. Und dieses Selbstvertrauen hängt damit zusammen, wie Sie über sich denken. Welche bewussten und unterbewussten Glaubenssätze haben Sie?

Für wen halten Sie sich? Nur für eine bedauernswerte Sandwich-Führungskraft ohne große Aussichten? Oder sehen Sie sich auf einem Weg, der Sie noch einmal weit bringen wird?

„Wenn es einen Glauben gibt, der Berge versetzt, dann ist es der Glaube an Dich selbst."

(Freifrau Marie von Ebner-Eschenbach)

Ihr Selbstwertgefühl ist die Basis für Selbstvertrauen. Und das ist entscheidend dafür verantwortlich, wie weit Sie kommen werden. Die Glaubenssätze und die Überzeugungen, an die Sie selbst glauben, sind am stärksten für Ihren Erfolg und Ihre Zufriedenheit verantwortlich. Denn diese sind wie ein Kompass für Ihre Handlungen. Wenn Sie beispielsweise von vornherein denken: „Das kann ich nicht", dann werden Sie bestimmte Dinge gar nicht erst versuchen, obwohl es bei objektiver Betrachtung durchaus auch gelingen könnte. Wenn Sie glauben, dass die Aufgaben, die Ihnen als Sandwich-Führungskraft begegnen, zu stemmen sind, dann wirken Sie aktiver und engagierter. Und interessanterweise schaffen Sie es tatsächlich besser, mit den Herausforderungen besser fertig zu werden und damit Zuversicht zu gewinnen. Diese wirkt auf Ihr Umfeld.

Menschen mit hohem Selbstwertgefühl haben überwiegend positive Glaubenssätze, wie: Ich schaffe es und kann, wenn ich will. Oder: Ich erreiche, was ich mir vornehme.

Ihr Erfolg als Führungskraft hängt stark davon ab, wie viel sie sich zutrauen. Wenn Sie sich viel zutrauen, dann erreichen Sie auch viel.

Die zweite Frage „Was will ich wirklich?" soll Ihnen persönlich Klarheit darüber liefern, welche unbewussten Ziele Sie haben und wie Sie diese erreichen.

Dazu ist es hilfreich, dass Sie sich konkret mit einem Stift und einem Blatt Papier diese Frage stellen und Antworten finden. Diese können sein: zufriedene Mitarbeiter, sehr hohe Produktqualität, Projekte erfolgreich umsetzen, Innovationen vorantreiben, eine gute Work-Life Balance haben, Vorbild sein.

Das hilft Ihnen, sich immer wieder die Frage zu stellen, ob Sie das, was Sie gerade machen, diesen Zielen näher bringt und ob es Ihnen

4.1 Positionierung im Führungssandwich – so klappt es!

hilft, sich besser auf die Ziele zu konzentrieren, die Sie wirklich anstreben und Nebensächliches oder Unwichtiges zu unterlassen.

Die dritte Frage ist „Was ist mir wichtig?". Fragen Sie sich, was Sie motiviert. Was sind Ihre Motive, die Sie antreiben und was sind Ihre Motive, die Sie bremsen?

Möchten Sie Spielraum haben oder sind Ihnen Kontakt und gute Kollegialität wichtig? Wie stark sind Sie vom Erfolg getrieben? Löst dieser tiefe Zufriedenheit aus oder ist es eher der Freiraum für eigene Projekte? Wenn Sie wissen, was innere Befriedigung bei Ihnen hervorruft, dann können Sie sich stärker mit diesen Aufgaben beschäftigen und Ihrem Chef dies so auch mitteilen. Dadurch wirken Sie souverän und selbstbewusst.

Die vierte Frage ist: „Was zeichnet mich aus?". Was sind Ihre persönlichen Stärken und was sind Ihre persönlichen Schwächen? Es ist immer gut zu wissen, was man deutlich besser kann als andere und wovon man besser die Finger lässt.

Wie können Sie Ihre starken Seiten in Ihrer Führungsposition einsetzen? Wo können Sie elegant Ihre Schwächen umschiffen?

Wichtig ist es zu wissen, dass Sie Ihre Schwächen nur mit viel Kraft und Energie auf ein gewisses Niveau bringen. Konzentrieren Sie sich eher auf Ihre Stärken. Was Ihnen jedoch hilft, ist Ihre unentdeckten Seiten zu erforschen. Was nimmt Ihr Umfeld wahr, was Sie vielleicht gar nicht erkennen? Fragen Sie, was dieses besonders an Ihnen schätzt, was es ärgert und was es als Ihre Marotten ansieht.

Wenn Sie sich selbst gut kennen und einen festen Standpunkt haben, dann werden Sie in der Sandwichposition auch weniger anfällig für die „Verschiebewünsche" anderer.

Haben Sie Ihre eigenen Bedürfnisse und Vorstellungen nur unklar und vage vor Augen, dann fühlen sich andere eher eingeladen, Ihnen ihre Sicht der Dinge zu präsentieren oder überzustülpen.

4. Kapitel Gefangen im Sandwich-Dilemma

Leichter durch den Führungsalltag: Positionierung im Führungssandwich.

Bitte beantworten Sie für sich selbst die folgenden Fragen:

✓
1. **Selbstpositionierung**
   - *Wofür will ich stehen?*
   - *Wie möchte ich meinen Verantwortungsbereich führen?*
   - *Mit welchen drei Begriffen möchte ich in einem Jahr assoziiert werden?*

2. **Mitarbeiterperspektive**
   - *Was sollen meine direkten Mitarbeiter über mich sagen?*
   - *Wie gebe ich meinen Mitarbeitern Orientierung?*
   - *Wie handhabe ich Nähe und Distanz, konkret: Du/Sie/private Einladungen/etc.*

3. **Kollegenperspektive**
   - *Was sollen meine Kollegen über mich sagen?*
   - *Wie halte ich Kontakt zu den einzelnen Kollegen?*
   - *Mit welchen Kollegen werde ich noch bzw. noch mehr Kontakt aufnehmen?*

4. **Chefperspektive**
   - *Wie soll das Bild meines Chefs über mich sein?*
   - *Was kann ich tun, um die Zusammenarbeit weiter zu verbessern?*
   - *Hole ich mir regelmäßig ein Feedback zu meiner Wirkung ein?*

Wenn Sie als Sandwich-Führungskraft erfolgreich führen wollen, dann müssen Sie wahrnehmbar sein. So wie ein Leuchtturm in der Dunkelheit Sicherheit vermittelt, so sind Sie als Führungskraft der Orientierungspunkt.

Orientierung ist ein entscheidender Erfolgsfaktor im Führungssandwich. Diese können Sie jedoch nur dann geben, wenn Sie sich selbst im Klaren darüber sind, was Sie ausstrahlen und wie Sie auf andere wirken möchten.

4.2 Erkennen Sie die Keyplayer im Führungssandwich

„Es gibt Menschen, deren Aufgabe lediglich darin besteht die Vermittlerrolle bei anderen zu übernehmen; man schreitet über sie hinweg, wie über Brücken und geht davon."

(Gustave Flaubert)

Welche Keyplayer machen Ihr Führungssandwich aus? Dies ist eine wichtige Frage, die Sie für sich klären müssen. Keyplayer sind die in Ihrem Arbeitsumfeld für Sie relevanten Personen. Hierbei gibt es die formal wichtigen Keyplayer, also die im Organigramm dargestellten Vorgesetzten der formalen Struktur und es gibt auch immer die informal Führenden.

Zu erkennen, welche Personen die relevanten sind, ist von elementarer Bedeutung für Ihren Erfolg als Sandwich-Führungskraft. Wenn Sie in einem Unternehmen tätig sind, in dem eher stringent geführt wird, dann entscheidet klar immer eine Person.

Wenn Sie da bestimmte Wege nicht kennen bzw. diese nicht beachten, dann können Sie in richtige Schwierigkeiten kommen. In einem anderen Unternehmen gibt es beispielsweise starke Bereichsleiter, die als informale Führer agieren. Diese gilt es dann genauso einzubinden, wie den formalen Leiter. Ansonsten kommen Sie in ähnlich große Schwierigkeiten.

Machtverhältnisse zu durchschauen und das Verstehen der Interessen sind wichtige Erfolgsvoraussetzungen im Führungssandwich. Auch bei Ihren eigenen Mitarbeitern gibt es einflussreichere und weniger einflussreiche. Auch hier gibt es Keyplayer, die es zu überzeugen gilt. Denn auch diese tragen zu Ihrem Erfolg als Führungskraft bei.

Die Identifizierung von Mitarbeitern als Keyplayer lässt sich an deren Eigeninitiative und der Qualität des Arbeitsergebnisses sowie der Anzahl der Kontakte und des Netzwerks über die eigentlichen Arbeitsbeziehungen hinaus erkennen. Auch in Ihrer Projektarbeit, die meist hierarchie- und abteilungsübergreifend erfolgt, ist das Erkennen der Keyplayer wichtig. Wenn Sie bestimmte Projekte nach vorne treiben wollen, dann müssen Sie sich vorher überlegen, wann und wie sie die relevanten Personen beteiligen und einbinden, um einen Erfolg zu realisieren.

4. Kapitel Gefangen im Sandwich-Dilemma

Das Erkennen von Keyplayern auf Mitarbeiterebene und deren Netzwerkverbindungen im Unternehmen ist für Sie ebenfalls von wichtiger Bedeutung. Fragen Sie als neuer Chef immer Ihre Mitarbeiter, welche Netzwerke es gibt und welcher Mitarbeiter über welche Kontakte innerhalb und außerhalb des Unternehmens verfügt und welchen Einfluss diese Personen haben.

Konkret fragen Sie Ihre Mitarbeiter, in welchen Gremien diese mitarbeiten, in welchen Fachgebieten sie mit wem zusammenarbeiten und wie intensiv die Beziehung zu diesen Personen ist, um sie bei Entscheidungen mit einzubeziehen.

Welchen Kontakt haben Ihre Mitarbeiter mit welchen anderen Mitarbeitern im Unternehmen und wie kann welches Thema im Sinne des zu erzielenden Ergebnisses vorbesprochen und vorbereitet werden.

Es bedarf gerade in der übergreifenden Projektarbeit der Nutzung von Keyplayern auf Mitarbeiterebene, die wissen, welcher Beteiligte welchen Einfluss besitzt, um gewisse Ergebnisse zu erreichen. Oder auch welche Person bei gewissen Entscheidungen eingebunden, informiert oder berücksichtig werden muss. Das ist für Sie in Ihrer Führung als Sandwich-Führungskraft sehr wichtig.

Auf der Kollegenebene im Führungssandwich ist für Sie auch wichtig, welcher Ihrer Kollegen mehr Einfluss hat als ein anderer. Wie ist die Beziehungsstruktur der Kollegen untereinander und wer ist in diesem Geflecht ein Keyplayer, der für Sie und Ihren Bereich von besonderem Interesse ist. An der Schnittstelle mit anderen Abteilungen und mit Ihren Kollegen müssen Sie sich eine Akzeptanz im Austausch mit den Keyplayern erarbeiten, sodass diese über Sie sagen: Mit dem kann man reden, der macht etwas.

Leichter durch den Führungsalltag: Analyse der Keyplayer

Nehmen Sie sich ein DIN A4 ggf. ein DIN A3-Blatt. Zudem benötigen Sie mindestens ein Blatt mit der Darstellung Ihres Organigramms. Gehen Sie dann folgendermaßen für den Scan Ihres Umfeldes vor.

✓ 1. Verschaffen Sie sich einen Überblick über die Führungssituation, in der Sie sich befinden. Listen Sie alle Personen auf, mit denen Sie in Kontakt sind und die im Hinblick auf Ihre Positionierung für Sie wichtig sind.

4.2 Erkennen Sie die Keyplayer im Führungssandwich

2. *Nehmen Sie sich Ihr formales Organigramm zur Hand und schauen Sie sich dieses in Bezug auf die formalen Beziehungsstrukturen an. Welche Person haben Sie noch nicht berücksichtigt?*

3. *Schauen Sie sich Ihr Organigramm noch einmal im Hinblick auf inoffizielle Strukturen und inoffizielle Führer an. Gibt es graue Eminenzen, die im offiziellen Organigramm nicht bzw. nicht in einer relevanten Position erscheinen, jedoch eine wichtigen Einfluss haben? Markieren Sie diesen Einfluss mit Pfeilen.*

4. *Schauen Sie sich die Struktur genau an und betrachten Sie insbesondere Ihre Position im Beziehungsgeflecht und die für Sie relevanten Personen um Sie herum.*

5. *Nehmen Sie sich einen Block mit größeren Post-it Notes. Charakterisieren Sie dann die einzelnen handelnden Personen, die eine für Sie wichtige Rolle spielen. Fangen Sie bei der Mitarbeiterperspektive an, gehen Sie dann zu der Kollegenebene über, charakterisieren Sie dann Ihren Chef und ggf. seine Kollegen. Die Beschreibung sollte kurz und prägnant sein, z.B. „positiv, kooperativ, vermittelnd" oder „Achtung: schwieriger Charakter, von sich überzeugt". Sie können hier auch gerne Abkürzungen verwenden und mit unterschiedlichen Farben der Post-it Notes arbeiten.*

6. *Im nächsten Schritt nehmen Sie Ihr weißes Blatt Papier und positionieren die Post-it Notes um Sie als zentralen Punkt herum. Beachten Sie dabei die offizielle Hierarchie und markieren Sie die grauen Eminenzen.*

7. *Fragen Sie sich dann bspw.:*
   - *Was bedeutet das für mich in der grundlegenden Zusammenarbeit?*
   - *Wie ist meine Position im Beziehungsgeflecht zu interpretieren?*
   - *Was kann ich tun, um meine Position zu verbessern?*
   - *Wie kann ich die Keyplayer noch klarer beeinflussen?*
   - *Was muss ich tun, was leitet sich aus der Gesamtschau für mich ab?*
   - *...*

> 8. Übertragen Sie Ihre Erkenntnisse nun in eine konkrete To-Do-Liste mit bspw. folgenden Fragen:
> - Was werde ich konkret tun?
> - Mit welcher Aktivität starte ich wann?
> - Wann überprüfe ich die Wirkungen meiner Maßnahmen?

Im Zusammenspiel mit den Keyplayern ist es grundsätzlich wichtig, dass Sie sich im Beziehungsgeflecht auskennen, um sich dort durch den nötigen Einsatz entsprechend zu positionieren und durch eine qualitativ gute Arbeitsleistung auf sich aufmerksam zu machen.

4.3 Erwartungsmanagement – Reflektieren Sie Ihre Erwartungen

> „Fordere viel von dir selbst, und erwarte wenig von anderen. So wird dir viel Ärger erspart bleiben."
>
> (Konfuzius)

Erwartungsmanagement ist ein wichtiges Werkzeug für Sie als Sandwich-Führungskraft. Im Unternehmen arbeiten Sie mit Mitarbeitern, Kollegen, Vorgesetzten, dem Betriebsrat und externen Partnern zusammen, die unterschiedliche Erwartungen an Sie haben. Sie befinden sich als Sandwich-Führungskraft in einem Erwartungsumfeld.

Diese Erwartungen lassen sich unter dem Begriff der Rolle bzw. der Rollenerwartungen zusammenfassen. Konkret sind das alle Erwartungen, die von unterschiedlichen Personen bzw. Personengruppen im Unternehmen mit einer Position verbunden werden, unabhängig davon, wer diese Position bekleidet.

Allein aus der Beschreibung der Rollenerwartung wird schnell klar, dass es zumeist nicht möglich ist, allen Erwartungen gerecht zu werden. Daher ist es für Sie als Sandwich-Führungskraft wichtig, sich über die einzelnen Erwartungen an Sie klar zu werden. Welche Erwartungen bestehen vonseiten Ihrer Mitarbeiter, Ihrer Kollegen auf gleicher Führungsebene und Ihres Vorgesetzten? Darüber hinaus spielen auch Ihre Erwartungen, die Sie in dieser Rolle an sich selbst haben, eine wichtige Rolle.

Konkret: Ihre persönlichen Vorstellungen, wie Sie die Position bzw. Rolle, die Sie innehaben, ausgestalten wollen. Ihre persönlichen Vorstellungen basieren auf Ihren Bedürfnissen, Interessen, Werthal-

4.3 Erwartungsmanagement – Reflektieren Sie Ihre Erwartungen

tungen und Überzeugungen. Das beeinflusst, was andere in Ihrer Rollenwahrnehmung wahrnehmen.

Zudem ergeben sich auch noch sogenannte Erwartungs-Erwartungen in der Form, dass Sie Erwartungen haben, welche Erwartungen Ihr Umfeld an Sie hat. Diese sind deshalb sehr wichtig, da sie Ihr Handeln stark beeinflussen und prägen. Jeder Mensch in Ihrem Umfeld hat unterschiedliche Erwartungs-Erwartungen. Diese ergeben sich aus den persönlichen Erlebnissen und Erfahrungen die jeder unterschiedlich interpretiert. Diese können sich auch weiterentwickeln und verändern.

Wichtig ist, dass Sie die Erwartungen Ihres Umfeldes in Ihrer Arbeit als Sandwich-Führungskraft berücksichtigen. Das ist nicht so zu verstehen, dass Sie sich den ganzen Tag über die Erwartungen von anderen Gedanken machen. Vielmehr, dass Sie ein waches Empfinden dafür entwickeln, wenn sich mögliche Erwartungen an Sie ändern. Die Grundlage für erfolgreiches Erwartungsmanagement ist eine gewisse Basis zu finden, um eine Stabilität und Planbarkeit von Handlungen und Abläufen zu erzielen. Damit lassen sich mögliche Überraschungen verhindern und eine Art Verlässlichkeit etablieren.

Vorsicht ist dabei geboten, da sich aus diesem Verhalten auch eingefahrene Muster ergeben, die die Grundlage für Missverständnisse bergen. Diese können dann zu Konflikten mit Ihren Rollenpartnern führen. In der Kommunikation mit Ihrem Umfeld ist es für Sie als Außenstehenden einfacher, die Erwartungs-Erwartungen anderer zu erkennen. Ihr Kommunikationspartner reagiert nicht mehr auf das geäußerte, sondern vielmehr auf das von ihm vermeintlich erwartete Verhalten.

Psychologisch gesehen läuft dann bei Ihrem Gegenüber ein Erwartungsfilm nach dem Prinzip der selbsterfüllenden Prophezeiung ab. Er denkt: „Immer das gleiche, ich hab es ja schon gewusst." Das gilt für Sie natürlich genauso.

Wenn Sie darauf immer in derselben Art reagieren, wie Sie bisher reagiert haben, dann wird sich in Ihrer Beziehung zueinander nichts verändern. Versuchen Sie sich also der Erwartungen anderer und Ihrer darauf beruhenden Reaktionen bewusst zu sein, dann bleiben Sie wachsam gegenüber eingefahrenen Mustern bzw. Sie können dagegen etwas tun. Wenn Sie in Ihrer Kommunikation zu Ihrem Umfeld etwas ändern, wird sich auch die Reaktion Ihres Gegenübers idealerweise positiv verändern. Es eröffnen sich für Sie alternative Handlungsmöglichkeiten und neue Perspektiven.

Leichter durch den Führungsalltag: Rollenerwartung

✓ **Erwartungsmanagement als Sandwich-Führungskraft**

1. Gewinnen Sie einen Überblick über Ihr Beziehungsgeflecht im Unternehmen und tragen Sie hier zusammen, mit welchen Personen Sie sich in Kontakt befinden.

Personen:

-------------------   -------------------   -------------------

-------------------   -------------------   -------------------

-------------------   -------------------   -------------------

-------------------   -------------------   -------------------

-------------------   -------------------   -------------------

-------------------   -------------------   -------------------

-------------------   -------------------   -------------------

2. Fragen Sie sich, welche Erwartungen diese Personen an Sie haben und schreiben Sie in die Kästchen die wichtigsten Personen in Ihrem beruflichen Umfeld und welche wesentliche Erwartung diese an Sie haben.

Folgende Fragen können Ihnen helfen:

— Was nehmen Sie wahr?
— Was vermuten Sie, welche Erwartungen die Person hat bzw. erfüllen will?
— Was wollen andere von der betrachteten Person?
— Was soll sie besser im Umgang mit Ihnen tun bzw. lassen?
— Was sind Ihre Erwartungen an die Person?
— Was sind ihre Erwartungen an Sie?
— Wie gut ist die Zusammenarbeit mit dieser Person?
— Was müsste die Person tun, dass die Zusammenarbeit besser verläuft?
— Was müssten Sie tun, dass die Zusammenarbeit besser verläuft?

4.3 Erwartungsmanagement – Reflektieren Sie Ihre Erwartungen

3. Nehmen Sie nun die Vogelperspektive ein und fragen Sie sich im nächsten Schritt, ob Ihnen alle Erwartungen an Sie klar sind, bzw. diese genannt wurden und ob noch Erwartungen unklar sind. Schreiben Sie sich auf, was Sie noch klären müssen.

4. Gibt es Erwartungen, von den Sie glauben, dass diese Ihr Umfeld an Sie hat?

   Schreiben Sie sich auch hier auf, was Ihre Erwartungen sind und klären Sie diese im Gespräch mit Ihrem Umfeld.

5. Ergänzen Sie Ihre obige Übersicht mit Ihren Erkenntnissen.

6. Fragen Sie sich nun:
   - Welche unterschiedlichen Anforderungen werden an Sie gestellt?
   - Welche Erwartungen stehen in einem Widerspruch?
   - Wie wollen Sie mit diesen Widersprüchen umgehen?

7. Tragen Sie in einer nachfolgenden Tabelle zusammen, wie gut Sie welcher Erwartung gerecht werden wollen und welche Erwartungen Sie eher nicht gerecht werden können.

   Diese Erwartung werde ich ...

   ... erfüllen

   ... teilweise erfüllen

   ... nicht erfüllen

8. Warum werden Sie gewisse Erwartungen nicht erfüllen können? Schreiben Sie die für Sie relevanten Gründe auf. Gibt es ggf. mögliche Kompensationsmöglichkeiten bzw. Kompromisse?

9. Schreiben Sie sich hier die Themen auf, die Sie konkret besprechen möchten. Zu welchem Thema werden Sie mit welchem Ihrer Gesprächspartner ein Gespräch führen?

   Thema der Erwartungsklärung   Person

10. Suchen Sie aktiv den Dialog mit der entsprechenden Person und besprechen Sie gegenseitige Erwartungen. Bei welchen Themen gibt es die Möglichkeit für Kompromisse? Welche Erwartungen werden Sie enttäuschen müssen? Ein Gespräch hilft und schafft Vertrauen.

Sie sind also gedanklich in einen Hubschrauber eingestiegen und haben von oben auf Ihre eigene Position geblickt. Allein die Analyse und das Bewusstsein für die unterschiedlichen Erwartungen ermöglicht es Ihnen, potenzielle Konflikte zu vermeiden.

Außerdem erkennen Sie Differenzen und Übereinstimmungen zwischen Ihren Erwartungen und Wahrnehmungen und denen Ihres Umfeldes. Die zentralen Schlüssel im Erwartungsmanagement als Sandwich-Führungskraft liegen erstens darin, dass Sie sich darüber bewusst sind, dass es generell unterschiedliche Erwartungen an Sie in Ihrer Rolle gibt. Dass Sie zweitens auch Erwartungen an sich selbst in dieser Rolle haben und Erwartungen von denen Sie glauben, dass andere diese an Ihre Rolle haben. Drittens, dass Sie sich über diese Erwartungen insgesamt bewusst werden. Viertens, wenn Sie den Eindruck haben, es ergeben sich unterschiedliche bzw. unklare Erwartungen, dass Sie diese ansprechen und transparent machen.

Das heißt auch, dass Sie Ihre Erwartungen an Ihr Umfeld wertschätzend, jedoch deutlich und klar aussprechen und diese präzise formulieren. Fünftens: Fragen Sie nach, wenn Ihnen Erwartungen nicht klar sind. Das gilt insbesondere im Verhältnis zu Ihrem Vorgesetzen. Was genau sind seine Erwartungen, was konkret meint er damit und was genau sollen Sie jetzt tun?

Es lohnt sich als Sandwich-Führungskraft immer die Erwartungen anderer zu berücksichtigen bzw. zu erfragen, um mögliche Blindflüge im Sinne von „ich habe es so verstanden bzw. interpretiert" von vornherein zu vermeiden. Zudem erhalten Sie wichtige Informationen über die Sichtweise und Einschätzung Ihres Gegenübers, was Ihnen beim Erwartungsmanagement sehr hilft.

4.4 Wirksames Führen von Mitarbeitern im Führungssandwich

„Führe dein Geschäft, oder es wird dich führen."

(Benjamin Franklin)

Als Sandwich-Führungskraft sind Sie nur so gut, wie die Mitarbeiter, die hinter Ihnen stehen. Daher brauchen Sie ein motiviertes und leistungsfähiges Team, das an einem Strang zieht.

Wie sehen Sie Ihr Verhältnis zu Ihren Mitarbeitern in Bezug auf Nähe und Distanz? Auch wenn einzelne Ihrer Mitarbeiter Sie als Teil des Teams wahrnehmen, muss Ihnen klar sein, dass Sie nicht mehr Teil des Teams sind. Das ist auch nicht weiter tragisch und beginnt mit dem Tag, an dem Sie zur Führungskraft ernannt werden.

Ihre Mitarbeiter werden sich Ihnen gegenüber anders verhalten. Sie werden vorsichtiger sein und bei einer möglichen Raucherpause stehen Sie öfter auch alleine da.

Drastisch betrachtet sind Sie als Sandwich-Führungskraft nicht mehr Teil des Teams. Sie sollten selbstverständlich in einer guten Art der Kooperation mit Ihren Mitarbeitern umgehen. Wenn Sie jedoch den „Unterschied, der den Unterschied ausmacht", nicht zulassen, wird eine andere Person relativ schnell die informelle Führung in Ihrem Einflussbereich übernehmen.

Bei aller grundsätzlich wertschätzenden und kooperativen Mitarbeiterführung, die Sie als Sandwich-Führungskraft zeigen, gibt es immer eine klare hierarchische Unternehmensordnung. Je eher Sie sich darüber im Klaren sind, dass es in jedem sozialen System immer eine Hierarchie gibt, desto leichter wird es Ihnen fallen, mit dieser Rolle konstruktiv umzugehen.

Leichter durch den Führungsalltag: Selbstklärung zu Nähe und Distanz

Denken Sie über Ihr direktes Team nach. Fragen Sie sich, wie Ihre Mitarbeiter die Beziehung bezüglich Nähe und Distanz im Hinblick auf Sie als Führungskraft wahrnehmen. Kreuzen Sie in einem ersten Schritt Ihre Einschätzung zwischen Ihnen und Ihren Mitarbeitern an (Ist). Im zweiten Schritt kreuzen Sie dann an, wie Sie im Sinne einer klaren Zielorientierung und Mitarbeiterführung wahrgenommen werden möchten (Soll).

In welchen Punkten besteht eine Distanz zwischen den beiden Werten Ist und Soll? Welche konkreten Maßnahmen leiten Sie daraus ab?

4. Kapitel Gefangen im Sandwich-Dilemma

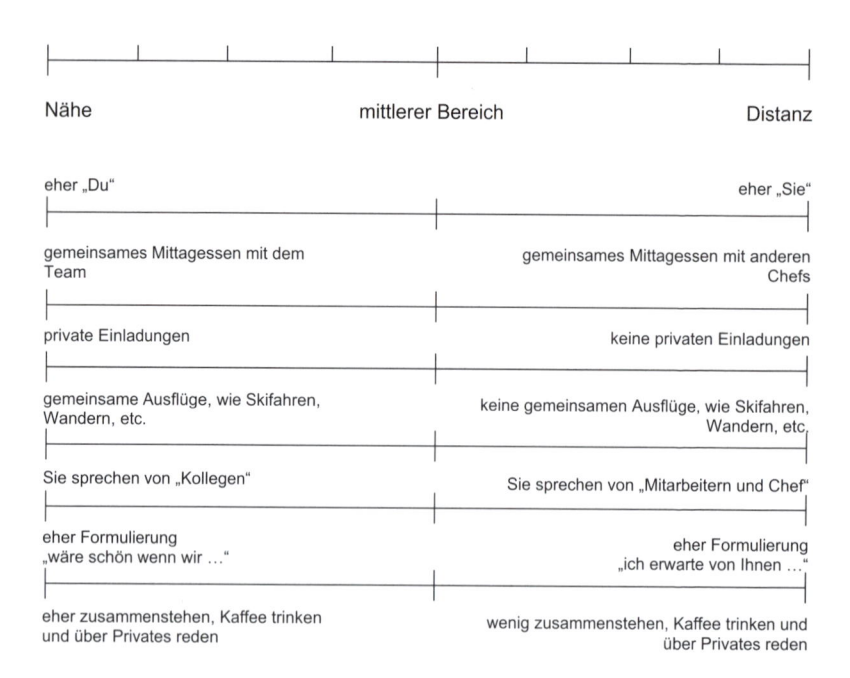

Nähe	mittlerer Bereich	Distanz
eher „Du"		eher „Sie"
gemeinsames Mittagessen mit dem Team		gemeinsames Mittagessen mit anderen Chefs
private Einladungen		keine privaten Einladungen
gemeinsame Ausflüge, wie Skifahren, Wandern, etc.		keine gemeinsamen Ausflüge, wie Skifahren, Wandern, etc.
Sie sprechen von „Kollegen"		Sie sprechen von „Mitarbeitern und Chef"
eher Formulierung „wäre schön wenn wir …"		eher Formulierung „ich erwarte von Ihnen …"
eher zusammenstehen, Kaffee trinken und über Privates reden		wenig zusammenstehen, Kaffee trinken und über Privates reden

So vergrößern Sie die Distanz: Falls Sie bereits per „Du" mit Ihrem Team sind, können Sie dieses nicht ohne größere Irritationen zurücknehmen. Das wäre grundsätzlich auch nicht sinnvoll. Versuchen Sie in diesem Fall lieber kleine Signale von Distanz einzubauen, wenn Sie den Eindruck haben, dass Ihnen die Distanz fehlt. Sie können beispielsweise immer wieder bewusst ein etwas distanzierenderes Sprachmuster in Ihrer direkten Kommunikation mit Ihren Mitarbeitern verwenden. Statt „Wäre schön, wenn wir …" alternativ „wenn ihr als Team diese Aufgabe für unseren Kunden bis zum 30. April erledigt …". Bei zu großer subjektiver Distanz gilt das Gleiche umgekehrt.

In der direkten Mitarbeiterführung haben Sie als Sandwich-Führungskraft fünf zentrale Führungsaufgaben zu erfüllen. Diese sind: Orientierung geben, Verhalten beeinflussen, Delegieren, Motivationsbasis schaffen und Monitoring. Ihre Mitarbeiter erwartet von Ihnen als erste Führungsaufgabe eine klare Orientierung auf zwei Ebenen. Diese sind die sachliche Inhaltsebene und die persönliche Beziehungsebene. Im Bereich der Inhaltsebene möchte Ihr Mitarbeiter wissen, was für Ziele die Abteilung hat und welche Ziele und Aufgaben sich daraus für ihn konkret ableiten. Zudem müssen Sie Ihrem Mitarbeiter aufzeigen, welche Bedeutung Ihre Abteilung bzw. Ihr Team für das Unternehmen hat und wie diese zur Zielerreichung des Gesamtunternehmens beitragen.

4.4 Wirksames Führen von Mitarbeitern im Führungssandwich

Wichtig ist, Ihrem Mitarbeiter darzustellen, was Sie bzw. das Unternehmen konkret von ihm erwarten und welche Spielregeln in der Zusammenarbeit gelten. Auf der Beziehungsebene möchte Ihr Mitarbeiter wissen, was für eine Führungsperson Sie sind. Neben Ihrer Führungsrolle, die Sie ausüben geht es darum, was Sie als Mensch ausmacht, was Ihnen wichtig ist, was für Werte und Erwartungen Sie haben, was Sie freut und worüber Sie sich ärgern. Was ihre Mitarbeiter von Ihnen als Führungsperson wahrnehmen ist der äußere Kern Ihrer Persönlichkeit. Diesem liegen Ihre persönlichen Werte und Ihr innerer Persönlichkeitskern zu Grunde.

Leichter durch den Führungsalltag: Persönlichkeitskern

Mit den folgenden Fragen können Sie Ihren Persönlichkeitskern bestimmen. Also das, was Sie im täglichen Kontakt mit Ihren Mitarbeitern persönlich von sich preisgeben wollen und welche persönlichen Werte für Sie wichtig sind.

1. **Innerer Kern Ihrer Führungspersönlichkeit**

    Folgende Fragen helfen Ihnen, Ihren inneren Kern zu erforschen:

    1.1 *Was gehört zu Ihrem inneren Kern als Führungspersönlichkeit?*

    1.2 *Was macht Sie persönlich aus?*

    1.3 *Was sind Ihre Grundüberzeugungen?*

    1.4 *Was treibt Sie im Kern an?*

    1.5 *Was lehnen Sie ab?*

    1.6 *Woraus ziehen Sie Selbstvertrauen?*

2. **Mittlerer Kern Ihrer Führungspersönlichkeit**

    Folgende Fragen helfen Ihnen, Ihre persönlichen Werte abzuleiten:

    2.1 *Welche Werte sind Ihnen als Führungspersönlichkeit wichtig? (z.B. Ordnung, Pflichterfüllung, Höflichkeit, Ansehen, etc.). Machen Sie eine Sammlung der für Sie wichtigsten Werte.*

    2.2 *Welche Werte möchten Sie gegenüber Ihrem Team vertreten?*

    Priorisieren Sie die Werte, welche Sie als besonders wichtig in Bezug auf Ihr Team halten.

3. Äußerer Kern Ihrer sichtbaren Führungspersönlichkeit

Was tun Sie konkret, um Ihre persönlichen Werte zu leben? Machen Sie eine Umsetzungsliste, anhand derer andere erkennen können, wie Sie Ihre persönlichen Werte umsetzen. Kommen Sie beispielsweise immer pünktlich, wenn dieser Wert für Sie wichtig ist? Wie können Sie die anderen Werte konkret zeigen? Wenn Integrität und Teamzusammenhalt wichtig sind, dann gilt die Regel, nicht über Abwesende sprechen, insbesondere nicht negativ. Für den Wert Ehrlichkeit können Sie beispielsweise die Regel, „Vertrauliches für sich behalten" etablieren. Der Wert Verantwortung für mein Team übernehmen kann in die Regel „Unangenehmes selbst erledigen" münden. Formulieren Sie Ihre Werte in Form von z.B. den „10 Geboten" Ihrer sichtbaren Führungspersönlichkeit.

Die zweite wichtige Führungsaufgabe, die Sie als Sandwich-Führungskraft erfüllen müssen ist, das Verhalten Ihrer Mitarbeiter zu beeinflussen und im Sinne einer gemeinsamen Zielerreichung zu steuern. In der Sandwich-Position als Führungskraft gelingt Ihnen das insbesondere dadurch, dass Sie die Selbstverantwortung und die Selbstorganisation stärken.

Dies erreichen Sie, indem Sie einen Führungsrahmen etablieren, der klare Regeln der Zusammenarbeit umfasst. Dieser setzt auf kontinuierliches Feedback an Ihre Mitarbeiter und wertschätzende und enge Abstimmung und Kommunikation.

Steuern Sie aktiv das Verhalten Ihrer Mitarbeiter und sind Sie sich darüber bewusst, dass Sie dafür verantwortlich sind, dass das Ziel vereinbart ist und verbindlich umgesetzt wird.

Ein wichtiges Steuerungsinstrument für Sie sind Lob und Kritik. Loben Sie ausreichend, das ist Leistungsdoping. Insbesondere bei neuen Aufgaben hilft dies Mitarbeitern enorm. Wichtig ist, dass Sie Lob grundsätzlich ehrlich meinen.

Ebenso gilt Kritik, wenn Sie dies wertschätzend vermitteln, als wichtiger Impuls zur Veränderung von Mitarbeiterverhalten.

Die dritte wichtige Führungsaufgabe ist Delegation von Aufgaben an Ihre Mitarbeiter. Gerade die Sandwich-Führungskraft tendiert dazu, zu viele Aufgaben selbst zu tun, weil man ja weiß, wie diese am besten zu erledigen sind. Geraten Sie nicht in diese Falle einer

4.4 Wirksames Führen von Mitarbeitern im Führungssandwich

kurzfristigen Führungsorientierung. Sie aktivieren durch Delegation von Aufgaben das Vertrauen der Mitarbeiter in sich selbst und das führt dazu, dass diese selbständiger werden.

> *„Wer seiner Führungsrolle gerecht werden will, muss genug Vernunft besitzen, um die Aufgaben den richtigen Leuten zu übertragen, und genügend Selbstdisziplin, um ihnen nicht ins Handwerk zu pfuschen."*
>
> *(Theodore Roosevelt)*

Gehen Sie beim Delegieren folgendermaßen vor: Suchen Sie unter Ihren Mitarbeitern die Person, die die Aufgabe am besten ausführen kann. Stimmen Sie die Anforderungen der Aufgabe mit den Fähigkeiten Ihres Mitarbeiters ab. Führen Sie dann ein Vieraugengespräch mit dem Mitarbeiter, dem Sie eine Aufgabe übertragen möchten. Stellen Sie sicher, dass er genau verstanden hat und weiß, was von ihm erwartet wird. Im nächsten Schritt legen Sie die Fristen und Fälligkeitstermine fest. Einigen Sie sich mit Ihrem Mitarbeiter auf realistische, aber eher kurze Fristen, denn zu lange Zeiträume helfen weder ihm noch Ihnen.

Klären Sie mit dem Mitarbeiter ab, welche Ressourcen er benötigt, und wie er Zugang dazu bekommt. Übergeben Sie zuletzt die gesamte Aufgabe. Dies bedeutet, sich nicht mehr einzumischen und die betreffende Person in Ruhe arbeiten zu lassen.

Die vierte zentrale Führungsaufgabe ist es, eine Motivationsbasis zu schaffen. Hierbei geht es darum herauszufinden, was der innere Antrieb Ihrer Mitarbeiter ist. Ihr Ziel muss sein, eine Arbeitssituation zu schaffen, in der sich Ihr Mitarbeiter gemäß seiner Motive engagiert und selbstverantwortlich handelt. Interessieren Sie sich für Ihre Mitarbeiter und beobachten Sie, was deren wesentliche Antriebsfedern sind.

Wenn es Ihnen gelingt, dass Ihre Mitarbeiter Eigenmotivation in Ihrem Arbeitsgebiet zeigen, dann werden diese auch die Tätigkeit selbstverantwortlich übernehmen und zum Ergebnis führen. Schließlich ist Monitoring für Sie als Sandwich-Führungskraft die fünfte zentrale Führungsaufgabe. Hierbei geht es darum, dass Sie feststellen, ob die Ziele auch erreicht wurden, die Sie vereinbart haben. Monitoring hilft Ihnen, mögliche Fehlentwicklungen rechtzeitig zu erkennen und zu korrigieren.

Ziel ist es, optimale Arbeitsergebnisse zu erreichen bzw. die gegebenen weiter zu verbessern. Idealerweise vereinbaren Sie mit Ihrem Mitarbeiter bereits konkrete Feedbacktermine, zu denen Sie sich wieder mit ihm treffen. Fragen Sie Ihren Mitarbeiter, wann er Ihnen über den Fortschritt berichten will. Halten Sie diese Termine dann fest und Sie werden feststellen, dass das Monitoring als positives Interesse seitens Ihrer Mitarbeiter wahrgenommen wird.

4.5 Die Kollegen führen im Führungssandwich

Eine ganze Reihe von Aufgaben im Unternehmen sind zunehmend in Form von Projekten und damit abteilungsübergreifend organisiert. Um erfolgreich zu sein kommt es darauf an, wie Sie als Sandwich-Führungskraft mit anderen Kollegen, die in der gleichen Situation sind, zusammen arbeiten. Sie stehen mit Ihren Kollegen in Kooperation, um gemeinsame Ziele zu erreichen, aber auch in Konkurrenz beispielsweise um den Aufstieg in die nächsthöhere Managementebene, ein größeres Budget für Ihre Abteilung oder mehr Mitarbeiter.

Wenn Sie die Motivation Ihrer Sandwich-Kollegen nach der Methode von David McClelland einschätzen, dann gibt Ihnen das interessante Aufschlüsse darüber, wie Sie mit diesen erfolgreich umgehen. McClelland unterscheidet drei Haltungen, die Menschen antreiben. Das sind die beziehungsorientierte, die ergebnisorientierte und die einflussorientierte Motivation.

Der Beziehungsorientierte mag herzliche persönliche Beziehungen. Dieser will Teil eines Teams sein, akzeptiert und geschätzt werden. Ihm ist Harmonie wichtig. Daher sollten Sie es vermeiden, lediglich unregelmäßigen Kontakt zu pflegen oder zu kritisch oder kühl zu sein. Zeigen Sie Interesse an seinem Befinden, teilen Sie ihm Ihre Informationen mit und stellen Sie mit ihm ein Wir-Gefühl her, dann erreichen Sie seine Motivatoren.

Der Erfolgsorientierte möchte eine Aufgabe möglichst gut oder überdurchschnittlich erledigen. Ihm ist wichtig, einen bedeutsamen Beitrag zu leisten, Standards zu übertreffen und konkurriert gerne mit anderen. Sie sollten bei ihm Unstrukturiertheit und Unklarheit vermeiden. Ebenso mag er auch kein überflüssiges Monitoring. Gut klar kommen Sie mit ihm, wenn Sie Ziele setzen, Leistungsstandards vereinbaren und ergebnisorientiert sind. Ebenfalls hilft systematisches Vorgehen und Arbeiten nach Plänen.

4.5 Die Kollegen führen im Führungssandwich

Der Einflussorientierte benötigt Macht und Kontrolle. Diese setzt er ein, um andere zu beeindrucken oder zu kontrollieren. Er möchte über Status und Position anerkannt werden und versucht seinen Verantwortungsbereich zu erweitern. Ungünstig ist es, wenn Sie diesen von Entscheidungen ausschließen, Verantwortung zurückhalten oder autoritär mit ihm umgehen. Ideal ist es, ihm Verantwortung zu übertragen, eine wichtige Rolle zu geben, auf seinen Einfluss hinzuweisen, ihn zu informieren und seine Meinung einzuholen.

Wenn Sie zielgerichtet vorgehen, werden Sie feststellen, dass es Ihnen im Kollegenkreis leichter fällt und Sie andere besser für Ihre Vorhaben gewinnen können. Hilfreich ist es auch immer, wenn Sie sich auf Kollegenebene zu einem Netzwerk zusammenschließen. Suchen Sie Allianzen mit anderen Sandwich-Führungskräften, um Ihre eigenen Interessen so gut wie möglich durchzusetzen.

Gerade in Changeprojekten ist ein stärkerer Einfluss von der Mitte nach oben möglich, wenn alle Kollegen an einem Strang ziehen. Sie erhalten insbesondere in Projekten eine stärkere Zugriffsmöglichkeit auf übergeordnete Prozesse, da die Hierarchie hier in den Hintergrund tritt. Sie sitzen durch die Projektorganisation an einer exponierten Stelle, wie einem Steuerungs- und Lenkungsausschuss, in dem Sie und Ihre Kollegen ein Mitsprache- und Entscheidungsrecht haben.

Sie können gemeinsam mit Ihren Sandwich-Kollegen ein Projekt auch nutzen, um Interessenkoalitionen zu schmieden. Schnittstellenprobleme zwischen Abteilungen und der übergeordneten Unternehmensebene sind meist nicht nur die Probleme einer Abteilung, sondern sie haben oft strukturelle Ursachen.

Zu den häufigsten Konflikten zwischen den Ebenen gehören z.B. Reportingvorgaben oder Zeitpläne. Wenn es Ihnen frühzeitig gelingt, Interessensübereinstimmungen mit Führungskräften anderer Abteilungen geschickt abzustimmen, können Sie alle nur gewinnen. Auch Diskussionen um das meist konfliktträchtige Thema Ressourcen müssen nicht notwendigerweise von Konkurrenzdenken bestimmt sein.

Wenn es Ihnen mit Ihren Sandwich-Kollegen gelingt, sich im Vorfeld abzustimmen und Interessenkonflikte und Interessensübereinstimmung klar und gemeinsam herauszuarbeiten, dann besteht auf alle Fälle eine größere Chance, eine Erhöhung der Projektressourcen zu erreichen, als wenn Sie mit diesen im Clinch liegen.

Wichtig ist die Erkenntnis, dass Sie und Ihre Kollegen in unterschiedlichen Konstellationen und in unterschiedlichen Themen immer wieder zusammenarbeiten.

Aus dieser Perspektive lässt sich die Zusammenarbeit mit Ihren Sandwich-Kollegen als ein Geben und Nehmen beschreiben. Betrachten Sie Ihre Kollegen auf derselben Hierarchieebene daher eher als Kooperationspartner. Nur gemeinsam sind Sie stark, daher gilt es an einem Strang zu ziehen. Zudem ist es hilfreich, dass Sie sich in Ihrem Unternehmen gut vernetzen, dann haben Sie Netzwerkpartner auf die Sie sich auch in herausfordernden Situationen verlassen können.

4.6 Ihren Chef im Führungssandwich „führen"

Auch wenn es auf den ersten Blick unrealistisch erscheint, seinen Chef als Sandwich-Führungskraft zu führen, so gibt es doch eine Reihe von Möglichkeiten, wie Sie diesen konstruktiv lenken und beeinflussen können. Erleichtern Sie Ihrem Vorgesetzten seine Arbeit. Zeigen Sie ihm, dass Sie ihn bei seiner Führungsarbeit unterstützen. Dazu bereiten Sie Entscheidungen vor, koordinieren Aufgaben, geben Feedback und reduzieren Komplexität, in dem Sie sich um Details kümmern.

Folgende Erwartungen wird Ihr Chef an Sie als Sandwich-Führungskraft direkt oder indirekt haben:

- übernehmen Sie die komplette Verantwortung für Ihr Führungsverhalten

- seinen Sie verlässlich bei Zusagen und pünktlich bei Terminen

- überzeugen Sie durch Zuverlässigkeit in der Zusammenarbeit

- zeigen Sie ein hohes Interesse an Ihrer Arbeit und blicken Sie bei Ihren Einschätzungen und Empfehlungen auch über den Tellerrand

- liefern Sie die übertragenen Aufgaben fehlerfrei und zur vollsten Zufriedenheit wieder ab

- informieren Sie Ihren Chef frühzeitig, wenn sich Schwierigkeiten im Verlauf der Aufgabenerfüllung ergeben, die Ihre Möglichkeiten überschreiten

- halten Sie sich und Ihre Mitarbeiter fachlich auf hohem Niveau und qualifizieren Sie sich laufend weiter

4.6 Ihren Chef im Führungssandwich „führen"

- betrachten Sie Feedback und sachliche Kritik als Grundlage für Verbesserung und Weiterentwicklung
- bringen Sie bei der Darstellung eines Problems im Idealfall immer auch eine Lösung mit
- zeigen Sie sich flexibel und zielgerichtet in dem, was Sie tun
- signalisieren Sie Ihrem Chef Ihr Verständnis für übergeordnete Vorgaben und Ihr Engagement, diese dann mit Ihren Mitarbeitern tatkräftig umzusetzen
- agieren Sie Ihrem Chef und der Firma gegenüber immer loyal
- zeigen sie sich einsichtig, wenn Ihnen ein Fehler unterlaufen ist

Zeigen Sie durch Ihr Handeln, dass Ihr Chef sozusagen von Ihnen profitiert. Dadurch entsteht Vertrauen in Sie und das ist die wichtigste Größe beim Führen von unten.

Wie viel Vertrauen Sie übernehmen und über wie viel Entscheidungsspielraum Sie verfügen, ist im Grundsatz eine Frage des Vertrauens an sich.

Diese beruht einerseits darauf, wie viel Vertrauen Ihnen Ihr Chef entgegenbringt und andererseits, das Vertrauen, dass Sie in Ihren Chef haben. Denn Sie werden nur dann bereit sein, Verantwortung zu übernehmen, wenn sich Ihr Chef als vertrauenswürdig im Umgang mit Ihnen erweist. Verantwortung zu übernehmen, bedeutet schließlich auch, für Fehler und eventuelle negative Konsequenzen des eigenen Handelns einzustehen.

Das wiederum setzt Offenheit, Ehrlichkeit und Vertrauen als solches voraus. Sie erhalten das Vertrauen Ihres Chefs durch Ihre gezeigte Fachkompetenz und durch die positiven Ergebnisse, die Sie durch Ihr Handeln und das erfolgreiche Führen Ihrer Mitarbeiter liefern. Wenn Sie konstant gute Arbeit leisten, werden Sie dafür mit Vertrauen belohnt.

Bei aller Konstanz und Verlässlichkeit können natürlich jedem Fehler unterlaufen. Einmalig wird Ihnen aber niemand sein Vertrauen entziehen, wenn vorher eine gute Basis bestand. Zeigen Sie sich einsichtig und geben Sie den Fehler zu. Entschuldigen Sie sich und versuchen Sie, wenn es sich anbietet, diesen wieder zu korrigieren.

Ausreden und Versuche den Fehler klein zu reden würden zu einer nachhaltigen Beeinträchtigung der Vertrauensbasis führen.

Bedenken Sie dabei jedoch, dass kein Chef auf der Welt Überraschungen liebt.

Um Vertrauen aufzubauen informieren Sie Ihren Chef ehrlich und unverzüglich bzw. zeitnah, wenn Sie Probleme bei der Aufgabenerfüllung haben. Fragen Sie Ihren Vorgesetzen aktiv nach Feedback zu Ihrer Leistung und Ihrem Verhalten und geben Sie diesem auch klare und faire Rückmeldung auf Augenhöhe. Als Sandwich-Führungskraft sollten Sie Ihre Position sehr aktiv und konstruktiv wahrnehmen.

Das heißt, dass Sie mitsteuern, mitentscheiden, mitdenken und mitarbeiten. Die Vorsilbe „Mit" ist hier entscheidend.

Sie sind aktiv dabei und warten nicht, bis Ihr Chef zu Ihnen kommt. Wichtig ist auch, dass Sie loyal zu Ihrem Chef sind und diesen insbesondere in Konfliktsituationen nicht übergehen, um sich auf einer übergeordneten Ebene grünes Licht oder Rückendeckung zu holen. Etablieren Sie sich als Berater bzw. als Vertrauensperson Ihres Chefs, dann spielt die Hierarchie eine untergeordnete Rolle.

Zu Ihrer Beraterfunktion gehört auch, dass Sie Ihrem Vorgesetzten regelmäßig Informationen über aktuelle Vorgänge zukommen lassen. Wenn Sie sich mit Ihrem Chef über Aktuelles und Ihre Meinung dazu austauschen, steigen die gegenseitige Akzeptanz und Wertschätzung. Das stärkt Ihr Arbeitsverhältnis zueinander.

Bei all Ihren Aktivitäten ist es zudem wichtig, dass Sie Ihren Chef auf dem Chefstuhl belassen und respektieren, dass dieser dort sitzt. Auch wenn Ihre Meinungen gelegentlich auseinandergehen und es wichtig ist, Ihren eigenen Standpunkt als Sandwich-Führungskraft zu vertreten, sollten Sie die hierarchischen Verhältnisse akzeptieren. Dadurch steigt die Wahrscheinlichkeit, dass der sich von Ihnen akzeptierte gefühlte Vorgesetzte wiederum Ihre Vorstellungen akzeptiert und Ihre Meinung und Sichtweise als wertvolle Ressource nutzt.

Wenn Ihr Chef keine Gedanken und Energie darauf verwenden muss, darüber nachzudenken, wie er sich Ihnen gegenüber zu positionieren hat, dann wird er offener für Ihre Sichtweise der Dinge. Hat sich erst einmal eine Vertrauensbasis etabliert, dann können Sie diese auch nutzen. Bei einem vertrauensvollen Arbeitsverhältnis ist es beispielsweise leichter anzusprechen, dass Aufgaben oder Erwartungen überfordernd oder auch unterfordernd sind. Beachten Sie jedoch, dass Ihr Chef trotz aller kooperativer Managementansätze immer die finale Entscheidung trifft. Diese sollten Sie ihm auch stets überlassen.

4.6 Ihren Chef im Führungssandwich „führen"

Auch wenn es immer wieder Situationen und einzelne Entscheidungen gibt, die Sie nicht verstehen und auch in Zukunft wahrscheinlich nicht nachvollziehen können.

Es ist und bleibt Teil der Rollenverteilung, dass jede Führungskraft für ihren Verantwortungsbereich die Entscheidung zu treffen hat. Akzeptieren Sie dies. Das fällt Ihnen umso leichter, wenn Sie versuchen, die übergeordnete Sichtweise und die Einflüsse auf die Entscheidungsfindung Ihres Chefs zu verstehen und seine „Brille" aufzusetzen. Blenden Sie den Kontext der Situation ein, sehen Sie das Gesamtbild und dann betrachten Sie die Situation vor dem Hintergrund Ihrer Erkenntnisse. Hierbei dürfen Sie sich durchaus in Gedanken auf den Chefsessel setzen, um seine Sichtweise der Dinge nachzuvollziehen. Das wird Ihnen in der Akzeptanz der Entscheidung helfen.

Haben Sie insbesondere den Mut selbstbewusst und mit der nötigen Wertschätzung für die Hierarchie aufzutreten. Ein höfliches, aber klares Nein oder eine andere Sichtweise auf sachlicher Ebene kann von Ihrem Chef durchaus akzeptiert werden.

Dies umso mehr, wenn Sie mit Vorschlägen Ihrerseits kommen und Ihrem Chef empfehlen, wie das Ziel doch noch auf einem anderen Weg erreicht werden kann. Zeigen Sie Lösungswege auf und nicht allein die Probleme.

Wenn Sie bei der Findung dieser Lösungswege auch einen Konsens bei der Entscheidungsfindung mit Ihren Sandwich-Kollegen berücksichtigen, dann ernten Sie als Troubleshooter, als Problemlöser, Respekt und Anerkennung bei Ihrem Chef.

Kennen Sie auch Äußerungen wie: „Meinen Chef kann man einfach nicht verstehen, der macht Sachen, die nicht logisch sind". Falls Sie auch diesen Eindruck von Ihrem Chef haben, dann ist es hilfreich, den Satz umzuformulieren in „Wie gelingt es mir, meinen Chef auf einfache Art und Weise zu verstehen?".

Jeder Mensch hat eine bevorzugte Art, wie er kommuniziert und mit anderen in Beziehung tritt. Wenn Sie diesen Kommunikationstyp Ihres Chefs erkennen, dann fällt es Ihnen leichter diesen zu verstehen. Grob lassen sich drei Kommunikationstypen unterscheiden.

Der visuell-analytische Typ wird vornehmlich über den Kommunikationskanal *Sehen* arbeiten. Prägnant und eingängig sind für ihn Zahlen, Daten und Fakten und er hat eine ausgezeichnete Beobachtungsgabe. Seinen klaren Verstand nutzt er häufig in analytischer Weise. Tendenziell agiert er logisch, wirkt überlegt und eher ernst, weil er hohe Ansprüche an sich und auch an Sie als Sandwich-Führungskraft hat.

Stützen Sie sich in Ihren Gesprächen mit Ihrem visuell-analytischen Chef auf Argumente. Untermauern Sie diese mit Zahlen und Fakten. Formulieren Sie kurze, knappe und klare Sätze und bleiben Sie auf der sachlichen Ebene. Zeigen Sie ihm im direkten Gespräch Lösungsvorschläge auf und versuchen Sie mögliche Fehler konsequent zu vermeiden, indem Sie die Infos die Sie an Ihren Chef weitergeben, besser doppelt checken.

Der kommunikativ-emotionale Cheftyp legt sehr viel Wert auf Gespräche und Nähe zu seinen Mitarbeitern. Für ihn ist ein freundliches und harmonisches Arbeitsklima sowie Kameradschaft und Zusammenhalt unter den Führungskräften und Mitarbeitern sehr wichtig. Loyalität bedeutet ihm mehr als Daten, technische Themen und Statistiken. Aufgrund seiner guten sozialen Kompetenzen neigt er eher dazu, Konflikten aus dem Weg zu gehen. Dadurch kann es sein, dass Sie weniger direkte Führung erhalten. Sie sollten auf die kommunikativ-emotionale Art Ihres Chefs eingehen und Interesse an dem zeigen, was ihn bewegt. Unterstützen Sie ihn bei unangenehmen Aufgaben und zeigen Sie ihm bei unangenehmen Aufgaben, dass Sie hinter ihm stehen. Sie können ihn gut von Ihrem Vorgehen überzeugen, wenn Sie ihm deutlich machen, dass dies ein Vorteil für das Team bzw. das Gruppenklima darstellt.

Ein aktiv-engagierter Chef ist meist beschäftigt. Stillstand ist für ihn ein Fremdwort. Er arbeitet an vielen Aufgaben gleichzeitig und nimmt Vieles selbst in die Hand. Dieser Cheftyp ist das Stereotyp des erfolgreichen Machers und Motivators, der aufgrund seiner Eigeninitiative seine Mitarbeiter gut motiviert und führt. Daher möchte er auch den Überblick darüber behalten, was in seinem Einflussbereich vorgeht. Bei diesem Cheftyp ist es wichtig, dass Sie Einsatzbereitschaft und Erfolgsorientierung zeigen. Damit verschaffen Sie sich Anerkennung. Versuchen Sie Ihrem Chef immer die übergeordnete Perspektive bzw. den Gesamtzusammenhang darzustellen. Wichtig ist, dass Sie sich weniger auf Details sondern mehr auf die möglichen positiven Auswirkungen Ihrer Aktivitäten konzentrieren.

4.6 Ihren Chef im Führungssandwich „führen"

Leichter durch den Führungsalltag:

1. Sprechen Sie Ihren visuell-analytischen Cheftyp überwiegend auf der analytischen Ebene mit Zahlen, Daten Fakten und Argumenten an. Nutzen Sie klare, knappe Sätze, zeigen Sie Lösungsvorschläge auf und sind Sie bei dem, was Sie tun, besonders genau und präzise.

2. Sprechen Sie Ihren kommunikativ-emotionalen Cheftyp überwiegend durch freundliche Worte, Interesse an Hintergründen und Nachfragen, welche Motive ihn bewegen, an. Bringen Sie bei ihm die nötige Zeit für Gespräche mit. Zeigen Sie sich absolut loyal und stehen Sie durch Wort und Tat hinter Ihrem Chef. Überzeugen Sie ihn, indem Sie die Vorteile für das Team als Ganzes ansprechen.

3. Zeigen Sie Ihrem aktiv-engagierten Chef auf, was Sie alles unternommen haben, um das Ziel möglichst schnell zu erreichen. Geben Sie ihm einen Überblick, zeigen Sie Zusammenhänge auf und auch die positiven Auswirkungen, die Ihr Handeln für die Erreichung der gemeinsamen Ziele haben. Versuchen Sie Details zu vermeiden und konzentrieren Sie sich auf das große Ganze.

Zusammenfassung Kapitel 4

Um den Herausforderungen im Managementsandwich zu begegnen, müssen Sie sich in einem ersten Schritt klar über Ihre eigene Positionierung sein. In einem nächsten Schritt ist es sinnvoll, die Keyplayer in Ihrem Unternehmen zu analysieren. Das gegenseitige Erwartungsmanagement ist ein weiterer wichtiger Erfolgsfaktor. Stellen Sie sich die Frage, was Ihre Mitarbeiter, Ihre Kollegen und Ihre Vorgesetzen von Ihnen erwarten. Diese oftmals gegensätzlichen Anforderungen müssen Sie als Führungskraft klären und so gut wie möglich mit den Erwartungen an Sie in Einklang bringen. Zeigen Sie dabei Standing und treten Sie für Ihre Meinung auch bei zu erwartenden Widerständen ein. Ihre Überzeugungen und Sichtweisen präsentieren Sie Ihrem Vorgesetzten idealerweise immer in Form von Lösungsvorschlägen und versuchen, ihn damit zu gewinnen. Wenn Sie so vorgehen, dann lösen Sie viele vermeintlichen Widersprüche in ihrem Sandwich-Dilemma und erreichen in kürzerer Zeit mehr, haben Mitarbeiter, die hinter Ihnen stehen, und genießen die Akzeptanz und das Vertrauen Ihrer Kollegen und Ihres Vorgesetzten.

5. Kapitel

Mangelnde Veränderungsbereitschaft – Wer nicht ändert, wird verändert

5

> „It is not the strongest of the species that survive, nor the most intelligent. It is the one most adaptable to change."
>
> (Charles Darwin)

Der ständige Wandel im unternehmerischen Umfeld, die laufende Innovation durch alte und neue Wettbewerber heißt für Sie als Führungskraft, sich die Frage zu stellen, was diese dauernde Herausforderung für Ihre tägliche Führungsarbeit bedeutet. Veränderungsmanagement (Change Management) ist die Begleitmusik, die Sie und Ihr Team ständig hören. Es ist ein Dauerzustand, der dazu führt, sich darüber bewusst zu sein, sein eigenes Handeln im Rahmen dieser Entwicklungen zu reflektieren. Und dies besonders als Führungskraft.

Es bedarf aus Führungssicht der kontinuierlichen Frage, was die Feststellung für uns als Unternehmen und für die Mitarbeiter bedeutet, dass alles und alle in Veränderung begriffen und von Veränderung betroffen sind. Wie reagieren Führungskräfte und Mitarbeiter auf diesen allumfassenden Wandel, der so radikal, so schnell und so vernetzt erfolgt?

Günstig wäre ein individuelles Verhalten, das sich offen und aufgeschlossen gegenüber Neuem zeigt und zudem lernfreudig und hoch flexibel ist. Doch meist finden Sie das genaue Gegenteil vor, denn Menschen wollen eher bewahren. Dies gilt tendenziell mit zunehmendem Alter. Sicher ist es befriedigend, auf die Errungenschaft, auf seine Erfolge der Vergangenheit zu blicken. Leider zählen diese nur bedingt, wenn es um zukünftige Herausforderungen geht. Dies ist für manche Mitarbeiter schwer zu verstehen und zu akzeptieren.

Diese suchen verständlicherweise Sicherheit und Klarheit. Wichtig ist dabei zu erkennen, dass dies nur mit der Annahme der Veränderung für die Zukunft erreicht werden kann. Und auch dann gilt die permanente Aussage: „vor der Veränderung ist nach der Veränderung". Und diesen Wandel gilt es für Sie als Führungskraft erfolgreich mit Ihren Mitarbeitern zu gestalten.

Beispiel:

Vor mehreren Jahren zogen sich die Eigentümer eines familiengeführten Großunternehmens aus der Unternehmensführung zurück und verkauften das Unternehmen. Seither gab es zahlreiche Wechsel in der Unternehmensspitze und in der Folge auch immer im oberen und mittleren Management. In fast schon jährlichem Wechsel suchten immer neue Führungskräfte an der Unternehmensspitze mit immer neuen Visionen die Belegschaft zu begeistern. Als ich im Rahmen einer wieder „neuen Führungsgeneration" die Geschäftsführung bei einer Präsentation vor den Mitarbeitern begleitete, fiel mir die Apathie und Teilnahmslosigkeit der Zuhörerschaft auf. Keine Begeisterung, aber auch keine kritischen Nachfragen oder Murren. Das Auditorium schien einfach gleichgültig. Verwundert über eine solche Reaktion fragte ich nach der Veranstaltung bei verschiedenen Teilnehmern nach, wie sie es fanden und warum alle so gleichgültig schienen. Ein Mitarbeiter beschrieb mir als Antwort folgendes Bild: „Immer wieder kommt einer von den „hohen Herren" mit Hofstaat vorbei und ruft uns auf, ihnen zu folgen. Mal geht die Zukunft in Richtung Süden, der nächste hält Norden für den richtigen Kurs, wieder der nächste predigt uns, im Westen läge unser Heil usw. Bei den ersten Malen sind wir immer noch eifrig hinterher gerannt. Aber nachdem wir jetzt alle Himmelsrichtungen durch haben, haben wir entschieden, dass wir hier auf der Kreuzung der Himmelsrichtungen unsere Klappstühle aufstellen und darauf sitzen bleiben. Denn an der Kreuzung kommen sie eh' immer vorbei. Und bis es Konsequenzen für uns hat, dass wir jetzt nicht mehr aufstehen und hinterher rennen, ist der jeweilige Visionär sowieso schon wieder von einem neuen abgelöst ..." Für die Verwirklichung von Veränderungsaufträgen sind das denkbar schwierige Voraussetzungen. Der Kardinalfehler vieler neuer Führungskräfte: Der hohe Druck verleitet sie zu vorschnellem Reagieren. Das ist zwar verständlich, sollte jedoch nicht passieren.

Mangelnde Veränderungsbereitschaft

Daraus ergeben sich folgende Fragen:

1. Welche Auswirkungen hat die zunehmende Veränderungsgeschwindigkeit für Sie als Führungskraft?
2. Wie können Sie sich auf die gestiegenen Anforderungen im Changemanagement vorbereiten?
3. Wie laufen Veränderungen ab, was bedeuten diese für Sie als Führungskraft und was sind relevante Erfolgsfaktoren?
4. Wie gehen Sie mit Widerständen Ihrer Mitarbeiter gegen Veränderungen um?
5. Wie schaffen Sie es, eine Kultur der Veränderung in Ihrem Führungsbereich zu etablieren?

Mehr denn je gilt die organisationsentwicklerische Empfehlung, Betroffene zu Beteiligten zu machen. Und dies möglichst frühzeitig. Nur das zeitnahe Mitnehmen der vom Wandel betroffenen und die aktive Beteiligung derer an der zukünftigen Entwicklung führt zu einem positiven Klima für Veränderung.

Wenn Sie als Führungskraft im Veränderungsprozess erfolgreich sein wollen, dann müssen Sie drei Dimensionen im Blick haben und diese in ihrer gegenseitigen Abhängigkeit voneinander und Vernetzung miteinander berücksichtigen. Diese ist erstens die Vitalität und Stärke der Unternehmensstrategie. Diese greift die für das Unternehmen gültigen externen Rahmenbedingungen auf und setzt sie mit den eigenen Stärken und Schwächen des Unternehmens im Kontext eines andauernden Changes in Bezug.

Zweitens die Etablierung eines dauernden auf Veränderung gerichteten Prozesses, der die nötige Veränderungsenergie für die Führungskräfte und Mitarbeiter schafft und auf einem hohen Niveau hält. Und drittens die persönliche Veränderung des gezeigten Verhaltens und der zugrunde liegenden Einstellung bei den einzelnen Individuen im Unternehmen.

Wenn Sie diese Zusammenhänge berücksichtigen und die Ursachen für die Widerstände dagegen erkennen, dann können Sie diese als Führungskraft erfolgreich überwinden.

5.1 VUCA – gestiegene Anforderungen an Führungskräfte

„Der klügste Krieger ist der, der niemals kämpfen muss."

(Sun Tzu)

Als Führungskraft stellen Sie sicher fest, dass sich in Ihrem Umfeld einiges geändert hat. Die Veränderungsgeschwindigkeit nimmt zu und der Veränderungsdruck steigt. Märkte entwickeln sich äußerst dynamisch, die Produktlebenszyklen werden immer kürzer und die Kunden sind immer anspruchsvoller. Zudem kommen die weiter zunehmende Vernetzung und kürzere Entscheidungszeiträume. Damit nimmt auch der Druck schneller marktfähige Produkte und Dienstleistungen zu entwickeln zu. Die Anforderungen an Sie als Führungskraft und Ihre Mitarbeiter steigen weiter deutlich.

„VUCA" lautet die Abkürzung für diese Entwicklung und steht dafür, unter welchen Rahmenbedingungen Führungskräfte Entscheidungen treffen müssen: Volatilität (Volatility), Unsicherheit (Uncertainty), Komplexität (Complexity) und Vieldeutigkeit („Ambiguity").

Volatilität führt dazu, dass für Sie die Stabilität im unternehmerischen Umfeld immer geringer wird und es schwer vorhersehbar ist, wann sich die nächste kleinere oder größere Änderung mit unmittelbarer Auswirkung auf Ihr Unternehmen einstellt. Unsicherheit und

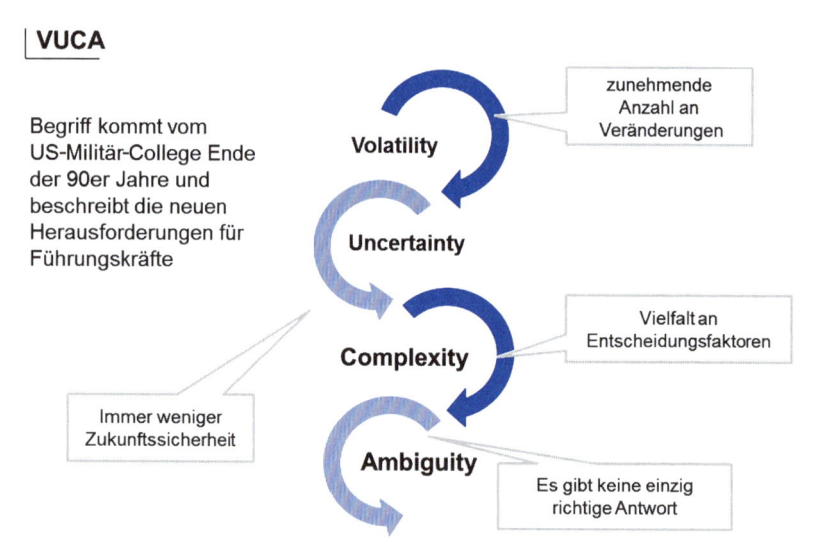

| VUCA

Begriff kommt vom US-Militär-College Ende der 90er Jahre und beschreibt die neuen Herausforderungen für Führungskräfte

Volatility — zunehmende Anzahl an Veränderungen

Uncertainty — Immer weniger Zukunftssicherheit

Complexity — Vielfalt an Entscheidungsfaktoren

Ambiguity — Es gibt keine einzig richtige Antwort

Abbildung: VUCA

5.1 VUCA – gestiegene Anforderungen an Führungskräfte

eine geringe Berechenbarkeit – notwendige Voraussetzungen für jede valide Planung – nehmen damit deutlich zu.

Dies bedeutet, dass es schwieriger wird Zahlen „richtig" zu interpretieren, da diese kontroverse Schlüsse zulassen. Eine gestiegene Komplexität ergibt sich im täglichen Führungsbusiness unter anderem auch durch die Globalisierung und digitale Vernetzung, die dazu führt, dass verschiedene Akteure und Interessen, hochdynamisch und interaktiv, zu einem vielschichtigen und schwer steuerbaren Geflecht aus Reaktion und Gegenreaktion führen.

Zudem bringt die Vieldeutigkeit mit sich, dass Anforderungen an Sie nicht eindeutig sind und manchmal im Widerspruch zueinander stehen. Daraus folgen für Sie und Ihre Mitarbeiter mögliche Konflikte und das stellt Sie teilweise vor unlösbare Aufgaben. So zum Beispiel bei der vielfach in Unternehmen praktizierten Trennung in einen fachlichen und in einen disziplinarischen Vorgesetzten. Was oftmals zu erhöhtem Abstimmungsbedarf und zu Zeitverlusten führt. Ein weiteres Beispiel ist die Umsetzung von Vorgaben aus dem Top Management, hinter denen Sie persönlichen nicht zu 100 % stehen bzw. die mit Ihrem Wertesystem in Konflikt stehen. VUCA setzt Sie als Führungskraft und Ihre Mitarbeiter deutlich stärker unter Druck.

Mit dieser neuen VUCA-Herausforderung müssen Sie als Führungskraft erfolgreich umgehen lernen. Um in VUCA-Zeiten einen erfolgreiche Strategie zu entwickeln, empfiehlt Charles-Edouard Bouée das gesamte unternehmerische Umfeld im Blick zu haben und dieses hoch adaptiv bezüglich der Veränderung und der Fließgeschwindigkeit der Umgebung, auszulegen. Das heißt das große Ganze zu sehen und sich bewusst sein, wie beweglich und im Fluss sich alles befindet. Damit bedarf es einerseits einer klaren Zielformulierung, die andererseits nicht zu starr ausdifferenziert sein darf. Es ist eine gewisse Flexibilität, Anpassungsfähigkeit und Unschärfe nötig, die Spielraum für die entsprechende kurzfristige Anpassung zulässt.

Der Rahmen dieser Anpassungen muss dabei klug gestaltet und für eine schnelle Umsetzung geeignet sein. Die Führungskraft muss also mit wacher Aufmerksamkeit entscheiden, wann der richtige Moment für das Eingreifen gekommen ist. Dazu brauchen Sie relativ autarke und agile Teams mit Entscheidungskompetenz, die nicht von verzögernden hierarchischen Entscheidungsstrukturen ausgebremst werden. Das wiederum verlangt von dezentralen Entscheidern, dass diese mit Situationen auftretender Widersprüchlichkeiten umgehen und vor allem Entscheidungen treffen können.

Ausgeführte Aktivität und geduldiges Warten, während dessen Sie jedoch stets hoch alert und permanent wach bleiben, wechseln sich gegenseitig ab. Damit Sie den richtigen Zeitpunkt zum Agieren erkennen, benötigen Sie insbesondere informelle Informationen. Das heißt, dass Sie gut vernetzt sein müssen, um auch mögliche Auswirkungen informaler Entwicklungen aus Ihrem internen und externen Führungsumfeld in Ihre Entscheidungen miteinbeziehen können.

Regeln und Strukturen helfen nur zur Orientierung

Für den Teil Ihrer Mitarbeiter, die ein größeres Bedürfnis nach Sicherheit und Orientierung haben und die mit offenen Strukturen nicht gut umgehen können, heißt das umzudenken. Es gilt fortan ein Sowohl-als-auch. Die Regeln und Strukturen sind fundamental für Führungserfolg; sie gelten als Orientierung uneingeschränkt weiter. Jedoch verlangt das nach einer „Fuzzylogik", einer Unschärfe und dem Leben und Aushalten von Widersprüchen. Dies gelingt nur in einer ausgeprägten Vertrauenskultur und an einigen Stellen auch einem Vertrauensvorschuss. Das ist die zentrale Voraussetzung für zukünftigen Erfolg. Haben Mitarbeiter Vertrauen, dann glauben sie eher an positive Lösungen und suchen gezielt nach ihnen. Konflikte können dadurch einfacher wieder aufgelöst werden als dass diese eskalieren. Das lässt sich lernen und entwickeln. Lernen Sie als Führungskraft das nötige Vertrauen aufzubauen, dann wird es Ihrem Unternehmen nicht an Agilität, Beweglichkeit, Tempo und Courage fehlen, um erfolgreich den Herausforderungen der neuen VUCA-Welt zu begegnen.

Leichter durch den Führungsalltag: VUCA Erfolgsfaktoren

1. Entwickeln Sie eine Vision und geben Sie die Richtung vor.
2. Hören Sie zu, praktizieren Sie Empathie und zeigen Sie Verständnis.
3. Schaffen Sie größtmögliche Klarheit und Einfachheit.
4. Praktizieren Sie täglich Agilität und „Wenigkeit" in dem was Sie tun.

5.2 Wie Veränderungen ablaufen

„Die Veränderung hat keine Anhänger. Die Menschen hängen am Status quo. Man muss auf massiven Widerstand vorbereitet sein."

(Jack Welch)

Widerstand gegenüber einer Veränderung ist eine klassische Reaktion von Mitarbeitern. Dabei kann sich der Widerstand gegen eine Veränderung im Arbeitsablauf einerseits gegen die Veränderung an sich und andererseits auch gegen die Art und das Vorgehen als solches richten. Das gezeigte Verhalten gegen die Veränderung ist psychologisch betrachtet eine reflexartige Reaktion, um die mentale Stabilität für die Zeit nach der empfundenen Bedrohung des Status quo wieder herzustellen. Dabei hat der wahrnehmbare Widerstand gegen Veränderungen durchaus auch etwas Positives. Dieser signalisiert, wo es Klärungsbedarf gibt bzw. in welchen Bereichen Ängste oder Unsicherheit herrschen, denen dann entsprechend begegnet werden kann. Es lassen sich nicht alle Ursachen von Widerständen in Veränderungssituationen vollständig erfassen. Hilfreich ist hier die Pareto-Regel, der zu Folge 80 % aller Widerstände mit 20 % Aufwand bearbeitet werden können. Da damit die Erreichung des Veränderungsziels meist sichergestellt ist, ist es sinnvoll, die verbleibenden Ressourcen anderweitig zu investieren.

Es gibt eine ganze Reihe von wissenschaftlichen Modellen und Darstellungen, wie Veränderung im Unternehmen abläuft. Ein Ansatz, der sich zum Verständnis des Ablaufs von Veränderungen bewährt

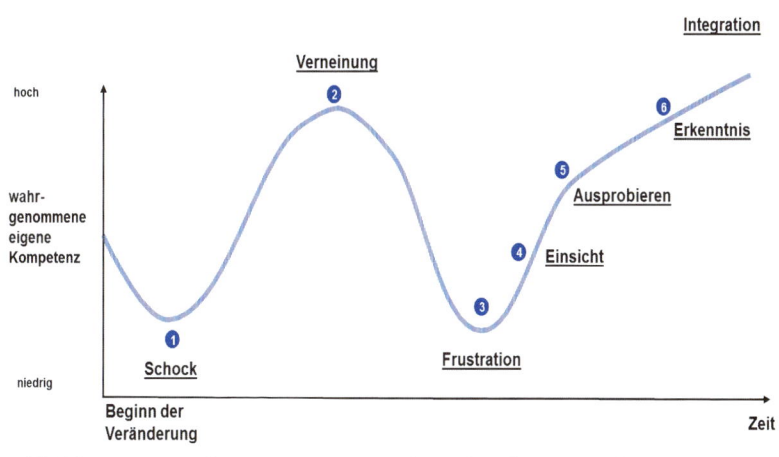

Abbildung: Veränderungsprozess nach Richard K. Streich

hat, ist derjenige der 7 Phasen von Veränderungsprozessen nach Richard K. Streich (Streich, 2013). Dieser beschreibt den typischen Ablauf eines individuellen Veränderungsprozesses und bezieht sich auf die besonders wichtige emotionale Perspektive, mit der Mitarbeiter bei Change-Prozessen konfrontiert sind.

Die erste Phase nach der Verkündigung einer Veränderung beinhaltet als typische Reaktion einen Zustand von Schock, Überraschung und Angst vor der neuen Situation sowie Unverständnis. Dies geht meist einher mit einer insgesamt nachlassenden Effektivität, da die bisherigen Verhaltensweisen in Frage gestellt werden. Die zweite Phase beginnt mit einer zunehmenden Ablehnung und Verweigerung. Die von der Veränderung Betroffenen schließen sich gegen die beabsichtigten Maßnahmen zusammen und signalisieren damit, dass diese aus ihrer Sicht überflüssig sind. Die bekannte typische Aussagen lautet dann: „Das kann doch nicht wahr sein, das haben wir bisher immer so gemacht." Dies drückt die Angst vor Veränderungen bei gewohnten Abläufen, bekannten Strukturen und einer vertrauten Unternehmenskultur aus.

In der dritten Phase macht sich langsam eine gewisse rationale Einsicht breit. Diese beginnt damit, dass immer mehr Mitarbeiter erkennen, dass ihre Ablehnung gegenüber der Veränderung nicht den von ihnen gewünschten Erfolg bringt. Sie erkennen, dass sie mit dem Verhalten nicht weiterkommen und dass der Wandel unvermeidbar ist. Es wird sich den offensichtlichen Erfordernissen gebeugt. Eine tiefergehende Bereitschaft, das eigene Verhalten zu hinterfragen, ist noch nicht vorhanden. Es geht eher um eine oberflächliche Einsicht und eine dem momentanen Veränderungsdruck nachgebende Reaktion.

Die vierte Phase beginnt, wenn die erste emotionale Akzeptanz um sich greift. Das ist der entscheidende Tipping Point. Die Mitarbeiter beginnen zunehmend mit dem alten Verhalten abzuschließen und erkennen, dass sie das neue Verhalten weiterbringt.

Nachdem der Widerstand auch emotional überwunden ist, beginnt die Phase fünf. Die Mitarbeiter fangen an, die Situation für sich zu entdecken. Sie zeigen Neugier, empfinden Positives und lassen sich auf das Neue ein.

Die sechste Phase ist erreicht, wenn sich die Erkenntnis verbreitet, dass eine Veränderung auch etwas Gutes hat. Auf der Grundlage erster Erfolge fühlen sich die Mitarbeiter bestätigt. Sie erweitern ihr Handlungsrepertoire und beginnen das neue Verhalten zu integrieren.

Die letzte und siebte Phase lässt sich daran erkennen, dass der Mitarbeiter die neuen Handlungs- und Verhaltensweisen vollständig in seinen Arbeitsalltag integriert hat und ihm diese als selbstverständlich erscheinen.

Der Ansatz von Streich hilft insbesondere beim Verständnis von emotionalen Reaktionen in Change Management Prozessen. Dieser Ansatz gibt Ihnen als Führungskraft eine Orientierung, auf welche Verhaltensweisen Sie sich einstellen müssen, wenn Sie größere, unvorhergesehene und abrupte Veränderungen ankündigen.

Veränderungsmanagement und die Kommunikation darüber ist eine zentrale Führungsaufgabe für Sie. Insbesondere in der momentanen, stark veränderungsintensiven Zeit ist es für Ihren Führungserfolg von zentraler Bedeutung, Ihren Mitarbeitern Orientierung zu geben. Die Art und Weise, wie Sie sich im Change Verhalten und durch diesen hindurchführen, ist ein wichtiger Erfolgsfaktor. Zudem bedarf es im Führungsteam einer einheitlichen Sprache, klarer Transparenz im Vorgehen und Entschlossenheit im Tun. Sie müssen als Führungskraft diese Aufgabe annehmen, sonst werden sie keine nachhaltige Veränderung erzielen.

Leichter durch den Führungsalltag: Umgang mit Change als Führungskraft

Sie als Führungskräfte im Change müssen ...

1. auf der Grundlage von ersten Symptomen den Widerstand Ihrer Mitarbeiter erkennen,

2. dann zielgerichtet mögliche Ursachen und Gründe für dieses Verhalten herausfinden, und

3. schließlich auf der Basis der Erkenntnisse den Auslösern und den Ursachen für die Ablehnung der Veränderung begegnen.

5.3 Umgang mit Widerständen bei Veränderungen

"Es sind nicht die äußeren Umstände, die das Leben verändern, sondern die inneren Veränderungen, die sich im Leben äußern."

(Wilma Thomalla)

Mitarbeiter werden Ihnen als Führungskraft bei bevorstehenden Veränderungen immer wieder ähnliche Fragen stellen. Diese zielen darauf ab, dass sie die schlichte Notwendigkeit der Veränderung bezweifeln. Sie stellen sich selbst und Ihnen die Frage, ob sie dazu überhaupt die nötigen Fähigkeiten haben. Indirekt schwingt auch immer die Frage nach der eigenen Bereitschaft zur Veränderung mit. Es ist daher für Sie als Führungskraft wichtig, dass Sie auf all diese Fragen eine plausible und motivierende Antwort haben bzw. diese mit sachlichen Argumenten und emotionalem Verständnis beantworten können.

Idealerweise erfolgt die Beantwortung der Fragen bei unternehmensweiten Veränderungen von allen Führungskräften abgestimmt und in möglichst gleicher Form. Wenn das nicht passiert, dann werden die Mitarbeiter misstrauisch, was den Erfolg der Veränderung stark negativ beeinflussen kann. Die Führungskräfte müssen sich Zeit im Umgang mit Ihren Mitarbeitern nehmen und brauchen dazu inhaltlich gut formulierten Antworten auf die zentralen Fragen durch die Top-Management Ebene. Mitarbeiter brauchen glaubwürdige Antworten, in den sie den Sinn der Veränderung erkennen können.

Leichter durch den Führungsalltag: Fragen an Führungskräfte für Change

Die folgenden Fragen zeigen auf, was Sie bei einer Veränderung beantworten müssen:

✓
1. Was ist der Grund für die Veränderung?
2. Was ist die Zielrichtung der Veränderung und was wollen wir damit bewirken?
3. Was ist das Nicht-Ziel der Veränderung?
4. Welche Alternativen gibt es zu diesem Vorgehen?
5. Was sind die Erwartungen an die Mitarbeiter im Rahmen der Veränderung?

5.3 Umgang mit Widerständen bei Veränderungen

6. Welche Risikofaktoren gibt es bei dieser Veränderung?
7. Wie lassen sich die Mitarbeiter für diese Veränderung gewinnen?
8. Welche Auswirkungen hat die Veränderung auf einzelne Mitarbeiter und Führungskräfte?
9. Welche Möglichkeiten und Chancen ergeben sich durch die Veränderung?
10. Wie sieht der genaue Plan für die Implementierung der Veränderungen aus?
11. Welche Unterstützung in Form von Skills und Fähigkeiten benötigen die Mitarbeiter und Führungskräfte bei der Veränderung?
12. Was passiert mit Mitarbeitern und Führungskräften, die der Veränderung nicht gewachsen sind?

Beobachten Sie das Verhalten Ihrer Mitarbeiter und versuchen Sie mögliche Symptome für Widerstand zu erkennen. Diese können vielfältig sein. Meist tritt Widerstand in Veränderungen in verschiedenen Erscheinungsformen auf. Seltener tritt dieser offen zu Tage. Meist handelt es sich um verdeckten Widerstand. Dieser wird als solcher unbewusst ausgeübt und ist den Mitarbeitern selbst nicht immer klar. Diese Art des Widerstandes macht es naturgemäß schwierig, ihn zu erkennen. Dafür müssen Sie sich als Führungskraft erst hinreichend sensibilisieren. Wenn Sie ihn erkennen und aufdecken, dann müssen Sie eine Klärung mit der Widerstand ausübenden Person herbeiführen.

Suchen Sie den Dialog mit Ihrem Mitarbeiter und zeigen Sie ihm Ihr grundsätzliches Verständnis für sein Verhalten. Dies muss von Ihrem Mitarbeiter als authentisch und ehrlich wahrgenommen werden. Daher hilft es, wenn Sie bereits eine gute Vertrauensbasis zu Ihrem Mitarbeiter aufgebaut haben. Ergreifen Sie die Initiative und sprechen Sie Ihre Mitarbeiter an. Die Art Ihrer Ansprache muss immer persönlich erfolgen. Insbesondere Veränderungsbotschaften müssen Sie als Führungskraft selbst kommunizieren. Der Adressat der Kommunikation ist zuerst die große Gruppe der Mitarbeiter. Im zweiten Schritt erfolgt die Ansprach mehrerer kleinerer Gruppen und dann in einem dritten Schritt werden Einzelgespräche geführt. Immer wieder wird die inhaltlich gleiche Botschaft vermittelt und den jeweiligen Mitarbeitern identisch aufbereitet. Das kostet Zeit und Energie für Sie als Führungskraft. Hilfreich in diesem Prozess ist es, wenn Sie

5. Kapitel Mangelnde Veränderungsbereitschaft

sich selbst schon einen Schritt weiter vorne auf Ihrer persönlichen Veränderungskurve befinden. Dann tun Sie sich selbst leichter.

Das Ziel ist es, einer möglichen längeren Phase des Widerstandes gegen die Veränderung aktiv entgegenzuwirken und sie auf ein gewisses Mindestmaß zu reduzieren. Dies vor allem, um die Motivation und Leistungsfähigkeit Ihrer Mitarbeiter wieder zurückzugewinnen. Das können Sie nur durch ein sensibles, jedoch auch konsequentes Vorgehen erreichen, bei dem nicht veränderungsbereiten Mitarbeitern auch klar die negativen Konsequenzen ihres Verhaltens aufgezeigt werden müssen.

Es ist für Sie als Führungskraft immer hilfreich, sich mit den möglichen Ursachen für Widerstand und dem Umgang damit zu beschäftigen. Auch wenn es aufgrund des Umfangs, der Dauer und der Auswirkung von Veränderung kein generell passendes Führungsverhalten gibt, so ist das Wissen über typische Ursachen sicher hilfreich und nützlich. Es lassen sich drei typische Ursachen für Widerstand erkennen.

Das ist zum einen ein fehlendes Verständnis für die Veränderung. Dieses Verhalten bzw. diese Haltung tritt meist in einer frühen Phase der Veränderung ein und lässt sich fast als unvermeidlich betrachten. Das liegt daran, dass die Initiatoren gerade bei großer Veränderung im Top-Management sitzen und unterschiedliche Informationsgrundlagen, Einblicke und Erwartungen haben. Daher ergibt sich automatisch bereits ein Ungleichgewicht an Wissen und ein Empfinden des Nichtbeteiligtseins bei Ihren Mitarbeitern. Hieraus folgt eine eher skeptische Haltung, da nicht davon ausgegangen wird, dass die Veränderung das Problem lösen wird. Eher wird eine Verschlechterung der Lage durch die Veränderung befürchtet. Die Informationen über den Grund der Veränderung bzw. das notwendige Wissen zur Einordnung der Veränderung, sind nicht vorhanden. Zudem werden diese Informationen auch anders bewertet bzw. interpretiert. Teilweise fehlt die Bereitschaft, einer unumgänglichen Veränderung zu folgen, auch wenn man die momentane Sinnhaftigkeit nicht vollständig versteht.

Ein weiterer Grund für Widerstand gegen Veränderung ist fehlendes Vertrauen in die verantwortlichen Führungskräfte. Das passiert immer dann, wenn Mitarbeiter den Eindruck gewinnen, dass die Veränderung nur deshalb initiiert wurde, um einzelnen Unternehmensbereichen mehr Einfluss zu verschaffen und das zu Lasten von Mitarbeitern bspw. in Form von Stellenabbau oder Veränderung des

Arbeitsplatzes. Zudem kann es auch sein, dass Führungskräfte ein Glaubwürdigkeitsproblem haben und die Mitarbeiter ihnen die Botschaft deshalb nicht glauben, weil sie bereits in der Vergangenheit durch das Verhalten von Führungskräften enttäuscht wurden. Dies insbesondere dann, wenn Mitarbeiter die unternehmerischen Rahmenbedingungen anders bewerten und sie negative Erfahrungen mit Entscheidungen speziell zu Changeprojekten gemacht haben.

Der dritte wesentliche Grund für Widerstand gegen Veränderung ist, dass es Mitarbeitern schwer fällt, die Veränderung emotional zu akzeptieren und den aktuellen Zustand loslassen zu können. Hier spielt insbesondere die Befürchtung um den Arbeitsplatzverlust eine wichtige Rolle. Zudem geht es ihnen um liebgewonnene Annehmlichkeiten und Statussymbole, wie beispielsweise Vergünstigungen beim Einkauf oder das Firmenfahrzeug. Die Ängste begründen sich konkret auf den Verlust von persönlichem Status und Macht, sozialen Beziehungen, Entscheidungsspielräumen, erworbenen Kompetenzen oder dem Wegfall möglicher zukünftiger Entwicklungschancen, um nur einige zu nennen. Je ausgeprägter die möglichen Verlustängste sind, desto größer wird auch der Widerstand gegen die beabsichtigte Veränderung sein. Dabei basiert der Widerstand auf der individuellen persönlichen Wahrnehmung, also der Subjektivität des Mitarbeiters in der jeweiligen Situation. Unabhängig davon ob die Einschätzung begründet ist oder nicht.

Wichtig ist, dass Sie sich darüber im Klaren sind, was die Auslöser und Ursachen des Widerstands bei Ihren Mitarbeitern sind. Das ist die Voraussetzung dafür, ein geeignetes individuelles Vorgehen zu entwickeln, um diesen zu begegnen.

„Wenn der Wind des Wandels weht, bauen die einen Mauern und die anderen Windmühlen."

(chinesisches Sprichwort)

Sie als Führungskraft müssen für sich selbst ein Verhaltensrepertoire entwickeln, wie Sie mit dem Widerstand Ihrer Mitarbeiter gegen Veränderung umgehen. Wichtig ist dabei, dass Sie authentisch und ehrlich sind und die Mitarbeiter frühzeitig in den unvermeidlichen Wandel mit einbeziehen. Dadurch wird es Ihnen gelingen, die nötige kritische Masse in Bewegung zu setzen und die Veränderungen zum Erfolg zu führen. Den Aufwand den der Weg der Veränderung von ihnen verlangt, dürfen Sie dabei nicht unterschätzen.

5.4 Veränderungen als Führungsaufgabe aktiv vorantreiben

„Es gibt nichts Dauerhaftes außer der Veränderung."

(Heraklit von Ephesos)

Ihr Führungssystem muss tragfähig sein. Denn wenn die Veränderungsgeschwindigkeit außerhalb Ihres Unternehmens höher ist als innerhalb, dann haben Sie ein existenzielles Problem. Sie müssen deshalb in regelmäßigen Abständen klären, was Sie an Ihrem Führungssystem verändern und worin Sie sich verbessern sollten. Ihre Mitarbeiter sollten über die nötige Veränderungsbereitschaft verfügen und Impulse geben. Machen Sie Veränderung – Change – zu einer Ihrer zentralen Führungsaufgabe, indem Sie mindestens einmal jährlich mit Ihren Mitarbeitern einen Workshop durchführen, bei dem die Frage im Mittelpunkt steht, was an Ihren Systemen, Strukturen und Prozessen verändert werden muss, um den zukünftigen Herausforderungen gerecht zu werden.

Die Erkenntnisse aus dem Workshop müssen Sie konsequent umsetzen, um Ihr Führungssystem anzupassen und vital zu halten. Das kann bedeuten, dass einzelne Mitarbeiter andere Aufgaben übernehmen oder dass sie früher kommen oder später gehen müssen. Die Anpassungsfähigkeit an veränderte Herausforderungen ist entscheidend. Gut ist es, wenn Initiative, Vorschläge und die Einsicht in notwendige Veränderungen von Ihren Mitarbeitern kommen. Dadurch steigern Sie die Bereitschaft zur Akzeptanz und zur Umsetzung. Machen Sie Ihren Mitarbeitern klar, dass die Bereitschaft zur Veränderung die Voraussetzung für Erfolg ist und das Überleben des Unternehmens sicherstellt.

In Ihrem Verantwortungsbereich sollten Sie ein Bewusstsein für notwendige Veränderungen schaffen. Auch wenn Ihre Mitarbeiter vertraute Muster lieben und brauchen, ist es Ihre Aufgabe, mit wachem Blick einen Sinn für Dringlichkeit zu etablieren. Veränderungen sind der Motor zur Anpassung Ihres Führungssystems, und es sind Chancen, die Sie frühzeitig erkennen müssen, um produktive und richtungweisende Entscheidungen zu treffen.

Machen Sie Ihren Mitarbeitern klar, dass es letztlich nur zwei Möglichkeiten gibt: Entweder, sie erkennen als Galionsfigur die Richtung des Wandels frühzeitig und beeinflussen ihn; oder sie werden im Kielwasser hinterhergezogen. Erzeugen Sie einen positiven Hand-

5.4 Veränderungen als Führungsaufgabe aktiv vorantreiben

lungsdruck und binden Sie Ihre Mitarbeiter bei der Veränderung mit ein, dann werden Sie die Herausforderungen meistern.

Leichter durch den Führungsalltag: Überprüfung des Führungssystems

- ☐ *Ist Ihr Verantwortungsbereich an den Bedürfnissen Ihrer Kunden ausgerichtet?* ✓
- ☐ *Wie gut arbeiten Sie mit anderen Abteilungen/Bereichen zusammen?*
- ☐ *Wie gut ist das Feedback von internen und externen Kunden zu Ihrem Bereich?*
- ☐ *Arbeiten Sie in regelmäßigen Abständen gemeinsam mit Ihren Mitarbeitern im Rahmen eines Workshops an den Verbesserungspotenzialen für Ihren Bereich?*
- ☐ *Setzen Sie die Ergebnisse aus dem Workshop konkret um und verbessern Sie Ihr Führungssystem?*
- ☐ *Wie tragen Sie mit Ihren Mitarbeitern zum Erfolg des Unternehmens nachhaltig bei?*
- ☐ *Ist jedem Mitarbeiter sein individueller Wertbeitrag klar, den er liefert?*
- ☐ *Wie gut gelingt es Ihnen, dass Ihre Mitarbeiter die Bereichs- und Unternehmensziele mittragen?*
- ☐ *Ist Ihre Organisation effektiv aufgestellt und können Sie in ausreichendem Maße delegieren?*
- ☐ *Sind Ihre Systeme und Prozesse so ausgerichtet, dass diese zur Erfüllung der Unternehmensidee beitragen?*
- ☐ *Sind Ihnen die organisatorischen Erfolgsparameter klar und erfüllen sie ihren Zweck?*
- ☐ *Werden diese Erfolgsparameter von Ihren Mitarbeitern mitgetragen und weiterentwickelt?*
- ☐ *Ist jedem einzelnen Ihrer Mitarbeiter klar, welchen Erfolgsbeitrag er zu liefern hat und woran sein persönlicher Erfolg gemessen wird?*

5. Kapitel Mangelnde Veränderungsbereitschaft

☐ Kann jeder Ihrer Mitarbeiter zu jedem Zeitpunkt sagen, wie hoch sein momentaner Erfolgsbeitrag ist und was seine weiteren Aktivitäten sind, um diesen zu steigern?

☐ Verfügen Ihre Mitarbeiter über die nötige Veränderungsbereitschaft und haben Sie den Eindruck, dass Sie von Ihnen Impulse zur Veränderung erhalten?

Zusammenfassung

Veränderung ist ein Naturgesetz. Sie hat in Unternehmen in den letzten Jahren deutlich an Dynamik gewonnen. Daher ist es für Sie als Führungskraft eine wichtige Frage, wie Sie mit den dauernden Veränderungen in Ihrem Verantwortungsbereich umgehen. Dabei hilft zum einen die Kenntnis über die Reaktionsmuster von Menschen, wenn diese mit Veränderung konfrontiert werden. Zum anderen ist es wichtig zu wissen, wie Sie mit dem unausweichlichen offenen oder verdeckten Widerstand gegen Veränderungen umgehen. Werden Sie sich über die Auslöser für den Widerstand bewusst und begegnen Sie den individuellen Ursachen mit guten Argumenten und emotionalem Verhalten. Sehen Sie die Veränderung als eine dauerhafte Aufgabe, die Sie als Führungskraft wahrnehmen müssen. Nehmen Sie die Führungsaufgabe aktiv wahr und beteiligen Sie Ihre Mitarbeiter an der Veränderung. Dann wird es Ihnen gelingen, dass Ihre Mitarbeiter in Veränderungen mehr Chancen als Risiken sehen.

6. Kapitel

Unterschiedliche Mitarbeitertypen behandeln – Jeder tickt anders!

„Es gibt nichts so Ungleiches wie die gleiche Behandlung von Ungleichen."

(Kenneth Blanchard)

Erfolgreiche Führungskräfte analysieren und beurteilen ihre individuellen Persönlichkeitseigenschaften gezielt. Sie sind sich ihrer eigenen Persönlichkeitsausprägungen bewusst und können sich deshalb selbst in den entscheidenden Führungssituationen wirksam auf erfolgreiches Handeln ausrichten.

Schon das Orakel zu Delphi sagte: „Erkenne dich selbst." Wer sich selbst und andere Menschen erkennt, hat den Schlüssel zu einem besseren Miteinander in der Hand.

> **Fallbeispiel:**
> Bei der Präsentation stellt Vertriebsleiter Nikolaus Streeb das neue Provisionssystem seinem Team vor. Das Interesse seiner Mitarbeiter ist natürlich groß und sie löchern Streeb mit vielen Fragen. Ein Mitarbeiter wirkt im Laufe der sich anschließenden Diskussion gereizt, wird ausfallend und fast beleidigend. Er meint, dass das neue System doch „Blödsinn" und „überhaupt nicht durchdacht" sei. Streeb fragt nach und kann entsprechende Argumente und Analysen aus vergleichbaren Unternehmen liefern, um die Einwände des Mitarbeiters zu entkräften. Die Argumentation konnte Streeb mit seinen Zahlen, Daten und Fakten zwar gewinnen. Doch das ist nicht das erste Mal, dass der Mitarbeiter in dieser Art reagiert. Immer wieder scheint dem Mitarbeiter etwas nicht zu

> gefallen. Er ist vom Typ her ein ziemlich extrovertierter Mensch, der viel Wert auf sein Äußeres legt und der noch dazu der beste Verkäufer im Team ist.

Dieser nervige und aufmüpfige Mitarbeiter macht seiner Führungskraft das Leben ganz schön schwer. Eine ordentliche Gardinenpredigt ist in diesem Fall auch keine Lösung. Auf diese Weise gefährdet Streeb das Teamklima und die Motivation aller anderen Mitarbeiter. Das eigentliche Problem löst sich dadurch sicher nicht.

Es ist auch keine Lösung, den Ärger runterschlucken und so zu tun, als wäre nichts passiert. Zum einen sorgt das früher oder später wahrscheinlich für ein Magengeschwür, zum anderen kann es sich Streeb als Führungskraft nicht leisten, permanent von seinem schwierigen Mitarbeiter vorgeführt zu werden. Darunter leidet seine Autorität massiv. Was hilft in dieser Situation weiter?

Diese Fälle kann es immer wieder geben. Einen der Mitarbeiter kann der Chef einfach nicht leiden, weil er opponiert, schlechte Stimmung im Team macht und mit seiner Persönlichkeit aneckt. Unangenehm wird dies insbesondere, wenn es sich dabei um eine wichtige Fachkraft handelt. Diese Situationen sind für Führungskräfte extrem fordernd, müssen aber entschieden angegangen werden.

Machen Sie im ersten Schritt eine Analyse und schreiben Sie auf, was Ihnen aufgefallen ist.

- Klären Sie, was Sie konkret an dem Mitarbeiter stört.
- Was in seinem Verhalten ist Ihnen aufgefallen?
- War das Verhalten des Mitarbeiters schon immer so?
- Wenn nicht, wann hat es sich verändert?
- Über was genau ärgern Sie sich?
- Gibt es etwas, was Sie am Kollegen schätzen?
- Mit was für einem Persönlichkeitstyp haben Sie zu tun?

Führen Sie ein Gespräch mit Ihrem Mitarbeiter, beschreiben Sie die Situation aus Ihrer Sicht und machen ihm ein Angebot, um das angekratzte Vertrauen wieder zu reparieren. Die meisten Mitarbeiter reagieren erleichtert und gehen darauf ein. Und wenn Ihr Gegenüber die Offerte ablehnt, haben Sie ebenfalls Gewissheit, dass es auf Dauer nicht mehr funktionieren kann. Eine faire Chance haben Sie dem Mitarbeiter gegeben.

Also bittet Streeb seinen aufmüpfigen Top-Verkäufer zum Gespräch. Er stellt erst mal die vielen Erfolge und die gute Kundenbeziehung seines Mitarbeiters heraus und fragt diesen dann, wie er sich zukünftig die Zusammenarbeit vorstelle. Streeb schildert seinen Eindruck, dass er seit einiger Zeit das Gefühl hat, dass das Miteinander stark belastet sei. Sein Mitarbeiter erklärt ihm, dass er Sorge habe, mit dem neuen Provisionssystem Gehaltseinbußen hinnehmen zu müssen und dass er seine Kunden persönlich nicht mehr so häufig sieht. Streeb bietet ihm daraufhin an, dass er mit ihm gemeinsam an der Einführung des geplanten Provisionssystems arbeiten wird und das neue System vor Einführung dann noch mal zu überprüfen. Das findet der Mitarbeiter sehr gut, so kann er sich einbringen. Es war ein erfolgreiches Gespräch und die Zusammenarbeit und die Einführung des neuen Provisionsmodells verlaufen in der Folgezeit ohne Probleme.

Hieraus ergeben sich folgende Fragen:

1. Welche verschiedenen Mitarbeitertypen gibt es?

2. Woran lassen sich diese Mitarbeitertypen erkennen?

3. Wie muss man mit den unterschiedlichen Mitarbeitertypen umgehen?

4. Wie lassen sich die Kommunikation und die Zusammenarbeit mit einzelnen Mitarbeitertypen verbessern?

Die im Folgenden erläuterte PRO-Strategie (The Social Styles Handbook, 2004) beschreibt menschliche Verhaltens- und Kommunikationsweisen nach der Reaktion auf die Umgebung. Jedem Menschen lassen sich bestimmte Verhaltens- und Kommunikationsmerkmale zuordnen. Durch Ihr Verständnis für die individuellen Typen und vor allem durch Ihr Eingehen auf deren unterschiedliche Bedürfnisse können Sie die Kommunikation mit Ihren Mitarbeitern wesentlich erfolgreicher gestalten.

6.1 Verschiedene Mitarbeitertypen richtig verstehen

„Mein Chef versteht mich nicht, ich verstehe meinen Chef nicht, sonst haben wir nichts gemeinsam."

(Unbekannt)

Zu erkennen, wie Sie mit unterschiedlichen Mitarbeitern wirkungsvoll kommunizieren, sie überzeugen und motivieren, ist für Sie ein wichtiger Erfolgsfaktor als Führungskraft. Ihre Aufgabe ist es, die Dynamik von Persönlichkeiten am Arbeitsplatz zu verstehen, um mit ihnen erfolgreich umzugehen und Ihre gemeinsamen Ziele erfolgreich zu erreichen.

Durch eine bewusste Reflexion Ihrer eigenen Potenziale und Bedürfnisse, des von Ihnen bevorzugten Verhaltensstils und der sich daraus ergebenden Führungsrolle begeben Sie sich auf den Weg zur Selbsterkenntnis. Damit vollziehen Sie einen wichtigen Schritt zur Analyse und Weiterentwicklung Ihrer Führungspersönlichkeit, und es gelingt Ihnen auch besser, durch individuelle Ansprache Ihre Mitarbeiter individueller zu motivieren.

Wie in der oben dargestellten Situation fragen Sie sich verwundert, warum Ihr Mitarbeiter Sie offensichtlich nicht versteht. Obwohl Sie sich in Ihrer Erklärung des Sachverhalts so viel Mühe gegeben haben, müssen Sie begründen, präzisieren und in manchen Situationen auch relativieren. Dies passiert Ihnen regelmäßig bei ein- und demselben Mitarbeitertyp. Es kommt offensichtlich immer wieder zu Missverständnissen. Ein anderer Mitarbeiter wiederum kann nie auf den Punkt kommen und spricht ständig begeistert von seinen neuen Ideen. Wenn Sie ihn allerdings das nächste Mal danach fragen, weiß er meist gar nichts mehr davon und versucht, Sie von seinen nächsten „neuen Ideen" zu überzeugen.

Menschen verhalten sich und kommunizieren unterschiedlich (Hettl, 2002c), was stark vom individuellen Persönlichkeitstyp abhängt. Im täglichen Umgang erleben Sie dieses unterschiedliche Kommunikationsverhalten bei Ihren Mitarbeitern. Es gibt kein idealtypisches Mitarbeiter- bzw. Kommunikationsverhalten. Die im Folgenden vorgestellten Ausprägungen sind wertneutral zu verstehen. Denn erfolgreicher Austausch mit anderen hängt in erster Linie vom Verständnis der Gesprächspartner füreinander ab.

Der erste Schritt besteht darin, dass Sie Ihre persönliche Typausprägung und die Ihrer Mitarbeiter erkennen. Im nächsten Schritt finden Sie je nach Persönlichkeitstyp die optimale und individuelle Ansprache, um den Betreffenden im Hinblick auf das gemeinsame Ziel zu sensibilisieren und zu motivieren. Mehr dazu nachfolgend.

6.2 Grundausprägungen der Typen nach der PRO-Strategie

> „Ein Geheimnis des Erfolgs ist, den Standpunkt des anderen zu verstehen."
>
> (Henry Ford)

Stellen Sie sich bei der Betrachtung der Grundausprägungen von menschlichen Verhaltensstilen ein Kreuz vor, das sogenannte Persönlichkeitskreuz. Die Nord-Süd-Richtung des Kreuzes symbolisiert, ob im beobachtbaren Verhalten und in der Kommunikation die rationale Dimension oder die emotionale Dimension stärker ausgeprägt ist. Ist der oder die Betreffende mehr verstandes- oder mehr gefühlsorientiert, mehr kopf- oder mehr bauchgesteuert oder beides?

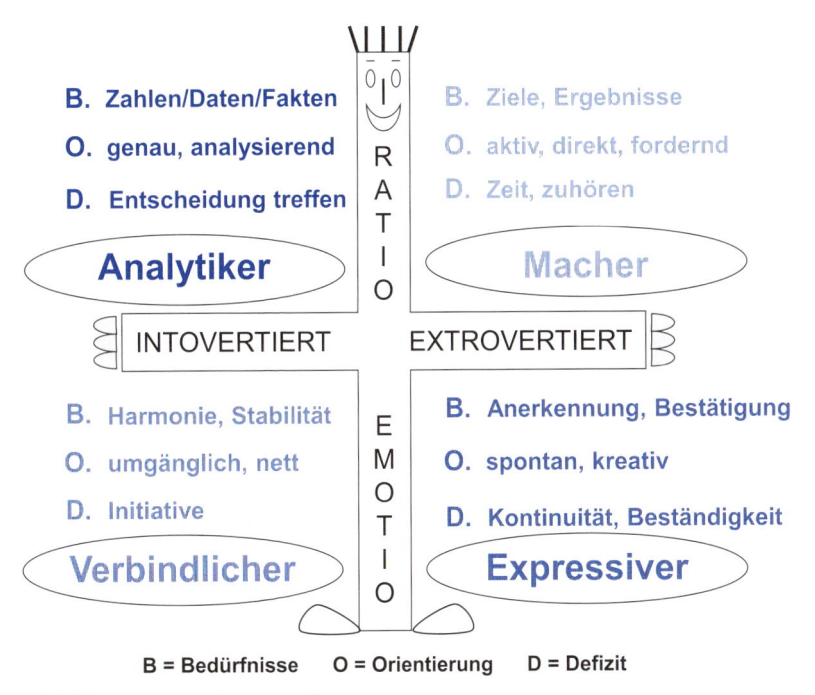

Analytiker
- B. Zahlen/Daten/Fakten
- O. genau, analysierend
- D. Entscheidung treffen

Macher
- B. Ziele, Ergebnisse
- O. aktiv, direkt, fordernd
- D. Zeit, zuhören

INTOVERTIERT — EXTROVERTIERT

Verbindlicher
- B. Harmonie, Stabilität
- O. umgänglich, nett
- D. Initiative

Expressiver
- B. Anerkennung, Bestätigung
- O. spontan, kreativ
- D. Kontinuität, Beständigkeit

B = Bedürfnisse   O = Orientierung   D = Defizit

Abbildung: „4 Richtungen"

Die Ost-West-Richtung sagt etwas darüber aus, wie jemand auf sein Umfeld Einfluss nimmt. Ist er eher ein extrovertierter Typ, der aus sich herausgeht, oder ein introvertierter Typ, der eher abwartet? Auch hier gibt es die Möglichkeit, dass beide Ausprägungen vorliegen. Generell lassen sich die unterschiedlichen Kommunikationstypen anhand ihrer grundlegenden Typausprägung, ihrer primären Bedürfnisse und ihrer Defizite in den Verhaltensausprägungen beschreiben.

Macher brauchen Ergebnisse

„Der Macher sagt: Just do it". Den Macher werden Sie im Dialog und in seinem Auftreten als aktiv, eindringlich, „auf den Punkt kommend" und manchmal als offensiv empfinden. Macher sind direkt und konzentrieren ihre Bemühungen auf die momentanen Ziele. Das Motto des Machers könnte lauten: „Es gibt viel zu tun, packen wir's an." Er entscheidet schnell und wirkt ungeduldig, wenn sich die Dinge nicht so rasch entwickeln, wie er es sich vorstellt. Sein Bedürfnis nach Strukturiertheit lässt ihn im Vorgehen formell und geordnet erscheinen. Der Macher erwartet viel von sich und anderen und führt selbst gern. Dies wird in Verbindung mit seinem Wunsch nach Unabhängigkeit oft als Machtstreben empfunden.

Macher fühlen sich gelegentlich missverstanden und wenig anerkannt, wenn deren Umfeld die Ergebnisorientierung nicht teilt. Da hilft zuhören. Auch andere haben brauchbare Ideen, die sich zur gemeinsamen Ergebnisorientierung nutzen lassen.

Expressive brauchen Begeisterung

„Der Expressive sagt: Ich kann es kaum erwarten heute wieder zu hören, was ich zu sagen habe". Sprechen Sie mit einem Expressiven, so empfinden Sie ihn als aktiv, eindringlich und kontaktfreudig. Expressive gehen auf andere zu und scheuen sich nicht, ihre Gefühle zu zeigen. Kreativität und Spontanität sind ihre Kennzeichen. Disziplin ist ihnen eher fremd, ebenso nüchterne Objektivität oder langweilige Routine. Sie können aber inspirierend sein und andere mitreißen. Ihre spontane Begeisterungsfähigkeit führt nicht selten dazu, dass sie die Realität durch eine rosarote Brille sehen. Dabei wirkt der Expressive eher lässig und braucht eine abwechslungsreiche Tätigkeit, in der er seine Kreativität entfalten kann. Wie ein Schauspieler auf der Bühne genießt er seine gefühlsbetonte Selbstdarstellung. Diese

Abhängigkeit vom Beifall der anderen macht den Expressiven selbst sehr beeinflussbar.

Sind Sie selbst expressiv, so können Sie Ihre Beziehungen und Ihren Erfolg dadurch optimieren, dass Sie sich etwas mehr Zeit nehmen und abwägen. Stürzen Sie sich nicht kopfüber in Situationen, deren Tragweite Sie noch nicht abschätzen können. Nehmen Sie das Tempo aus dem Spiel, disziplinieren Sie sich mehr und prüfen Sie, bevor Sie handeln. Machen Sie sich bewusst, dass nicht alle Menschen Ihren Hang zum Ausdruck von Gefühlen teilen und sich unter Umständen vor den Kopf gestoßen fühlen. Wenn Sie das beherzigen, dann können Sie auch diejenigen stärker inspirieren, die bisher eher Distanz zu Ihnen gehalten haben.

Verbindliche brauchen persönliche Beziehungen

„Der Verbindliche lässt die Dinge auf sich zukommen und ist glücklich, wenn sie an ihm vorbei gehen". Der Verbindliche erscheint Ihnen im Gespräch freundlich, lässig, ungezwungen und informell. Er legt großen Wert auf persönliche Beziehungen und schätzt dementsprechend Vertrauen, Verständnis und Freundlichkeit. Verbindliche sind sehr sensibel für die zwischenmenschliche Atmosphäre. Wie Seismografen spüren sie, wenn etwas in der Luft liegt, und scheuen sich nicht, zu vermitteln oder Konflikten vorzubeugen. Die Zugänglichkeit des Verbindlichen macht ihn beeinflussbar, da er Wert auf gute Beziehungen legt. Er ist nicht selten daran interessiert, andere zufriedenzustellen. Verbindliche entwickeln wenig Eigeninitiative und brauchen die Anleitung anderer.

Wenn Sie eine Tendenz zum Verbindlichen haben und Ihre Stilmöglichkeiten erweitern möchten, dann sagen Sie hin und wieder Nein. Gehen Sie kleine Risiken ein und setzen Sie sich Ziele, die Sie herausfordern und die Sie auch erreichen können. Übernehmen Sie die Initiative. Dieses Vorgehen wird anderen Menschen signalisieren, dass Sie nicht nur der kompromissbereite Vermittler sind, für den viele Sie halten. Manch einer, der Sie heute nicht so ganz ernst nimmt, wird dann darüber staunen, wie entschieden Sie sein können.

Analytiker brauchen Klarheit

„Der Analytiker sagt: Doppelt genäht hält besser". Einen Analytiker können Sie daran erkennen, dass er in der Hauptsache bestrebt ist, die Ursachen und Zusammenhänge rational und logisch zu erfassen, um zu optimalen und richtigen Ergebnissen zu gelangen. Dazu stellt er gern gezielte Fragen, sammelt Fakten und studiert die Daten eingehend. Dies erweckt bei anderen leicht den Eindruck der Langsamkeit. Weil er zudem seine Gedanken nicht spontan äußert, direktive und eindringliche Verhaltensweisen vermeidet, wird er als vorsichtig, reserviert und nicht selten als steif empfunden. In der Kommunikation legt der Analytiker bei sich selbst und beim Anderen großen Wert auf Korrektheit. Spontane und nicht so ordentliche Menschen erzeugen häufig Spannungen in ihm, die sich nach einer gewissen Zeit in plötzlich gezeigten Emotionen ausdrücken.

Für Sie als Analytiker beginnt die Optimierung Ihres Verhaltensstils damit, dass Sie sagen, was Sie denken. Ihre Gefühle können andere nicht erahnen. Zeigen Sie diese öfter. Äußern Sie Ihre Gedanken spontaner und zeigen Sie, dass Sie zügig entscheiden können, um den Eindruck der Langsamkeit zu vermeiden.

6.3 Steigern Sie Ihre Akzeptanz

> *„Wer Menschenkenntnis besitzt, ist gut, wer Selbsterkenntnis besitzt, ist erleuchtet."*
>
> *(Ostasiatische Weisheit)*

Wichtig für Sie zum Verständnis der PRO-Strategie ist, dass jeder Mensch aus allen vier Sektoren Anteile in sich vereint, wobei der jeweilige Anteil unterschiedlich stark ausgeprägt sein kann. Jede Kombination von Verhaltensausprägungen ist als wertneutral zu sehen. Das Entscheidende ist, dass Sie erkennen, wo Sie sich selbst befinden. Dies erschließt Ihnen, wie Sie in Führungssituationen noch erfolgreicher mit anderen umgehen: Jeder Mitarbeitertypus hat dort Schwachpunkte, wo der ihm diagonal gegenüberliegende Typus stark ist. So braucht der Macher genau das, was der Verbindliche im Überfluss hat: die Fähigkeit zuzuhören. Andererseits benötigt der Verbindliche das, womit der Macher reich ausgestattet ist: Initiative. Der Expressive braucht das, was der Analytiker ausgiebig hat: Kontinuität und Besonnenheit. Und der Analytiker braucht etwas von dem, was dem Expressiven von Natur aus gegeben scheint: Entscheidungsfreude. Durch das Verstehen der Kommunikations- und Verhaltenstypen und deren Bedürfnisse können Sie diese zielgerichtet und klarer ansprechen und so Ihr Gegenüber besser erreichen und nachhaltiger motivieren.

6.3 Steigern Sie Ihre Akzeptanz

Soziale Akzeptanz resultiert dabei in erster Linie aus Ihrem Vermögen, sich den anderen Kommunikationstypen in deren Bedürfnissen und den daraus resultierenden Handlungen anzunähern. Die Annäherung bedeutet für die gefühlskontrollierten Typen des Machers und Analytikers, dass sie ihr gefühlsbetontes Verhalten verstärken.

- Verbalisieren Sie Gefühle.
- Machen Sie ehrlich empfundene persönliche Komplimente.
- Seien Sie bereit, Zeit auf Beziehungen zu verwenden.
- Engagieren Sie sich in Konversation und zeigen Sie sich gesellig.
- Verwenden Sie eine freundliche und auch nonverbale Sprache.

Sind Sie mehr der gefühlsauslebende Typ des Expressiven und des Verbindlichen, dann nehmen Sie emotionale Verhaltensweisen stärker zurück.

- Sprechen Sie weniger.
- Zeigen Sie Ihre Begeisterung zurückhaltender.
- Gründen Sie Ihre Entscheidungen mehr auf Fakten.
- Halten Sie stärker ein, was Sie zusagen.
- Erkennen Sie auch an, was andere denken.

Finden Sie sich bei den Kommunikationstypen des Verbindlichen und des Analytikers wieder, sollten Sie bestimmter auftreten.

- Kommen Sie schneller zum Wesentlichen.
- Informieren Sie mehr aus eigenem Antrieb.
- Vertreten Sie Ihre eigene Meinung mit Selbstbewusstsein.
- Handeln Sie aus Ihrer eigenen Überzeugung.
- Beginnen Sie selbst mit einer Konversation.

Tendieren Sie mehr zu den Typen des Machers und des Expressiven, sollten Sie ein weniger bestimmendes Verhalten an den Tag legen.

- Fragen Sie nach der Meinung der anderen.
- Halten Sie sich tendenziell zurück beim Entscheidungsprozess.
- Hören Sie zu, ohne zu unterbrechen.

- Passen Sie sich den anderen in deren Umgang mit der Zeit eher an.
- Überlassen Sie auch anderen die Führung.

Durch Ihr Führungsverhalten beeinflussen Sie Ihre Mitarbeiter. Es ist Ihre Aufgabe, sich selbst zu erkennen und Ihre Mitarbeiter und Ihr Team weiterzuentwickeln. Dies können Sie durch eine typspezifische Ansprache der einzelnen Mitarbeiter positiv beeinflussen. Wenn Sie die unterschiedlichen Typen und deren Bedürfnisse in Ihrer Kommunikation berücksichtigen, erzielen Sie mehr Motivation und Akzeptanz, weil sich Ihre Mitarbeiter besser verstanden fühlen. Als Leader erhöhen Sie Ihre soziale Akzeptanz und erreichen damit einen produktiveren Umgang mit Ihrem Umfeld.

Leichter durch den Führungsalltag: Umgang mit den vier Persönlichkeitstypen

Macher

- Geben Sie ihm kurze, präzise Informationen.
- Lassen Sie ihn selbstständig arbeiten.
- Delegieren Sie dringende Aufgaben an ihn.
- Geben Sie ihm klare Ergebnisziele, die eher kurzfristig ausgerichtet sind.
- Kommunizieren Sie mit ihm direkt und ohne Umwege.

Expressive

- Erkennen Sie seine Leistungen an.
- Helfen Sie ihm, Strukturen zu entwickeln, damit er Aufgaben zum Abschluss führt.
- Zeigen Sie Wertschätzung.
- Vergewissern Sie sich, dass er Ihre spezifischen Leistungserwartungen und den zeitlichen Rahmen versteht und akzeptiert.
- Kreative Aufgaben sind die richtigen für ihn.

Verbindliche

- Sorgen Sie für eine positive Arbeitsatmosphäre.
- Lassen Sie Raum für Persönliches und zum „Warm-Werden".

6.3 Steigern Sie Ihre Akzeptanz

- Achten Sie besonders auf Zuverlässigkeit und Vertrauen.
- Geben Sie praktische schrittweise Anleitung mit Einzelbetreuung.
- Erklären Sie, wie Entscheidungen die Stabilität in der Zusammenarbeit verbessern.

Analytiker

- Bereiten Sie sich auf Gespräche (fachlich) detailliert vor.
- Aufgaben, bei denen es besonders auf Sorgfalt ankommt, sind die richtigen für ihn.
- Machen Sie klar, dass es Ihnen wichtig ist, ihn richtig zu verstehen.
- Gehen Sie ein Gespräch logisch und systematisch an.
- Erklären Sie, warum Aufgaben getan werden sollen und wie das Ganze zusammenhängt.

Zusammenfassung Kapitel 6:

Die Entwicklung Ihrer Mitarbeiter können Sie durch eine typspezifische Ansprache nach deren individuellen Verhaltenspräferenzen positiv beeinflussen. Wenn Sie die unterschiedlichen Verhaltenstendenzen des Machers, des Expressiven, des Verbindlichen und des Analytikers und deren Bedürfnisse in Ihrer Kommunikation berücksichtigen, erzielen Sie mehr Motivation und Akzeptanz, weil sich Ihre Mitarbeiter besser verstanden fühlen.

7. Kapitel

Kündigung wegen Formfehler unwirksam – Das darf nicht passieren!

„Abschiedsworte müssen kurz sein, wie eine Liebeserklärung."

(Theodor Fontane)

Kündigungsgespräche sind eine besondere Herausforderung für Sie als Führungskraft. Die meisten Führungskräfte empfinden Kündigungsgespräche verständlicherweise als unangenehm. So zeigt eine Studie von 1998 aus den USA, dass 791 Herzinfarkt-Opfer (Röttgers, 2005: K 870/1) angegeben haben, dass der Auslöser für Ihren Zusammenbruch der Stress und die Angst war, eine Kündigung auszusprechen.

Wenn Sie als Arbeitgeber eine Kündigung aussprechen, kommt es entscheidend darauf an, dass Sie die Formalien einhalten, wie Schriftlichkeit, Zugangsbeweis und Unterschrift.

Fallbeispiel:
Ein Arbeitgeber hatte einen schwerwiegenden Grund, einer Mitarbeiterin fristlos zu kündigen. Doch dabei unterlief ihm ein folgenschwerer Fehler: Das Kündigungsschreiben wurde von ihm lediglich mit einer aus zwei Zeichen bestehenden Paraphe „unterschrieben". Aus diesem Grund hielt die Arbeitnehmerin die Kündigung für wirkungslos. Sie genüge nicht dem Gebot der Schriftlichkeit. Der gesetzliche Hintergrund ist, dass Kündigungen durch den Arbeitgeber immer nur schriftlich ausgesprochen werden können. Vor Gericht bekam die Mitarbeiterin Recht.

Das heißt für Sie als Kündigungsberechtigter, wenn die Kündigung nur Ihre Initialen oder eine aus 2 Zeichen bestehende Paraphe enthält, so ist diese unwirksam. Es gehört immer Ihre vollständige Unterschrift darunter (LAG Hessen, Urteil vom 22.03.2011, Az. 13 Sa 1593). Der Fall zeigt, dass Kündigungen oftmals an Kleinigkeiten scheitern können. Achten Sie deshalb tunlichst darauf, dass Ihnen solche Fehler nicht passieren. Diese kosten Zeit, Geld und insbesondere Nerven.

Hieraus ergeben sich folgende Fragen:

1. Was ist bei der Vorbereitung von Kündigungsgesprächen zu beachten?

2. Was ist bei der Durchführung eines Kündigungsgespräch zu beachten?

3. Was ist eine empfehlenswerte Vorgehensweise für das Kündigungsgespräch?

4. Wie gehen Sie mit emotionalem Verhalten Ihres Mitarbeiters im Kündigungsgespräch um?

5. Welche Begründung im Kündigungsgespräch ist zweckmäßig?

6. Was ist bei der Nachbereitung eines Kündigungsgespräches zu beachten?

Kündigungsgespräche gehören zu Ihren Führungsaufgaben, wenn auch zu denen, bei denen es um besondere Herausforderungen geht. Sie lassen sich nicht delegieren, auch wenn das so im US-amerikanischen Film „Up in the Air" dargestellt wird. Da ziehen George Clooney und seine junge Kollegin konsequent Kündigungsgespräche für Führungskräfte durch. Als eine Art externe Stellvertreter entlassen sie Mitarbeiter, die sie nie zuvor gesehen haben und dies manchmal sogar per Videoübertragung am Computer. Abgesehen davon, dass dies bei uns rechtlich nicht möglich ist, wäre das auch eine fatale Trennungskultur, die sich deutlich negativ auf das Gesamtunternehmen auswirken würde.

Fehler haben gerade bei Kündigungsgesprächen teure Folgen in Form von hohen Abfindungen, Prozess- und Anwaltskosten und schlechter Stimmung bei den anderen Mitarbeitern. Anhaltende Kündigungsquerelen führen schließlich zu einer erhöhten Fluktuation bei den verbleibenden Mitarbeitern. Dieses sogenannte Survivor-Syndrom, bei dem Leistungsträger aus Unsicherheit aus dem Unternehmen flüchten, müssen Sie unbedingt vermeiden. Daher geht es im folgenden Kapitel darum, wie Sie Kündigungsgespräche richtig führen und den Trennungsprozess möglichst optimal für alle Beteiligten gestalten. Das heißt konkret, welche Phasen es im Kündigungsprozess gibt, welche Schritte Sie berücksichtigen müssen und wie Sie konkret bei einem Kündigungsgespräch vorgehen.

7.1 Kündigungsgespräche effektiv führen

„Der eine bekommt die Kündigung, der andere eine Entlassungsurkunde! Gemeinsam ist beiden, dass sie ihren Job los sind, ... letzterer allerdings als Besitzer eines goldenen Fallschirms. Und eines großen Zapfenstreiches ..."

(Frank Wisniewski)

Nicht nur in Krisenzeiten nimmt der Druck, personelle Veränderungen durchzuführen, zu. Aufgrund der hohen Veränderungsgeschwindigkeit und der gestiegenen Flexibilität kann es durchaus dazu kommen, dass auch Sie eine Kündigung aussprechen müssen. Wenn keine anderen Lösungsmöglichkeiten existieren, bleibt nur der Weg der Trennung, ob einvernehmlich oder auf einseitigem Wege.

Grundsätzlich laufen Kündigungsgespräche nicht nach einem einheitlichen Schema ab, weil die Gründe für Kündigungen unterschiedlich sind. Ein reines sachliches Gespräch, bei dem es nur um Fakten geht, ist bei einem Kündigungsgespräch nur schwer möglich. Gerade in Kündigungsgesprächen spielen Emotionen oftmals eine große Rolle: die Ihres Mitarbeiters und selbstverständlich auch Ihre eigenen. Diese Gefühle lassen sich nur schwerlich verbergen und können nicht ausgeblendet werden.

Die Trennungsbotschaft löst bei Ihrem Mitarbeiter meistens starke Gefühle aus. Es gibt für Kündigungsgespräche daher keine Patentrezepte, weil es für Sie meist schwer vorhersehbar ist, wie Ihr Mitarbeiter auf die Kündigung emotional reagieren wird. Sie müssen sich jedoch auf eine mehr oder weniger emotionsgeladene Situation einstellen. Gerade deshalb ist es wichtig, dass Sie das Kündigungsgespräch sorgfältig vorbereiten. Nur so können Sie sicherstellen, dass auch Sie, in dieser emotional herausfordernden Situation eines Kündigungsgesprächs, ziel- und ergebnisorientiert steuern.

Wenn Sie einen wichtigen Grund für eine fristlose Kündigung haben, wie z.B. den Anlass eines Diebstahls, dann hören Sie Ihren Mitarbeiter lediglich an. Ein Kündigungsgespräch als solches findet nicht statt, sondern Sie führen nur ein Anhörungsgespräch durch.

Ein Kündigungsgespräch findet in diesem Fall nicht statt, denn bei einer fristlosen Kündigung haben Sie Ihrem Mitarbeiter nichts mehr zu sagen, außer dem Fakt der fristlosen Kündigung.

Anders verhält es sich bei einer sogenannten ordentlichen Kündigung, die mit der Person oder dem Verhalten Ihres Mitarbeiters zu tun hat oder aber aus Gründen resultiert, die Ihr Mitarbeiter nicht zu verantworten hat, weil diese betriebsbedingt sind, also aufgrund von wirtschaftlichen Gründen erfolgen. In diesen Fällen erläutern Sie Ihrem Mitarbeiter im Kündigungsgespräch die Gründe, die diese rechtfertigen.

„Kein Abschied auf der Welt fällt schwerer als der Abschied von der Macht."

(Charles Maurice de Talleyrand)

Das Kündigungsgespräch bringt es mit sich, dass anders, als bei einem regulären Mitarbeitergespräch, wie zum Beispiel einer Leistungsbeurteilung, es bei einem Kündigungsgespräch weder einen positiven Einstieg noch einen optimistischen Abschluss geben wird. Für Sie als Führungskraft, die Sie das Gespräch führen und Ihren Mitarbeiter kennen und zu ihm eine menschliche Beziehung haben, heißt das: Sie müssen in Ihrem Denken und Ihrer Einstellung umschalten, denn eine Kündigung bedeutet Abschied nehmen, die Bedrohung der Existenz aussprechen und Ihren Mitarbeiter in eine ungewisse Zukunft schicken.

Deshalb ist es unverzichtbar, dass Sie ein Kündigungsgespräch gut vorbereiten. Sie sind es Ihrem Mitarbeiter schuldig, eine schlüssige Begründung zu liefern. Insbesondere trägt die Art und Weise der Durchführung einer fairen Kündigung auch dazu bei, die Motivation Ihrer verbleibenden Belegschaft zu erhalten. Eine gute Trennungskultur basiert im Kern auf den gleichen Voraussetzungen, wie eine gute Unternehmenskultur: offene und frühe Kommunikation, Transparenz und Ehrlichkeit, Fairness, Respekt, Wertschätzung und Sensibilität.

7.2 Vorbereitung eines Kündigungsgesprächs

> *„Immer ist der Erfolg von der entsprechenden Vorbereitung abhängig."*
>
> (Aus China)

Nur mit einer umfassenden Vorbereitung sind Sie für alle möglichen Fragen, die sich im Kündigungsgespräch ergeben können, gerüstet. Stellen Sie alle relevanten Unterlagen zusammen und arbeiten Sie diese gründlich durch. Hierbei können Sie Unterstützung von Ihrem Personalleiter bzw. einem Fachanwalt für Arbeitsrecht erhalten.

Leichter durch den Führungsalltag: Unterlagen Kündigungsgespräch

Unterlagen die Sie für ein Kündigungsgespräch benötigen (Röttgers, 2005: K 870/3):

- ☐ *Alle rechtlich relevanten Fakten (z.B. Tarif-/Einzelvertrag/Kündigungsfristen/Kündigungsschutz ...)* ✔
- ☐ *Mitarbeiterdaten in der Personalakte (z.B. Alter, Familienstand, Dauer der Unternehmenszugehörigkeit, Gehalt, noch verbleibender Urlaubsanspruch, Stand des Arbeitszeitkontos, Beurteilungen, ...)*
- ☐ *Personen- oder verhaltensbedingte Kündigung (z.B. Entstehungsgeschichte, Beweise, Abmahnungen, alle Informationen zum die Kündigung auslösenden Vorfall ...)*
- ☐ *Betriebsbedingte Kündigung (z.B. Sozialplan, Auswahlfaktoren, Angebot zur Abfindung ...)*
- ☐ *Vertragsauflösung (z.B. Aufhebungsvertrag, Abfindungsangebot, Austrittstermin ...)*
- ☐ *Verhandlungsfragen (z.B. Rückzahlung von Weihnachts-/Urlaubsgeld, Verlängerung der Kündigungsfrist, Freistellung von der Arbeit, Erstattung von Fortbildungskosten ...)*

Das Kündigungsgespräch führen Sie als direkter Vorgesetzter in der Regel unter vier Augen durch. Es ist durchaus sinnvoll darüber nachzudenken, ob Sie eine weitere Person hinzuziehen. Das kann ein Zeuge für das Gespräch sein oder eine Person, die dem Gekündigten Beistand leistet. Insbesondere bei der Kündigung einer

7. Kapitel Kündigung wegen Formfehler unwirksam

weiblichen Mitarbeiterin durch einen männlichen Vorgesetzten, ist es empfehlenswert, dass eine dritte Person anwesend ist. In einem Kündigungsfall können Sie konkret den zuständigen Mitarbeiter aus dem Personalbereich, ein Mitglied des Betriebsrates oder den Betriebsarzt hinzuziehen.

Leichter durch den Führungsalltag: Rechtliche Aspekte bei Kündigungen

1. Eine Kündigung ohne Anhörung des Betriebsrates ist unwirksam, deshalb informieren Sie den Betriebsrat schriftlich und legen Sie die Kündigungsgründe detailliert dar. Der Betriebsrat hat eine Woche Zeit für seine Stellungnahme.

2. Eine Kündigung muss schriftlich ausgehändigt werden. Am besten, es gibt einen Zeugen, der die Übergabe des Kündigungsschreibens bestätigen kann.

3. Bei einer fristlosen Kündigung, wie bspw. bei nachgewiesenem Betrug oder Diebstahl, haben Sie zwei Wochen Zeit nachdem Ihnen der Kündigungsgrund bekannt geworden ist, zu reagieren. Deshalb ist es für Sie wichtig sofort zu handeln.

Legen Sie für das Kündigungsgespräch einen fairen Termin fest. Dieser ist vom Wochentag prinzipiell eher Montag, Dienstag oder Mittwoch, sodass Ihrem Mitarbeiter noch die Möglichkeit für ein Folgegespräch bleibt. Von der Tageszeit bietet sich der frühe Nachmittag an, so erreicht Ihr Mitarbeiter noch jemanden zum Austausch. Wenn es Ihnen möglich ist, sollten Sie auch sensibel sein, was den Tag angeht. So ist ein Geburtstag oder Firmenjubiläum oder der Zeitraum direkt vor Weihnachten nicht wirklich geeignet. Grundsätzlich müssen Sie sich für das Gespräch mental gut fühlen, daher suchen Sie sich eine geeignete Uhrzeit aus, bei der Sie ihr Leistungshoch haben.

Das Gespräch sollten Sie entsprechend Ihrer internen Gepflogenheiten ankündigen und auf die Frage Ihres Mitarbeiters worum es geht, mit einer allgemeinen Formulierung wie zum Beispiel „Ich möchte mit ihnen über Sie persönlich sprechen", antworten.

Die Gesprächsatmosphäre sollte angemessen sein, was bedeutet, dass das Kündigungsgespräch als solches ungestört in einem ruhigen Raum stattfindet. Auch wenn das eigentliche Kündigungsgespräch nur zwischen zehn bis 20 Minuten dauert, sollten Sie zusätzliche

Reservezeit einplanen, für den Fall dass Sie dem gekündigten Mitarbeiter eine Reihe von Fragen beantworten müssen, Sie Sachverhalte mehrmals wiederholen müssen oder die emotionale Stabilität des Mitarbeiters es nicht zulässt, ihn aus Ihrem Büro zu entlassen. Setzen Sie sich an Ihren Besprechungstisch, damit signalisieren Sie gleiche Augenhöhe. Bieten Sie ein Glas Wasser an und halten Sie Taschentücher für alle Fälle bereit.

7.3 Leitfaden zur Durchführung eines Kündigungsgesprächs

„Meistens hat, wenn zwei sich scheiden, einer etwas mehr zu leiden."

(Wilhelm Busch)

Ein Kündigungsgespräch gliedert sich in fünf Phasen. Sie haben für das Gespräch im Vorfeld eine Checkliste mit den wichtigsten Formulierungen und den für Sie roten Faden des Verlaufs vorbereitet. Die wichtigsten Sätze sollten Sie vorformulieren und mehrmals aussprechen, sodass Ihnen diese, auch in einer für Sie angespannten Atmosphäre, routiniert über die Lippen gehen. Eine besondere Bedeutung kommt dem ersten Satz der Gesprächseröffnung zu. Lernen Sie diesen auswendig und üben Sie ihn, indem Sie ihn sich immer wieder vorsagen und beispielsweise mit einem Diktiergerät aufnehmen. Beim Anhören werden Sie feststellen, wann Sie den Satz gut formulieren.

1. Gesprächseröffnung

Die Gesprächseröffnung ist wichtig. Hier sollten Sie darauf achten, diese sehr kurz zu halten und ohne große Aufwärmphase zum Anlass des Gespräches kommen. Aus Unsicherheit herumlavieren und in Floskeln zu verfallen bringt nichts. Leiten Sie das Gespräch, nach einer kurzen Frage zum Befinden, sachlich ein und nennen Sie klar und deutlich, um was es geht. „Frau Günter, Danke für Ihr Kommen. Ich möchte mit Ihnen über Ihr Arbeitsverhältnis sprechen."

2. Aussprechen der Kündigung

Die Kündigungsbotschaft müssen Sie in den ersten fünf Sätzen unmissverständlich aussprechen. Kommen Sie sofort zur Sache und reden Sie nicht um den „heißen Brei" herum, der zentrale Satz muss

7. Kapitel Kündigung wegen Formfehler unwirksam

immer lauten: „Hiermit kündige ich Ihnen, Frau Günter, fristgerecht zum …"

Wichtig ist, dass Sie Ihren Mitarbeiter mit seinem Namen ansprechen und die sprachliche Ich-Form verwenden. Nur so bringen Sie zum Ausdruck, dass Sie sich mit der Kündigung identifizieren, senden eine starke Botschaft und zeigen, dass Sie hinter der Kündigung auch stehen.

Formulieren Sie Ihre Kündigungsbotschaft klar und deutlich. Sprechen Sie von Trennung, Kündigung oder Aufhebung. Drücken Sie Ihr ehrliches Mitgefühl aus, indem Sie beispielsweise sagen: „Es tut mir wirklich leid".

Leichter durch den Führungsalltag: Beispielformulierungen verhaltensbedingte Kündigung

1. Frau Günter, Sie haben in den letzten Monaten wegen unentschuldigtem Fehlen am Arbeitsplatz zwei Abmahnungen erhalten.
2. Gestern sind Sie erneut, ohne Grund, Ihrem Arbeitsplatz fern geblieben.
3. Heute möchte ich deshalb das tun, was ich Ihnen bereits in den beiden Abmahnungen klar und deutlich angekündigt habe.
4. Frau Günter, ich kündige Ihnen das Arbeitsverhältnis und zwar fristgerecht zum 31.03.
5. Es tut mir leid, jedoch haben Sie mehrere Chancen gehabt und diese nicht genutzt.

Leichter durch den Führungsalltag: Beispielformulierungen betriebsbedingte Kündigung

1. Herr Lehmann, ich muss mit Ihnen heute ein wichtiges Gespräch führen.
2. Wie Sie wissen, hat sich unser Auftragsvolumen halbiert. Deshalb hat die Unternehmensführung einige Sparmaßnahmen beschlossen und seit einigen Wochen Verhandlungen mit dem Betriebsrat geführt. Wie Sie wissen, müssen wir Arbeitsplätze abbauen und führen hierzu schon Gespräche.
3. Dazu zählen fünf betriebsbedingte Kündigungen in unserer Abteilung.

7.3 Leitfaden zur Durchführung eines Kündigungsgesprächs

4. Die betroffenen Mitarbeiter wurden anhand folgender Kriterien ausgewählt. Sie, Herr Lehmann zählen zu den Betroffenen.

5. Herr Lehmann, ich muss Ihnen leider heute die betriebsbedingte Kündigung aussprechen und zwar fristgerecht zum 31.09.

Leichter durch den Führungsalltag: Beispielformulierungen personenbedingte Kündigung

1. Herr Hartmann, ich muss mit Ihnen heute ein wichtiges Gespräch führen.

2. Ich habe mit Ihnen über Ihre mehrfachen und lang anhaltenden Erkrankungen, die sich in den letzten beiden Jahren im Umfang noch gesteigert haben, gesprochen.

3. Diese Erkrankungen haben in der Vergangenheit zu einer erheblichen Beeinträchtigung des betrieblichen Ablaufs geführt.

4. Auch haben wir bereits mehrfach geprüft, Sie in einer anderen Abteilung zu beschäftigen, was nicht möglich ist.

5. Ich spreche Ihnen hiermit leider die personenbedingte Kündigung und zwar fristgerecht zum 30.03. aus.

Auch wenn Sie nicht zu 100 % hinter der Kündigung Ihres Mitarbeiters stehen, weil Sie zum Beispiel selbst am Sinn der beschlossenen Umstrukturierung zweifeln oder weil sie sich lieber von einem anderen Mitarbeiter getrennt hätten, ist es wichtig, dass Sie dies in keinem Fall äußern. Ihre Bedenken halten Sie unbedingt für sich, den Sie nehmen die Aufgabe der Kündigung stellvertretend für die Unternehmensleitung wahr.

Sollten Sie Ihre Vorbehalte äußern, geraten Sie in eine ausweglose Situation. Denn Ihr gekündigter Mitarbeiter wird, sobald er Ihr Büro verlassen hat, lautstark bei seinen Kollegen verkünden, dass selbst der Chef die Kündigung als ungerecht empfindet. Sie laufen sonst Gefahr, als Kronzeuge gegen die Unternehmensführung verwendet zu werden, insbesondere dann, wenn Ihr Mitarbeiter rechtliche Schritte gegen die Kündigung ergreift.

3. Emotionale Reaktionen und Mitarbeiterverhalten akzeptieren

Auf die Nachricht einer Kündigung reagieren Mitarbeiter unterschiedlich, manche geschockt, manche gelassen, manche wütend. Lassen Sie zu, dass Ihr Mitarbeiter Emotionen zeigt, äußern Sie hierfür Verständnis und geben Sie ihm ausreichend Zeit, die Fassung wiederzugewinnen.

Vergewissern Sie sich in jedem Fall, dass Ihr Mitarbeiter Sie auch verstanden hat. Sollte Ihr Mitarbeiter nach Ihrer Aussprache der Kündigung nachfragen, was es heißt, dass Sie kündigen werden, antworten Sie: „Ich habe Ihnen bereits gekündigt." Wenn Ihr Mitarbeiter geschockt wirkt oder Sie den Eindruck haben, dass er in seiner Wahrnehmung beeinträchtigt ist, wiederholen Sie Ihren Kündigungssatz gegebenenfalls mehrere Male.

Wenn Ihr Mitarbeiter einen Moment Zeit braucht, dann schenken Sie sich ein Glas Wasser ein, schweigen Sie eine Weile und fragen Sie Ihren Mitarbeiter, ob er Sie verstanden hat.

„Gelassenheit = Emotionaler Schutz-Anzug"

(Karl Heinz Karius)

Im Rahmen Ihrer Vorbereitung haben Sie sich bereits mit möglichen Reaktionen, Fragen und Einwänden Ihres Mitarbeiters auf die Kündigung beschäftigt und je nach Ihrem Ergebnis bereits eine dritte Person zum Gespräch hinzugebeten. Dies ist insbesondere bei impulsiven und cholerischen Mitarbeitern sinnvoll. Die häufigste Reaktion ist jedoch, dass Ihr Mitarbeiter sich versucht argumentativ gegen seine Kündigung zu wehren. Mögliche Formulierungen sind dabei: „Warum gerade ich?" über emotionale Einwände wie „So billig werden Sie mich aber nicht los!" bis hin zu betrieblichen Argumenten, wie: „Die Abteilung Fertigung braucht doch einen neuen Mitarbeiter".

Hören Sie sich die Einwände Ihres Mitarbeiters an, signalisieren Sie, dass Sie diese verstanden haben und machen Sie deutlich, dass Ihre Entscheidung definitiv und nicht mehr zu diskutieren ist. In Ihrer Formulierung kommt eine gefühlvolle Bestätigung der Kündigung zum Ausdruck, bei der Sie die Gründe noch einmal nennen, sich für diese jedoch nicht rechtfertigen.

7.3 Leitfaden zur Durchführung eines Kündigungsgesprächs

Leichter durch den Führungsalltag: Wie Sie auf Gegenargumente richtig antworten

1. Argument: *„Ich habe gerade ein Haus gekauft und mich verschuldet/meine Mutter ist ein Pflegefall/ich bin alleinerziehend."*

Antwort: *„Bitte glauben Sie mir, ich verstehe Ihre Situation. Ich habe ausführlich über meine Entscheidung nachgedacht. Gerne erläutere ich Ihnen noch einmal meine Gründe für Ihre Kündigung …"*

2. Argument: *„Das gebe ich meinem Rechtsanwalt, das wird so nicht durchgehen."*

Antwort: *„Eine Rechtsberatung bei einem Anwalt ist sicher sinnvoll. Ich habe die Kündigung juristisch prüfen lassen und diese ist so in Ordnung. Ich möchte Ihnen deshalb aufzeigen, was ich Ihnen konkret anbieten kann."*

3. Argument: *„In der Abteilung X werden doch noch Leute gesucht."*

Antwort: *„Ja, das ist richtig und ich habe einen Wechsel für Sie geprüft. Herr Meyer sucht Kollegen mit einem sehr spezifischen Profil. Leider konnte ich Sie deshalb nicht dorthin vermitteln."*

Zeigt Ihr Mitarbeiter für Sie wahrnehmbar einen Schockzustand, wird er bleich, zittert oder schwitzt oder bricht er sogar in Tränen aus, sitzt nur schweigend da und starrt vor sich hin, dann müssen Sie ihm Zeit geben, damit er diesen Schock erst einmal verdauen kann. Hier ist es besonders wichtig, dass Sie Ihr Mitgefühl äußern und Verständnis zeigen. Dies gelingt Ihnen durch eine Formulierung wie: „Wie betroffen Sie sind, kann ich sehen und auch fühlen." oder „Ich kann gut verstehen, dass Sie diese Nachricht persönlich trifft …"

In diesem Zustand ist es wichtig, dass Sie langsam vorgehen und sich immer wieder vergewissern, dass Ihr Mitarbeiter Sie verstanden hat. Also fragen Sie nach und helfen Sie Ihrem Mitarbeiter die Situation zu erfassen.

Auch wenn Tränen fließen, ist es wichtig, dass Sie erst einmal abwarten und nicht mit ungeeigneten Formulierungen reagieren, wie: „So schlimm ist es nun auch wieder nicht." Reichen Sie ein Taschentuch und äußern Sie Ihr Verständnis, dass Ihr Mitarbeiter weint. Spätestens nach dem ersten Schnäuzen werden die Tränen langsam wieder versiegen und dann können Sie einfühlsam wieder zurück zum Kerngespräch kommen.

7. Kapitel Kündigung wegen Formfehler unwirksam

Entlassen Sie Ihren Mitarbeiter grundsätzlich erst aus dem Gespräch, wenn Sie den Eindruck haben, dass er sich stabilisiert hat. Sie sollten für den Fall eines unstabilen emotionalen Zustandes Ihren Mitarbeiter an eine Begleitperson, wie ein Mitglied des Betriebsrats, einen Arbeitskollegen oder an den Betriebsarzt übergeben.

Reagiert Ihr Mitarbeiter unerwartet aggressiv und laut, beleidigend oder bedroht Sie oder versucht sogar handgreiflich zu werden, dann bleiben Sie in jedem Fall ruhig und lassen sich nicht provozieren. Nehmen Sie den Angriff nicht persönlich, dieser ist nur Ausdruck der Verzweiflung des Gekündigten. Atmen Sie tief durch und geben Sie auch Ihrem Mitarbeiter Zeit, seine Wut und seinen Ärger auszudrücken.

Versuchen Sie mit folgender Formulierung an die Vernunft zu appellieren: „Herr Hartmann, ich bitte Sie, beruhigen Sie sich und lassen Sie uns sachlich miteinander reden." Erst wenn sich die Situation abgekühlt hat und Ihr Mitarbeiter wieder zugänglich ist, wiederholen Sie mit ruhiger Stimme alle Informationen.

Sollte sich Ihr Mitarbeiter nicht beruhigen, (das passiert allerdings relativ selten), dann sollte Ihr Ziel sein, das Gespräch, nachdem er sich beruhigt hat, fortzuführen und alle weiteren Trennungsmodalitäten am nächsten Tag besprechen. Stehen Sie auf und sagen Sie dann zu Ihrem Mitarbeiter: „Herr Lehmann, mir scheint dass Sie den Schock erst einmal verdauen müssen. Wir führen das Gespräch morgen früh um 10.00 Uhr fort und reden darüber, wie es für Sie weitergeht."

4. Begründung der Kündigung

Wenn Ihr Mitarbeiter emotional sein Gleichgewicht wieder gefunden hat, dann geben Sie ihm eine Erklärung und nennen die Gründe, die zur Kündigung geführt haben. Dabei geht es zunächst um die juristischen Grundlagen für die Kündigung. Anschließend zeigen Sie Ihren Entscheidungsweg auf. Wichtig ist, dass Sie Ihrem Mitarbeiter klar machen, dass Sie über die Kündigung als solche nicht mehr diskutieren werden – diese ist ausgesprochen und gültig – sondern dass Sie allein die Entscheidung als solche verdeutlichen möchten.

Gehen Sie bei verhaltens- oder personenbedingten Kündigungen auf die Vorgeschichte ein. Am besten gelingt dies, indem Sie auf die zeitliche Abfolge und die Gründe für die Kritikgespräche, die Ermahnungen, die Verwarnungen und die Abmahnungen eingehen und diese kurz darstellen. Wichtig dabei ist, dass Sie nicht ausführlich werden, sondern nur die Fakten darstellen. Verzichten Sie auf Details. Bleiben Sie bei Ihren Schilderungen immer sachlich und höflich, bringen Sie keine Wertungen ein und achten Sie das Selbstwertgefühl Ihres Mitarbeiters.

Leichter durch den Führungsalltag: Geeignete Formulierungen

1. **Umsatzzahlen:** *„Ihre Umsatzzahlen haben mehrfach nicht den gemeinsam vereinbarten Zielen entsprochen, was Sie an den hier vorliegenden Verkaufszahlen der letzten 12 Monate für Ihr Verkaufsgebiet sehen."*

2. **Personalakte:** *„Laut Personalakte habe ich Ihnen am 15. Oktober und am 3. November jeweils eine Abmahnung für Ihr Zuspätkommen am Arbeitsplatz erteilt."*

3. **Fehlverhalten:** *„Ich habe Sie mehrfach darauf angesprochen, dass Sie die von unserer Firma gestellte Kleidung tragen müssen. Dies steht auch so in Ihrem Arbeitsvertrag. Sie haben hierfür jeweils zwei mündliche Ermahnungen und zwei Abmahnungen am 19. August und am 20. September erhalten."*

Bei einer betriebsbedingten Kündigung zeigen Sie ihrem Mitarbeiter auf, welche unternehmenspolitische Entscheidung dazu geführt hat, dass die Kündigung ausgesprochen wurde. Dann erklären Sie die Kriterien, die dem Sozialplan zugrunde liegen und was Sie getan haben, um letztlich erfolglos, einen anderen Arbeitsplatz im Unternehmen zu finden.

5. Abstimmung zum weiteren Vorgehen

Nachdem für Ihren Mitarbeiter klar ist, dass die Kündigung unausweichlich ist und an dieser nicht gerüttelt werden kann, wird er Sie fragen, wie es weitergehen wird.

Da Sie sich in der Vorbereitung bereits mit den weiteren Schritten beschäftigt haben, können Sie nun die Optionen darlegen. Am besten Sie haben sie bereits auf einem Blatt Papier aufgeschrieben und gehen diese mit Ihrem Mitarbeiter durch.

7. Kapitel Kündigung wegen Formfehler unwirksam

*„Wenn jemand in einem Betrieb unverzichtbar ist,
dann ist dieser Betrieb falsch organisiert."*

(Roberto Niederer)

Bieten Sie Ihrem Mitarbeiter bei einer betriebsbedingten Kündigung, wenn Ihnen das möglich ist, Ihre Unterstützung bei der Suche nach einem neuen Arbeitsplatz an. Stellen Sie sich als Referenz zur Verfügung und signalisieren Sie Ihrem Mitarbeiter, dass Sie ihm ein wohlwollendes Zeugnis schreiben werden und zeigen Sie ihm auch die Option einer Freistellung auf. Eine weitere Möglichkeit ist das Angebot einer Outplacement-Beratung. Dabei unterstützt ein Outplacementberater Ihren Mitarbeiter in seiner beruflichen Neuorientierung, hilft bei den Bewerbungen und sucht aktiv nach möglichen Stellen für ihn. Die Kosten können Sie jeweils hälftig übernehmen und der Mitarbeiter beteiligt sich mit einem Teil seiner Abfindungssumme oder aber Sie übernehmen die Kosten für das zeitlich begrenzte Outplacement.

Beispiel:

So hat ein Geschäftsführer, der seinen Logistikbereich aus dem Unternehmen ausgegliedert hat, im Umfeld um seine eigene Firma herum mit anderen Unternehmen Kontakt aufgenommen und für seine Mitarbeiter aktiv selbst nach neuen Arbeitsplätzen gesucht. Durch seine Aktivität konnte er in der Folge dann einem Großteil seiner Mitarbeiter einen neuen Arbeitsplatz vermitteln. Das ist ein positives Zeichen auch an die noch verbliebenen Mitarbeiter, die erkennen, dass keiner in einer Kündigungssituation alleine gelassen wird, sondern sich das Unternehmen um sie kümmert.

Es kann durchaus auch sinnvoll sein, dass Sie Ihrem Mitarbeiter den Zugang zu sensiblen Firmendaten, wie Kundenkontakten etc., gleich untersagen und ihn nach dem Gespräch zu seinem Arbeitsplatz begleiten, ihn seine persönlichen Sachen zusammenpacken lassen und dann zur Firmenpforte hinausbegleiten. Das ist sicher emotional nicht einfach, jedoch bleibt Ihnen in diesem Fall keine andere Wahl. Denken Sie auch daran, dass der Mitarbeiter den Firmenausweis, das Firmenhandy, den Schlüssel für das Firmenfahrzeug, die Schlüsselkarte und den Firmenlaptop abgibt. Informieren Sie im Vorfeld Ihre IT-Abteilung, dass auch die Passwörter entsprechend geändert werden. So stellen Sie sicher, dass Ihr Unternehmen keinen weiteren Schaden erleidet.

7.3 Leitfaden zur Durchführung eines Kündigungsgesprächs

Leichter durch den Führungsalltag: Berücksichtigen Sie folgende Punkte beim weiteren Vorgehen

1. Freistellung: Arbeitet Ihr Mitarbeiter weiter oder soll er sofort freigestellt werden?
2. Urlaub: Wie viele Urlaubstage hat Ihr Mitarbeiter noch und wie soll damit verfahren werden? Auszahlung oder Urlaub nehmen?
3. Arbeitszeit-Guthaben: Wie gehen Sie mit den Plus- und Minus-Stunden um? Werden diese ausbezahlt, genommen oder abgerechnet?
4. Abfindung: Welche Summe bieten Sie mindestens an, welche steuerlichen Aspekte muss Ihr Mitarbeiter berücksichtigen?
5. Betriebliche Altersversorgung: Was passiert mit den bisher erworbenen Ansprüchen? Bleiben diese erhalten oder verfallen diese?
6. Arbeitszeugnis: Wann erstellen Sie das Zeugnis und hat Ihr Mitarbeiter hierbei ein Mitspracherecht?
7. Aufhebungsvertrag: Was ist bei einem Aufhebungsvertrag zu beachten, wie muss die Formulierung sein, damit der Mitarbeiter keine Schwierigkeiten beim Arbeitsamt hat?

Am Ende der Abstimmungsphase zum weiteren Vorgehen fragen Sie Ihren Mitarbeiter, wie die gemeinsame Sprachregelung zur Kündigung sein soll. Es geht darum, wie Sie den Arbeitskollegen die Kündigung kommunizieren wollen. Dadurch vermeiden Sie mögliche Gerüchte und gestatten Ihrem Mitarbeiter, die Kündigung als eigene Initiative darzustellen. Wichtig ist, dass Sie die in dieser Gesprächsphase mit Ihrem Mitarbeiter vereinbarten Punkte schriftlich festhalten, sodass Sie sich beide daran erinnern, wenn Sie diese später brauchen.

6. Gesprächsabschluss

Haben Sie alle wesentlichen Informationen übermittelt und ergeben sich keine weiteren Fragen, dann leiten Sie zum Gesprächsabschluss über. Signalisieren Sie, dass Sie für weitere Fragen zur Verfügung stehen und bieten Sie bereits in der Abschlussphase an, ein weiteres Gespräch zu führen.

Dann händigen Sie Ihrem Mitarbeiter das Kündigungsschreiben aus und fragen ihn, was er im Anschluss an das Gespräch tun möchte. Wofür sich Ihr Mitarbeiter auch entscheidet, ob er nach Hause gehen, jemanden anrufen oder den Betriebsrat bezüglich einer Beratung konsultieren möchte, bieten Sie Ihre Unterstützung an. Je nach Situation sollten Sie Ihrem Mitarbeiter auch einen diskreten Raum zur Verfügung stellen, in den er sich kurz zurückziehen kann. Eventuell bestellen Sie Ihrem Mitarbeiter auch ein Taxi, das ihn nach Hause bringt oder lassen ihn durch eine Begleitperson, wie ein Mitglied des Betriebsrates, an seinen Arbeitsplatz zurückbringen.

7.4 Nachbereitung eines Kündigungsgesprächs

„Jeder ist klug, der eine vorher, der andere nachher."

(aus Russland)

Direkt nach dem Kündigungsgespräch werden Sie sicher auch noch die emotionale Anspannung spüren, die ein solches Gespräch bei Ihnen als Führungskraft auslöst. Es ist daher sinnvoll, dass Sie sich mit diesem Gefühlscocktail des Mitleids, der Hilflosigkeit, der Trauer und Wut, des schlechten Gewissens und der Erleichterung, dass das Kündigungsgespräch vorüber ist, auseinandersetzen.

Es wird Ihnen sicher helfen, wenn Sie im Nachgang mit einer Person Ihres Vertrauens über Ihre emotionale Situation sprechen. Dies kann beispielsweise ein Mitarbeiter aus der Personalabteilung oder ein Betriebspsychologe sein. Wichtig ist, dass Sie sich bewusst machen, dass ein Kündigungsgespräch immer emotionalen Stress mit sich bringt, Sie diesen aber durch eine gute Vorbereitung und besonnene Gesprächsführung auf ein Mindestmaß reduzieren können.

Je nach Reaktion Ihres Mitarbeiters werden Sie die Nachgespräche zum eigentlichen Kündigungsgespräch selbst durchführen, an Ihre Personalabteilung oder an Ihren Fachanwalt für Arbeitsrecht delegieren.

Sie sollten direkt im Nachgang zum Kündigungsgespräch Ihren anderen Mitarbeitern die personelle Veränderung zeitnah mitteilen. Laden Sie Ihre Mitarbeiter zu einer Teamsitzung ein und sprechen Sie dort über den Zeitpunkt des Ausscheidens Ihres gekündigten Mitarbeiters sowie die Hintergründe der Kündigung. Hier sollten Sie die vorher vereinbarte Sprachregelung beachten.

7.4 Nachbereitung eines Kündigungsgesprächs

Außerdem müssen Sie sich mit Ihrem Team über die neue Aufgabenverteilung abstimmen, Übergabemodalitäten besprechen und vermeiden, dass es zu einer möglichen Arbeitsüberlastung bei Ihren Mitarbeitern kommt. Stimmen Sie sich hierzu zu den aktuellen Projekten und Prioritäten ab und legen Sie dann ggf. eine neue Struktur fest.

Zusammenfassung Kapitel 7

Kündigungsgespräche zu führen ist eine der schwierigeren und unschönen Aufgaben als Führungskraft. Wichtig ist dabei insbesondere, die gesetzlichen Vorgaben einzuhalten. Dies natürlich auch mit dem nötigen Fingerspitzengefühl im persönlichen Gespräch. Die Vorbereitung eines Kündigungsgesprächs ist der zentrale Erfolgsgarant. Dann dauert die Durchführung im Regelfall nicht lange. Machen Sie sich bewusst, dass ein Kündigungsgespräch, also die Auflösung eines Vertragsverhältnisses, ein normaler Prozess in der Zusammenarbeit darstellt. Wichtig für Sie ist, dass Sie den Trennungsprozess so fair wie möglich durchführen und mit Ihren verbliebenen Mitarbeitern aktiv die weitere Zukunft gestalten.

Nachwort

Wir sind jetzt am Ende der 7 Führungsfallen angekommen. Ziel dieses Buches ist es, Ihnen Impulse und Gedanken sowie konkrete Tipps im Umgang mit den 7 Führungsfallen zu geben. Sie kennen nun einige wesentliche Stolpersteine und haben praxiserprobte Tools, wie Sie diese aus dem Weg räumen, kennengelernt. Ihre Herausforderung liegt nun darin, die Tipps in Ihren täglichen Führungsalltag zu integrieren. Wie bei jeder angestrebten Verhaltensänderung funktioniert es auch beim Vermeiden der 7 Führungsfallen am besten, wenn Sie sich diese immer bewusst machen. Am besten schreiben Sie sich die Zahl 7 auf eine Post-it Note und kleben Sie diese dorthin, wo Ihr Blick immer wieder hinschweift. Falls Sie den Eindruck haben, dass sich eine Führungsfalle auftut, dann nehmen Sie das passende Kapitel zur Hand und schauen Sie sich zur Hilfe die Kernaussagen an. Idealerweise führen Sie ein Führungsfallen-Tagebuch. Nehmen Sie sich hierzu am Ende der Woche einige Minuten Zeit und schreiben Sie sich auf, was Ihnen für potenzielle Führungsfallen begegnet sind, wie Sie damit umgegangen sind und wie Sie sich zukünftig noch besser wappnen werden. Das wird Ihnen helfen, Ihre Führungseffektivität nachhaltig zu steigern.

Zugegeben, ich bin neugierig darauf zu erfahren, welche Erfahrungen Sie mit der Anwendung der Tipps und Empfehlungen gemacht haben: Was ist Ihnen gut gelungen und was waren Ihre größten Herausforderungen? Schreiben Sie mir doch bitte Ihre Erfahrungen, Ihre Fragen und Ihre Anregungen per E-Mail an die Adresse: Info@Hettl-Consult.de. Ich werde Ihnen gerne antworten. Und natürlich freue ich mich darauf, Sie persönlich in einem meiner Seminare zu begrüßen. Infos dazu erhalten Sie unter www.hettl-consult.de.

In diesem Sinne wünsche ich Ihnen viel Erfolg beim Erkennen und beim Ausweichen von Führungsfallen.

Danksagung

Ich möchte mich sehr herzlich beim C.H.Beck Verlag bedanken, der dieses Buchprojekt ermöglicht und mit besonderem Engagement unterstützt hat. Durch die professionelle Betreuung von Frau Dr. Barbara Schlösser hat „Vorsicht Führungsfalle" spürbar gewonnen und ich habe mich bei ihr in den besten Händen gefühlt.

Mein besonderer Dank gilt Herrn Dennis Brunotte, dem Entdecker und Förderer dieses Buchprojektes. Er hat unsere Zusammenarbeit in die Wege geleitet und mit großem Engagement, Interesse und vielen guten Ratschlägen und Hinweisen begleitet. Vielen Dank Herr Brunotte!

Weiterhin gilt mein großer Dank meiner Frau Simone und Kisses meinen Eltern Gisela und Kurt Hettl, meiner Familie sowie meinen geschätzten Kollegen, Mitarbeitern und Freunden, die mich durch ihr Interesse, die anregenden Diskussionen und weiterführenden Denkanstöße unterstützt haben. Besonders bedanken möchte ich mich bei Hans-Joachim Hahn, Jean-Pierre Schall sowie Sieglinde und Hellmuth Linnert.

Matthias K. Hettl

Über den Autor

Dr. Matthias K. Hettl, Managementexperte, Bestsellerautor und Speaker, erhielt nach international ausgelegtem Studium in den USA und Frankreich ein Diplom in Betriebswirtschaft und nach weiterem Studium ein Diplom in Volkswirtschaft (Abschluss jeweils mit Prädikatsexamen). Im Anschluss an seine Doktorandenzeit war er erst Assistent der Geschäftsführung und danach in verschiedenen Managementpositionen mit Führungs- und Budgetverantwortung tätig. Er arbeitete als Consultant bei den Vereinten Nationen in New York und war zudem als Aufsichtsrat tätig.

Seit 1995 ist er Geschäftsführer des Management Instituts Hettl Consult in Rohr bei Nürnberg. Als Managementberater ist er vorwiegend für Vorstände, Geschäftsführungen und Führungskräfte tätig. Seine Schwerpunkte sind Leadership Skills und Managementkompetenzen. Die Zusammenarbeit mit Marktführern, einer Vielzahl von DAX-Unternehmen, mittelständischen „Hidden Champions" und namhaften internationalen Unternehmen haben ihm den Ruf des praxisorientierten Leadership- und Managementexperten eingebracht. Er ist unter anderem Mitglied in renommierten Vereinigungen wie dem Young Global Leaders Forum und dem United Nations Global Compact.

Dr. Matthias K. Hettl vertrat mehrere Jahre eine Professur für Management und Personalführung, hatte eine Reihe von Lehraufträgen, ist vielfacher Fachbuch- und Hörbuchautor sowie als Verfasser zahlreicher Fachartikel in Deutschland, Österreich und der Schweiz bekannt.

Als mehrfach ausgezeichneter „Excellent Speaker" und „Excellent Trainer" gehört er zu den bedeutendsten Referenten und Speakern im deutschen Sprachraum und ist für die TOP-Seminar- und Kongressveranstalter in Europa, Asien und den USA tätig. Mit seinem dynamischen Vortragsstil, seiner mitreißenden Rhetorik und eindrucksvollen Beispielen begeisterte er bisher insgesamt 50.000 Zuhörer mit Tipps, die 1:1 in die Praxis umsetzbar sind. Seine Veranstaltungen werden seit Jahren regelmäßig mit Bestnoten bewertet.

Kontakt: www.Hettl-Consult.de

Literaturverzeichnis

Adair, John (2007): Develop your Leadership Skills. Kogan Page, London/Philadelphia

Bischof, Klaus (1995): Aktiv führen. WRS Verlag, Planegg

Blanchard, Kenneth (1995): Der Minuten Manager: Führungsstile. Rowohlt Verlag, Reinbek

Blanchard, Kenneth (1990): Situational Leadership. Audiotape Training System. The Ken Blanchard Companies, Escondido CA

Brodmerkel, Sven (2007): Wann sind Manager echt, in: ManagerSeminare, Bonn, Heft 109/April 2007, S. 46

Böckmann, Walter (1991): Sinnorientierte Führung als Kunst der Motivation. Verlag Moderne Industrie, Landesberg/Lech.

Bruch, Heike/Ghoshal, Sumantra (2003): Beyond Motivation: The Power of Volition, in: MIT Sloan Management Review, Cambridge (USA)

Buckingham, Marcus/Clifton, Donald O./Matyssek Volkhard (2007): Entdecken Sie Ihre Stärken jetzt. Das Gallup-Prinzip für individuelle Entwicklung und erfolgreiche Führung, Campus Verlag

Christiani, Alexander (2003): Beruflicher Erfolg. So starten Sie durch. Verlag

Collins, Jim (2007): Der Weg zu den Besten. Deutscher Taschenbuch Verlag, München

Corssen, Jens (2004): Der Selbstentwickler. Beust Verlag, Wiesbaden

Covey, Stephen R. (2006): Der 8. Weg, Gabal Verlag, Offenbach

Drucker, Peter F. (1982): The Effektive Executive. Verlag Heinemann, London

Drucker, Peter F./Paschek, Peter (2004): Kardinaltugenden effektiver Führung. Verlag Redline Wirtschaft, Frankfurt/Main

Literaturverzeichnis

Drucker, Peter F./Maciariello, Joseph A. (2008): Daily Drucker. Springer Verlag, Berlin/Heidelberg

Erpenbeck, John/von Rosenstiel, Lutz (Hrsg.) (2003): Handbuch Kompetenzmessung. Schäffer-Poeschel Verlag, Stuttgart

Fournier, Cay von (2006): Der perfekte Chef. Campus Verlag, Frankfurt/Main

Friedag, Herwig R./Schmidt, Walter (2000): My Balanced Scorecard. Haufe, Freiburg im Breisgau

Goleman Daniel (1997): Emotionale Intelligenz. dtv Verlag, München

Guliani, Rudolph W. (2004): Leadership. Verlag Goldmann, München

Hammer, Michael/Champy, James (2004): Reengineering the Corporation. HarperCollins Publishers, New York

Hersey, Paul (1986): Situatives Führen – die anderen 59 Minuten. Verlag Moderne Industrie, Landsberg/Lech

Hersey, Paul/Blanchard, Kenneth H./Johnson, Dewey E. (2001): Management of Organizational Behavior. Leading Human Resources. Prentice-Hall, New Jersey

Hettl, Matthias K. (2016): Richtig Führen ist einfach – Wirksam mit dem Führungskompass, in: Unternehmerkonferenz, Sparkassenverband Bayern (Hrsg.), München, Ausgabe Nr. 12, April 2016, S. 42

Hettl, Matthias K. (2016): Führung kompakt, Schritt für Schritt zu mehr Führungskompetenz, Was eine wirksame Führungskraft ausmacht, Ausgabe 1, Januar 2016, WEKA Business Media AG (Hrsg.), Zürich

Hettl, Matthias K. (2016): Führung kompakt, Schritt für Schritt zu mehr Führungskompetenz, Führungsqualitäten, die Sie kultivieren müssen, Ausgabe 2, Februar 2016, WEKA Business Media AG (Hrsg.), Zürich

Hettl, Matthias K. (2016): Führung kompakt, Schritt für Schritt zu mehr Führungskompetenz, Auf diese Kompetenzen einer Führungskraft kommt es an, Ausgabe 3, März 2016, WEKA Business Media AG (Hrsg.), Zürich

Hettl, Matthias K. (2016): Führung kompakt, Schritt für Schritt zu mehr Führungskompetenz, Von Führungsrollen und Führungstypen, Ausgabe 4, April 2016, WEKA Business Media AG (Hrsg.), Zürich

Hettl, Matthias K. (2016): Führung kompakt, Schritt für Schritt zu mehr Führungskompetenz, Der Führung Sinn und Orientierung geben, Ausgabe 5, Mai 2016, WEKA Business Media AG (Hrsg.), Zürich

Hettl, Matthias K. (2016): Führung kompakt, Schritt für Schritt zu mehr Führungskompetenz, Verantwortung tragen, Initiative zeigen und Entscheidungen treffen, Ausgabe 6, Juni 2016, WEKA Business Media AG (Hrsg.), Zürich

Hettl, Matthias K. (2016): Orientierung geben und Sinn stiften, in: Personal Schweiz, Ausgabe Juni 2016 5, S. 36 – 37

Hettl, Matthias K. (2016): Machtfaktoren in der Mitarbeiterführung, Video2brain, Graz

Hettl, Matthias K. (2016): Führen in der Sandwichposition, WEKA Business Dossier, WEKA Business Media AG (Hrsg.), Zürich

Hettl, Matthias K. (2016): Wirksame Führungswerkzeuge, WEKA Business Dossier, WEKA Business Media AG (Hrsg.), Zürich

Hettl, Matthias K. (2016): Der CEO-Coach, Coverstory mit Interview in: Zeitschrift ZT Zukunft Training, Ausgabe 36, TAM-edition Verlag, Berlin, S. 20–24

Hettl, Matthias K. (2016): Top Dogs are not alone, in: Zeitschrift ZT Zukunft Training, Ausgabe 36, TAM-edition Verlag, Berlin, S. 8–11

Hettl, Matthias K. (2016): Vereinfachen, Ballast abwerfen und das Unternehmen entschlacken, in: Noch erfolgreicher, Rusch-Verlag, Lenzburg (CH), 01/2016, S. 48–49

Hettl, Matthias K. (2016): Delegieren oder Durchdrehen, in: Südtiroler Wirtschaftszeitung, Nr. 7/16, 19. Februar 2016, S. 16

Hettl, Matthias K. (2015): Wirksam Führen, Video2brain, Graz

Hettl, Matthias K. (2015): Führen in der Sandwichposition, Video2brain, Graz

Hettl, Matthias K. (2015): Objectifs, stratégie et culture d'entreprise: Les trois facteurs de réussite dans le management de l'entreprise passés au peigne fin, WEKA Business Dossier, WEKA Business Media AG (Hrsg.), Zürich

Hettl, Matthias K. (2015): Kündigungsgespräche erfolgreich führen – Faire Trennungskultur etablieren, quayou Verlag, Hamburg

Hettl, Matthias K. (2015): Meetings erfolgreich Führen – Zusammenarbeit effektiv gestalten, quayou Verlag, Hamburg

Hettl, Matthias K. (2015): Erfolgreich Führen, Mitarbeiter entwickeln, quayou Verlag, Hamburg

Hettl, Matthias K. (2015): Umgang mit schwierigen Mitarbeitern, in: EW Magazin für die Energiewirtschaft, Ausgabe 4/2015, Verlag EW Medien und Kongresse, S. 40–42

Hettl, Matthias K. (2015): Führung braucht Macht – Chefs müssen beeinflussen! in: Noch erfolgreicher, Rusch-Verlag, Lenzburg (CH), 02/2015, S. 22–23

Hettl, Matthias K. (2015): Delegieren: Signal der Wertschätzung, in: Lebensmittelindustrie, Wiley-VCH Verlag/GIT Verlag (Hrsg.), Weinheim, No. 1–2, Februar 2015, S. 32–33

Literaturverzeichnis

Hettl, Matthias K. (2015): Delegieren oder Durchdrehen, in: Lernende Organisation, Zeitschrift für Relationales Management und Organisation, Wien, No. 83 Januar/Februar 2015, S. 52–55

Hettl, Matthias K. (2015): Die Hiobsbotschaft überbringen, in: Personal Schweiz, Ausgabe Februar 2015, S. 31–33

Hettl, Matthias K. (2015): Wirksame Führungswerkzeuge, WEKA Business Dossier, WEKA Business Media AG (Hrsg.), Zürich

Hettl, Matthias K. (2015): Ziele, Strategien und Unternehmenskultur, WEKA Business Dossier, WEKA Business Media AG (Hrsg.), Zürich, 2015

Hettl, Matthias K. (2014): Kompetenzen einer Führungskraft, Video-2brain, Graz

Hettl, Matthias K. (2014): Wirksames Führen von Führungskräften, TAW e.V. Wuppertal, Wuppertal, Dez. 2014

Hettl, Matthias K (2014): Führen leicht gemacht, in: Zeitschrift das Spielzeug, Meisenbach GmbH, Bamberg, Ausgabe 09/2014, S. 20–21

Hettl, Matthias K. (2014): Der Reifegrad des Mitarbeiters bestimmt den passenden Führungsstil, in: Zeitschrift Beschaffungsmanagement – procure.ch, Aarau CH, Ausgabe 09/2014, S. 5–6

Hettl, Matthias K. (2014): Führung kompakt, Die 15 Führungstools, die wirklich funktionieren, Business Village Verlag, Göttingen

Hettl, Matthias K. (2014): Macht und Einfluss gewinnen als Führungskraft WEKA Business Dossier, WEKA Business Media AG (Hrsg.), Zürich

Hettl, Matthias K. (2014): Führen ohne Weisungsbefugnis, in Bankinformation, Jahrgang 2014, Heft 06, Seite 66–67

Hettl, Matthias K. (2014): Jeder Jeck ist anders, in: Creditreform, Jahrgang 2014, Heft 03, Seite 22

Hettl, Matthias K. (2014): Kommandozentrale Schreibtisch, in: Noch erfolgreicher, Rusch-Verlag, Lenzburg (CH), 01/2014, S. 48–49

Hettl, Matthias K. (2014): Das sagt der Coach für Führungskräfte, in: Chefs!, Januar/Februar 2014, S. 19

Hettl, Matthias K. (2014): Mitarbeiterführung mit dem LEAD-Navigator® Erfolgreich und wirksam führen, in: RKW Bücherdienst, RKW Rationalisierungs- und Innovationszentrum der Deutschen Wirtschaft e.V. Kompetenzzentrum (Hrsg.), Eschborn, 1/2014, S. 22

Hettl, Matthias K. (2013): Führungsinstrument Anerkennung – die Basis für Mitarbeitermotivation, in: Noch erfolgreicher, Rusch-Verlag, Lenzburg (CH), 02/2013, S. 48–49

Hettl, Matthias K. (2013): Mitarbeiterführung mit dem LEAD-Navigator® Erfolgreich und wirksam führen, SpringerGabler, Wiesbaden

Literaturverzeichnis

Hettl, Matthias K. (2013): Manager en situations difficiles: Approches pour un management situationnel, WEKA Business Dossier, WEKA Business Media AG (Hrsg.), Zürich, 2013

Hettl, Matthias K. (2013): Wirksam präsentieren, moderieren und kommunizieren, in: Soft Skills für Controller, in: Klein, Andreas (Hrsg.), Haufe Gruppe, Freiburg/München, 2013, S. 98–112

Hettl, Matthias K. (2013): Richtig führen ist einfach, Business Village Verlag, Göttingen, 4. aktualisierte Neuauflage, 2013

Hettl, Matthias, K. (2013): Gefangen im Managementsandwich, in: Personal Schweiz, Ausgabe April 2013, S. 30–32

Hettl, Matthias K. (2013): Ziele müssen ‚smart' sein, in: Sozialwirtschaft, Zeitschrift für Führungskräfte in sozialen Unternehmungen, Ausgabe 1/2013, S. 19–20

Hettl, Matthias K. (2012): Kampf dem Meetingwahn. Wie Sie effektive Meetings durchführen, in: Noch erfolgreicher, Rusch-Verlag, Lenzburg (CH), 03/2012, S. 22–23

Hettl, Matthias K. (2012): Delegieren oder Durchdrehen – Freiräume durch loslassen gewinnen, in: Noch erfolgreicher, Rusch-Verlag, Lenzburg (CH), 01/2012, S. 32–33

Hettl, Matthias K. (2012): Schwierige Führungssituationen. Lösungsansätze für eine situative Führung. WEKA Business Dossier, WEKA Business Media AG (Hrsg.), Zürich

Hettl, Matthias K. (2012): Der LEAD® Navigator, Hörbuch, Aufsteiger Verlag, Lenzburg (CH)

Hettl, Matthias K. (2012): Mein Chef das Milchgesicht, in: Business-Village Online-Magazin, Business Village Verlag, Göttingen

Hettl, Matthias K. (2012): Im Management-Sandwich gefangen, in: BusinessVillage Online-Magazin, Business Village Verlag, Göttingen

Hettl, Matthias K. (2011): Der LEAD-Navigator – Ein Instrument zur wirksamen Mitarbeiterführung, in: Noch erfolgreicher, Rusch-Verlag, Lenzburg (CH), 04/2011, S. 40–41

Hettl, Matthias K. (2010): Richtig Führen ist einfach. Business Village Verlag, Göttingen

Hettl, Matthias K. (2010): Erfolgreicher Umgang mit unterschiedlichen Persönlichkeiten. DVD, Medien- & Verlagsgruppe Informiert. TV, Deggendorf

Hettl, Matthias K. (2010): Von lauter Trotteln umgeben, in: Lernende Organisation, Zeitschrift für systemisches Coaching und Training – Zielorientierte Entwicklung von Menschen, Teams und Unternehmen GmbH, Wien, No. 53 Januar/Februar 2010, S. 30–34

Literaturverzeichnis

Hettl, Matthias K. (2009): Kompetenzen eines Leaders. Excellence Edition, Jünger Verlag, Offenbach.
Hettl, Matthias K. (2009): Situativ richtig führen – wie Sie ab sofort Ihre Führungseffizienz nachhaltig steigern, DVD + CD, Rusch Verlag, Lenzburg (CH)
Hettl, Matthias K. (2009): Richtig führen ist einfach. Hörbuch, Business Village Verlag, Göttingen
Hettl, Matthias K. (2008a): Wirksame Leadership – Richtig führen ist einfach. Excellence Edition. Gabal Verlag, Offenbach
Hettl, Matthias K. (2008b): Führen mit smarten Zielen, in: Arbeit und Arbeitsrecht – Personalprofi, Huss Medien, Berlin
Hettl, Matthias K. (2008c): Wirksame Leadership. Beachten Sie den Reifegrad, in: Noch erfolgreicher, Rusch-Verlag, Lenzburg (CH), 04/2008
Hettl, Matthias K. (2008d): Richtig führen ist einfach, Business Village Verlag, Göttingen, 2008
Hettl, Matthias K. (2003): So führen Sie erfolgreiche Mitarbeitergespräche, in: Consultant, Haufe Verlag, Freiburg, 3/2003
Hettl, Matthias K. (2002a): Situative Mitarbeiterführung – So führen Sie richtig, in: Consultant, Haufe Verlag, Freiburg, 3/2002
Hettl, Matthias K. (2002b): Typgerecht kommunizieren – die Akzeptanz erhöhen, in: Consultant, Haufe Verlag, Freiburg
Hettl, Matthias K. (2002c): Auf die Verpackung kommt es an, in: DATEV Magazin, Hrsg.: DATEV, Nürnberg
Hettl, Matthias K. (2001): Ihre nächste Präsentation – ein Erfolg, in: Consultant, Haufe Verlag, Freiburg, 12/2001, Freiburg, 6/2002
Jäger, Roland (2009): Ausgekuschelt: Unbequeme Wahrheiten für den Chef –Mitarbeiterführung auf dem Prüfstand, Orell Füssli Verlag, Zürich
Jenewein, Wolfgang/Morhart, Felicitas (2007): Wie Jürgen Dormann ABB rettete, in: Harvard Business Manager, September
Kulhavy, Gerd/Winkler Christoph (2006): Danke ... und werde glücklich. Gabal Verlag, Offenbach
Kotter, John P. (1996): Leading Change. Harvard Business School Press, Boston
Knoblauch, Jörg (2010): Die Personalfalle. Verlag Campus, Frankfurt/Main
Knoblauch, Jörg (2007): Die besten Mitarbeiter finden und halten. Verlag Campus, Frankfurt/Main
Kratz, Hans-Jürgen (2003): Motivieren – aber wie? Gabal Verlag, Offenbach
Mai, Jochen (2008): Die Karrierebibel. dtv Verlag, München

Literaturverzeichnis

Malik, Fredmund (2003): Führen Leisten Leben. Deutsche Verlags-Anstalt, Stuttgart/München

Margerison, Charles J./McCann Dick (1985): How to lead a winning team. M.C.B. Universal Press, Bradford

Margolis, Joshua/Stoltz, Paul (2010): Werden Sie belastbarer, in: Harvard Business Manager

Maslow, Abraham (1954): Motivation and Personality, New York

McCormack, Mark (2007): Was Sie an der Harvard Business School nicht lernen. Verlag Redline Wirtschaft, München

Mintzberg, Henry (1980): The nature of managerial work. Englewood Cliffs, New Jersey

o. V. (2004): The Social Styles Handbook. Wilson Learning (Hrsg.), Nova Vista Publishing, o. O.

Pelz, Wolfgang (2004): Kompetent Führen. Gabler Verlag, Wiesbaden

Petermann, Franz (1996): Psychologie des Vertrauens. Hogrefe Verlag, Göttingen

Pinnow, Daniel F. (2003): Führen in der Krise – Führung in der Krise?, Akademie für Führungskräfte (Hrsg.), Überlingen

Robbins, Antony (2004): Das Robbins Power Prinzip. Ullstein Taschenbuch Verlag, Berlin

Rosenstiel, Lutz von (2003): Grundlagen der Führung, in: Rosenstiel, Lutz

Röttgers, J. (2005): Kündigungsgespräche richtig führen, Loseblattsammlung, Verlag Norman Rentrop, K 870/1, 2005

von/Regnet, E./Domsch, M. (Hrsg.): Führung von Mitarbeitern, Schäffer-Poeschel Verlag, Stuttgart

Roth, Wolfgang (2007): Einführung in die Psychologie C. G. Jungs. Patmos Verlag, Düsseldorf

Schimmel-Schloo, Martina/Seiwert, Lothar J./Wagner, Hardy (2006): Persönlichkeitsmodelle und Persönlichkeitstest, Gabal Verlag, Offenbach

Seiwert, Lothar. J./Gay, Friedbert (2009): Das 1x1 der Persönlichkeit. Persolog Verlag, Remchingen

Sohn, Karl-Heinz (1993): Lean Management. Econ Verlag, Berlin

Stader, Martin A. (2003): Wirklich Wirksam Führen. Verlag Books on Demand, Norderstedt

Sprenger, Reinhard K. (2007): Vertrauen führt. Campus Verlag, Frankfurt/Main

Sprenger, Reinhard K. (2002): Mythos Motivation. Campus Verlag, Frankfurt Main

Literaturverzeichnis

Steiger, Thomas/Lippmann, Eric (1999): Handbuch angewandte Psychologie für Führungskräfte, Band I. Springer Verlag, Berlin/Heidelberg/New York

Steinmann, Horst/Schreyögg, Georg (1993): Management. Gabler Verlag, Wiesbaden

Stogdill, Ralf Melvin (1982): Handbook of leadership. Macmillan, New York

Streich, Richard K. (2013): Fit for Leadership – Entwicklungsfelder zur Führungspersönlichkeit, SpringerGabler

Tracy, Brian (1999): High Performance Leadership. Verlag Moderne Industrie, Landsberg/Lech

Tracy, Brian (1998): Thinking big. Gabal Verlag, Offenbach

Tracy, Brian (1997): Thinking big, Audiotraining, J.F.B. Bornhorst (Hrsg.), Deutsche Erstausgabe, Freiburg im Breisgau

Tracy, Brian/Scheelen, Frank M. (2005): Personal Leadership. Verlag Redline Wirtschaft, Frankfurt/Main

Ulrich, Dave/Zenger, Jack/Smallwood, Norm (2000): Ergebnisorientierte Unternehmensführung. Verlag Campus, Frankfurt

Welch, Jack/Welch, Suzy (2005): Winning. Campus Verlag, Frankfurt/Main

Welch, Jack/Welch, Suzy (2007): Winning. Die Antworten. Verlag Campus, Frankfurt/Main

Werner, Emmy E. (1971): The children of Kauai, a longitudinal study from the prenatal period to age ten. University of Hawaii Press, Honolulu

Stichwortverzeichnis

A
Aktiv-engagierter Typ 134
Akzeptanz 19, 160
Analysefähigkeit 81
Analytiker 159, 163
Argumentieren 74
Authentizität 19

B
Benchmarking 104
Betriebsbedingte Kündigung 169, 172
Betriebsrat 170

C
Change Management 137, 145
Changeprojekte 129
Chefperspektive 114
Coachen 74

D
Defizitführungsstil 97
Delegieren 74
Digitale Vernetzung 141
Direktiver Führungsstil 74, 77
Dirigieren 74
Durchsetzungsstärke 29

E
Effektivität 96

Entwicklungsprozess 82
Erwartungsmanagement 118 f.
Expressive 158, 162

F
Fachkompetenz 33 f.
Fähigkeit 82, 84
Feedback 61 ff., 100
Fokussierung 29
Formfehler 165
Fristlose Kündigung 167
Frustration 64
Führungsalltag 39
Führungseffektivität 93
Führungseigenschaften 18
Führungskommunikation 49
Führungskompetenz 39
Führungspersönlichkeit 20
Führungspotenzial 18
Führungssandwich 111
Führungsstil 72 f., 76, 94
Führungsstilanalyse 85
Führungsstilpräferenz 90 f., 97
Führungsstilwahl 92

G
Gegenargumente 175
Gesprächsanlass 64
Gesprächsatmosphäre 170
Gesprächsziel 64

Stichwortverzeichnis

Glaubwürdigkeit 19, 21
Globalisierung 141

H
Hierarchieebenen 109

I
Ich-Botschaften 55
Integrität 31

K
Kollegenperspektive 114
Kommunikation 45, 47, 49
Kommunikationsfehler 45 f.
Kommunikationsmodell 48
Kommunikativ-emotionaler Typ 134
Kompetenzen 43
Komplexität (Complexity) 140
Konflikte 141
Konsequenz 28
Konstanz 131
Körperhaltung 24
Kritikgespräch 65 ff.
Kündigung 165
Kündigungsgespräch 165 ff.

L
Leistungsfähigkeit 80

M
Macher 158, 162
Machtverhältnisse 115
Methodenkompetenz 40
Mitarbeitergespräch 58 ff.
Mitarbeiterperspektive 114
Mitarbeitertypen 153, 155
Mitarbeiterverhalten 174
Motivationspotenzial 100

O
Ordentliche Kündigung 168
Organigramm 115 f.
Orientierung 22

P
Partizipieren 74
Personenbedingte Kündigung 169, 173
Persönlichkeitskern 125
Persönlichkeitstypen 156, 162
Primärführungsstil 97
Problemlösung 29
PRO-Strategie 157

R
Regeln 142
Reifegrad 76 ff., 85
Resilienz 25 ff.
Rollenerwartung 19
Rollenverteilung 133

S
Sandwich-Dilemma 109
Sandwich-Führungskraft 109 f.
Schlüsselkompetenzen 32
Selbständigkeit 82
Selbständigkeitsgrad 77
Selbstdisziplin 28 f.
Selbstpositionierung 114
Selbstvertrauen 29
Selbstwertgefühl 112
Situativer Führungsansatz 73
Sozialkompetenz 35, 38
Stellenabbau 148
Strukturen 142
Strukturieren 74

T
Trainieren 74

U
Übergeben 74
Unsicherheit (Uncertainty) 140
Unwilligkeit 83

V
Veränderungen 143
Veränderungsmanagement 137
Veränderungsprozess 139, 143 f.
Veränderungssituation 143

Stichwortverzeichnis

Veränderungsziel 143
Verbindliche 159, 162
verhaltensbedingte Kündigung 172
Verhaltensmuster 81
Verhaltensrepertoire 149
Verhaltensstil 19
Verlässlichkeit 31, 131
Vertragsauflösung 169
Vertrauen 19
Vieldeutigkeit („Ambiguity") 140
Visuell-analytischer Typ 133
Volatilität (Volatility) 140
VUCA 140 ff.

W
Widerstände 146
Willensbildung 28
Willensstärke (Volition) 28
Willigkeit 82 f.

Z
Zeitmanagement 41
Zielerreichung 100, 104
Zielformulierung 98
Zielmanagement 101
Zielvereinbarung 99
Zuhören 53